胭+砚
project

海东五百年

朝鲜王朝（1392—1910）兴衰史

丁晨楠　著

漓江出版社

이 책은 2021년도 한국학중앙연구원 해외한국학지원 사업의 지원에 의하여 발간되었음 (AKS-2021-P-003).
This publication was supported by the 2021 Korean Studies Grant Program of the Academy of Korean Studies (AKS-2021-P-003).

写在前面的话

自笔者赴韩留学起，经常有喜爱韩剧或韩影的朋友向我询问韩国古装剧的历史故事背景。比如朝鲜王朝的四色党争到底是怎么回事？甲戌换局是什么？英祖为何一定要处死思悼世子李愃？正祖李祘为何又心心念念"金縢之词"？这时我才注意到，中文图书市场上介绍朝鲜王朝的书籍并不多，更不用说从专业角度讲述这个王朝的历史。于是从那时起，我就决心写一本既具学术性也具通俗性的朝鲜王朝断代史。

从时间上来看，朝鲜王朝（1392—1910）几乎伴随了明（1368—1644）、清（1644—1911）两朝，可以说是当时中国最重要的邻国之一。在这漫长的五百年时光里，这个海东邻国发生的一些事件，亦对明清两朝产生了较深的影响。了解朝鲜王朝的历史，可以多一个角度重新审视明清两朝的历史。

在韩国的图书市场上，有关朝鲜王朝史的书

籍可以说是数不胜数，但其着眼点往往是王朝内部的历史变化，所使用的史料也以本土史料为主。但实际上明清两朝留下的史料中，有关朝鲜的记录并不少，亟待进一步发掘与使用。考虑这一情况与中国读者的历史知识构成，以及近年来中国学界对中韩关系史的关注，本书会在行文时注意使用明清史料，并与朝鲜本土的史料进行对比。书中会用大量篇幅讲述明清与朝鲜的关系，并着力凸显历史事件与相关人物的"东亚性""国际性"背景。

本书将以政治史为叙述主轴，兼及文学史与社会生活史，在分析史实的同时，尽可能地把国内外学界的最新研究成果融入文中。正文每一章的末尾还会附有一个名为"韩剧韩影指南"的扩展阅读，以方便更多的读者的阅读与理解。

由于篇幅与笔者的能力所限，书中必然存在不少瑕疵，还望读者能多多指正！

深深感谢帮我审读并修改书稿的王鑫磊老师、黄修志老师、马光老师，以及刘畅、秦丽、姜博、程永超、李孟衡、吴政纬等友人。此外，感谢我在韩国延世大学求学期间的两位恩师——车惠媛教授与白永瑞教授，是他们引领我开启了从东亚视角研究朝鲜史的学术之路。最后，特别感谢我在复旦大学文史研究院作为博士后进行研究期间给予我悉心指导的葛兆光教授。他一直鼓励我从事东亚史、朝鲜史研究，这本小书也是在他担任我的博士后合作导师期间才得以完成的成果之一。

丁晨楠

2020 年 3 月 1 日写于上海

目
录

第一章　波折启航

朝鲜王朝的开创与明鲜封贡关系的成立

明鲜封贡关系的成立并非一帆风顺，明太祖朱元璋虽然同意朝鲜太祖李成桂将国号从"高丽"改为"朝鲜"，但始终拒绝将诰命与金印等物赐给李成桂，李成桂只能以"朝鲜国权知国事"的身份与明朝进行交往。建文帝朱允炆即位后，于1401年赐给朝鲜太宗李芳远诰命与金印等物。从此朝鲜正式进入以明朝为中心的封贡体系。

一、游移在明朝与北元间的高丽王朝

14世纪中期，中国大陆上建立起了新生的明王朝，元朝的残余势力则北上蒙古高原，是为"北元"政权，而此时朝鲜半岛正处在高丽王朝统治晚期。在这个东北亚政治秩序发生巨变的历史转折期，长期与元朝皇室通婚的高丽王室及其治下的高丽王朝究竟会怎样处理与明朝、北元的关系呢？

1368年十二月二十六日（本书汉字日期均为农历日期，下同），明太祖朱元璋派遣符宝郎偰斯通过海路前往高丽，告知高丽国王王颛（恭愍王，1351—1374年在位）明朝已经在该年年初成立并建元洪武的消息。^①朱元璋的举动很快得到希望摆脱元朝势力控制，试图强化王权的王颛的回应。1369 年五月初八日，王颛下令停止使用元朝的"至正"年号，遣礼部尚书洪尚载等人带着高丽的表文前去南京，祝贺朱元璋登基，表示高丽愿意成为明朝的朝贡国。^②该年四月，朱元璋派高丽出身的宦官金丽渊率滞留在中国大陆的高丽流寓人回国；八月，再次遣符宝郎偰斯携带诏书及金印诰文赴高丽，正式册封王颛为高丽国王。^③可以说，在明朝建立之初，朱元璋也希望能尽快与高丽建立稳定的封贡关系，并积极与高丽展开外交接触。

这一时期高丽与明朝之间的外交互动频繁，一度维持了较为稳定的局面。王颛积极的事大^④举动，获得朱元璋"事大之心甚矣"的高度评价。^⑤此时高丽若是有一些礼仪上的失误，朱元璋会采取宽容的态度不予追究。比如王颛派人解释仍有元朝遗民在耽罗（今济州岛）牧马一事时，他还安慰高丽使臣，称现在高丽的朝贡之礼没有缺失，其他都不算大问题。^⑥又如高丽使臣李英在离开明朝时带了大量物品出境，明朝中书省上书请朱元璋加以禁止，但朱元璋拒绝了这项请求。^⑦对朱元璋来说，重要的是高丽能落实

① 《明太祖实录》卷三十七，洪武元年十二月二十六日。

② 《高丽史》世家卷四十一，恭愍王十八年五月初八日；《高丽史》世家卷四十一，恭愍王十八年五月十一日。

③ 《明太祖实录》卷四十一，洪武二年四月初一日；《明太祖实录》卷四十四，洪武二年八月十四日。

④ 事大：侍奉大国，这里指侍奉明朝。

⑤ 《高丽史》世家卷四十四，恭愍王二十三年六月十八日。

⑥ 《高丽史》世家卷四十三，恭愍王二十一年九月十八日。

⑦ 《明太祖实录》卷六十二，洪武四年三月十五日。

对明朝"事大"的政策，这是建立并发展明丽关系的根本前提。

但到了 1373 年二月，王颛在夜间偷偷接见了到达高丽的北元使者之后，[①] 高丽与明朝的关系逐渐出现裂痕。这一年十月，高丽使臣在运送贡马到南京的途中，用两匹"私马"补充了死亡的贡马而被朱元璋察觉。朱元璋以"不诚"为理由，拒不接受高丽的贡马。[②] 1374 年五月，朱元璋又以贡物过多为理由，让高丽使臣把除"布六对"之外的所有贡物带回，还警告说："若不守己分，妄起事端，祸必至矣。"[③] 可以说，当时明朝掌握了高丽与北元仍然保持接触的情报。但朱元璋并没有直接指责高丽与北元的接触，而是借口贡物问题，用一种"礼的言说"来敲打高丽。[④]

1374 年，王颛被暗杀身亡，高丽与明朝之间的外交互动更加陷入僵局。这一切要从高丽内部的政局变动说起。王颛正妻是元朝的鲁国公主（？—1365），但二人并无子女。王颛很早就设有以年轻美貌的少年组成的"子弟卫"，其中最得宠的是洪伦等人。但王颛一直没有子嗣，遂希望洪伦等人与诸妃通奸以生下男孩，好以此为嗣。定妃、惠妃等人宁死不从，但益妃在王颛的逼迫下，与洪伦等人相好，从此之后与他们经常往来。[⑤]

后来益妃怀孕，宦官崔万生在陪王颛如厕时告知他益妃已怀孕五个月，王颛十分开心，追问孩子的生父是谁，崔万生答道益

005

---

① 《高丽史》世家卷四十四，恭愍王二十二年二月初六日。
② 《明太祖实录》卷八十五，洪武六年十月十三日。
③ 《明太祖实录》卷八十九，洪武七年五月初七日。
④ ［日］夫马进：《朝鲜燕行使と朝鲜通信使》，名古屋：名古屋大学出版会，2015 年，第 48—54 页。
⑤ 《高丽史》世家卷四十三，恭愍王二十一年十月初一日。

高丽恭愍王王颛与其妻鲁国公主的肖像，韩国国立古宫博物馆藏品

妃说是洪伦。王颛于是决定在第二天拜谒王陵时，假装赐酒给洪伦以将其灭口，并表示崔万生也是知情人，所以不得不死。崔万生感到恐惧，便与洪伦等人合谋。当天夜里，崔万生等人趁王颛大醉，用剑杀死了他。①

王颛死后，宰相李仁任（？—1388）推戴王颛的养子，也就是传闻中妖僧辛旽之子的牟尼奴（后改名辛禑）继位为王。由于辛禑（1374—1388 年在位）年幼，大权由李仁任把持。当时高丽内部分化为亲元与亲明两个派别，李仁任等人主张对元朝事大，而郑道传（1342—1398）等人主张对明朝事大。两派拉锯战的最直观表现便是高丽反复无常地使用北元"宣光"年号与明朝"洪武"年号：1377 年二月，北元遣使高丽，高丽行宣光年号；1378年九月，复行洪武年号；1388 年三月，停洪武年号；该年五月，又复行洪武年号。②

需要注意的是，李仁任与辛禑等人未敢将王颛的真正死因报告给朱元璋，在王颛死后五年才呈上的陈情表中也仅仅笼统地说王颛是"暴薨"。③ 显然，他们担心明朝得知实情后会问罪高丽。王颛死后的第二年，高丽的护送使金义杀害了前往高丽买马的明使蔡斌，并绑架了明朝主事林实遇。这一恶性事件让朱元璋开始怀疑起高丽对明事大的诚心，④ 他对高丽君臣的态度也开始发生变化。在明朝已经知道高丽与北元私下有所接触的情况下，高丽新

---

① 《高丽史》列传卷四十四《叛逆》，"洪伦"。
② 《松都志》卷一《高丽世纪·辛禑》。
③ 《高丽史》列传卷四十七，禑王五年十月。
④ 《明太祖实录》卷九十八，洪武八年三月初七日。

王与权臣的政治倾向尤为得到明廷的关注。1377 年二月，辛禑派遣使臣赴北元，接受了北元的册封，他本人成为北元的"征东省左丞相高丽国王"，开始使用北元的"宣光"年号。[①] 这一系列亲元行为惹怒了朱元璋。同年辛禑遣人为王颛请赐谥号时，朱元璋已然知道王颛的真正死因，认为这一请谥举动不过是想借明朝的命令来镇抚高丽国民，掩饰弑杀前国王的叛逆行为，所以没有同意。[②] 同年年底，高丽使臣来贺正旦时，朱元璋对中书省的官员说道："朕观高丽之于中国，自汉至今，其君臣多不怀恩，惟挟诈以构祸。"[③] 朱元璋对高丽君臣的愤怒之情溢于言表，其根源就在于高丽君臣并没有将明朝视为唯一的册封国，反而在明朝与北元之间游移不定。

直到 1385 年七月，朱元璋才同意册封辛禑为高丽国王，以及封谥王颛。[④] 按朱元璋自己的说法，之前向辛禑要求大量贡物的理由不过是测试他事大的诚意，既然辛禑已经经受住了考验，那么便可以减少贡物的要求，[⑤] 接下来的许可册封也顺理成章。但辛禑一方面接受北元的册封，一方面又向明朝朝贡，请求明朝的册封，这明显是"怀二心"的举动。可以说，朱元璋对高丽贡物不满，指责高丽是"不诚"，真正目的是借此对高丽与北元间的关系进行牵制。从王颛死亡到辛禑正式获得明朝的册封，中间经历了十余年的时间。高丽获得册封为何如此艰难？这是因为从表面上来看，

① 《高丽史》列传卷三十六，禑王三年二月。

② 《明太祖实录》卷一百十一，洪武十年正月十八日。

③ 《明太祖实录》卷一百十六，洪武十年十二月二十九日。

④ 《明太祖实录》卷一百七十四，洪武十八年七月初三日。

⑤ 《明太祖实录》卷一百七十，洪武十八年正月十六日。

是明朝在坚持原则与"礼",而实际上是明朝在展示重视原则的同时,将册封作为外交博弈中的筹码,[1]此后明朝与朝鲜的交涉也一再印证了这一点。

二、威化岛回军与朝鲜王朝的开创

李成桂(太祖,1392—1398年在位),后更名李旦,本贯是全罗道全州。虽然本贯在半岛南部,但他却出生在半岛北部的永兴郡(今咸镜南道金野郡)。这是因为他的高祖父李安社(?—1274,后被追尊为穆祖)与全州当地的官员有矛盾,于是举家北迁。后来李安社依附元朝,出任元朝的武官,从此这一支全州李氏逐渐成为咸镜道一带的世袭豪族。红巾军起义爆发后,元朝对这一带的控制力减弱,李成桂之父李子春(1315—1361)趁机归附高丽,成为高丽的荣禄大夫。李成桂本人自幼爱好武艺,曾为高丽王朝立下赫赫战功,深受恭愍王王颛的宠信。

李成桂建立的朝鲜王朝(1392—1910)承王氏的高丽王朝(918—1392)而来,而明朝的建立则是在1368年。如前文所述,明太祖朱元璋在朝鲜王朝建立之前,已经多次与高丽王朝进行过交涉,而这些经验在很大程度上影响了朱元璋对李成桂本人,乃至对新生的朝鲜王朝的态度与立场。

辛禑统治的末年,高丽与明朝的关系进一步恶化,主要矛盾是辽东的控制权问题。1388年明朝设置铁岭卫指挥使司,并派人

[1]〔日〕夫马进:《朝鲜燕行使と朝鲜通信使》,名古屋:名古屋大学出版会,2015年,第52—55页。

朝鲜太祖李成桂御真，韩国国立古宫博物馆藏品

告知高丽。辛禑对此非常不满。该年四月，他以西猎为借口，在凤州（今黄海道凤山）召见崔莹（1316—1388）、李成桂等大臣们时表示想进攻辽阳，希望大臣们支持此事。但李成桂反对出兵，并提出四大反对理由，即"以小逆大，一不可；夏月发兵，二不可；举国远征，倭乘其虚，三不可；时方暑雨，弓弩胶解，大军疾疫，四不可。"辛禑暂且认可了李成桂提出的理由，但当夜崔莹谒见辛禑，劝说辛禑不要听从李成桂的建议。第二天，辛禑以不可中止已经出发的军队为由，坚持继续出兵。在经过平壤时，辛禑下令在鸭绿江修造浮桥，并给崔莹、李成桂等人加衔，让他们率领五万余人进攻辽东。

五月，朝鲜大军渡过鸭绿江，停留在威化岛。此时逃亡的军士络绎不绝，辛禑虽然下令斩杀逃兵，却无法阻拦这一趋势。李成桂不得不再次劝说辛禑退兵，辛禑与崔莹不但不听劝阻，还派宦官催促李成桂等人进军。在这种情况下，李成桂向诸将宣告说，如果侵犯上国的国境，得罪明朝天子的话，那么宗社生民之祸就会立刻到来。他本人已经向国王建议撤兵，但国王不理解其中的利害，崔莹也不听从。因此他建议诸将一起面见国王，除掉国王身边的恶人，从而挽救高丽的江山社稷。李成桂的撤兵并"清君侧"的主张立刻得到军中将士的广泛支持，退兵计划得以顺利实施。八月，李成桂在首都丼城的宫中花园里逮捕了辛禑，并将崔莹流放。不久辛禑被迫退位，退居江华岛。此时李成桂主张拥戴王氏后人为国王，但李穑（1328—1396）等人主张立辛禑之子辛昌（1388—1389 年在位）为王，最终辛昌继位为王。[①] 可以看出，威化岛回军极大强化了李成桂的政治地位，但在高丽政坛内部仍有可以制约他的竞争势力。李成桂若想取代高丽国王，还需要一段时间准备。

同年八月，高丽千户陈景投降明朝，将高丽政局变化的消息告知明廷。朱元璋下令辽东军士加强防备，并派人探察高丽的动静。[②] 十月，高丽使臣到达明廷，呈上以辛禑名义制成的表文，称愿逊位于子。朱元璋判断这一切必定是李成桂的计谋，并做出决定："东夷狡诈，多类此。姑俟之，以观其变。"[③] 也就是说，在此时的朱元璋看来，现在半岛的掌权人李成桂与之前在明朝与北元之间游移不定的王颛、辛禑相比，并无较大差别。李成桂的掌权是否对明朝有利，仍待进一步的观察。

1389 年十一月，地位已然巩固的李成桂以辛禑、辛昌非王氏后裔为由，将二者废为庶人，拥立宗室定昌君王瑶为王，是为恭让王（1389—1392 年在位）。十二月，辛禑与辛昌先后被处死。到了 1392 年七月，肃清了绝大部分反对势力，并基本完成了登基准备工作的李成桂正式取代王瑶登上国王宝座，开创了新王朝。李成桂即位后，将王瑶降为恭让君，1394 年四月，他又以有人推戴王瑶复位为借口，绞杀了王瑶及其二子。[④]

朝鲜半岛内部频繁的王位变动与血腥杀戮的消息，传到了朱

---

① 《朝鲜太祖实录》卷一，总序。
② 《明太祖实录》卷一百九十三，洪武二十一年八月十三日。
③ 《明太祖实录》卷一百九十四，洪武二十一年十月二十日。
④ 《朝鲜太祖实录》卷五，太祖三年四月十七日。

元璋的耳中。在朱元璋看来，当时的高丽是一个"君臣悖乱"的国家，[①] 而身居政治漩涡中心的李成桂，自然也跟这些篡逆事件脱不开干系。尽管李成桂在易姓革命之后立刻遣使向明廷告知半岛的政局变动，尤其强调辛禑与王瑶的无德与自己取而代之的正当性。他特意告知朱元璋，正是自己通过威化岛回军阻止了辛禑攻打辽东，后又阻拦了王瑶及其谋臣郑梦周（1337—1392）等人谋划攻打辽东计划，是"以小事大"的典范。于是朱元璋消极接受了李氏取代王氏的既成事实，表示李成桂若能顺天道、合人心，安抚好半岛的民众，不挑起与明朝的边境矛盾，那么两国之间的使节往来是半岛之福。[②] 同年底，朱元璋正式同意李成桂将国号更名为"朝鲜"。[③]

然而明朝与朝鲜半岛之间的政治摩擦并没有因李成桂的易姓革命而告一段落，反而有愈演愈烈之势。1392年十月，李成桂派郑道传等人赴南京，感谢朱元璋承认他的登基，却不料再次引发事端。郑道传虽主张放弃北元而对明朝事大，但在实际外交运作中，他对明朝的态度又极为强硬。他在回程途中竟放出"好便好，不好，来抢一场"的鲁莽言辞，这话传到朱元璋耳中，引发了朱元璋的怀疑。[④] 1393年六月，朱元璋听闻辽东都指挥使司上奏的朝鲜招诱女真人五百余名潜渡鸭绿江，打算袭击辽东的消息后，大为恼怒。他认为李成桂这一举动是"自生衅端"，遣使斥责李成

---

① 《明太祖实录》卷二百十三，洪武二十四年十月初一日。

② 《明太祖实录》卷二百二十一，洪武二十五年九月十二日。

③ 《明太祖实录》卷二百二十三，洪武二十五年闰十二月九日。

④ 张溆：《洪武年朝鲜表笺事件与辽东疆域危机》，《外国问题研究》2017年第1期，第61页。郑道传的言论见《朝鲜太祖实录》卷十一，太祖六年四月十七日。

桂，要求他将招诱的女真人送往南京，否则将出兵惩罚。①

在这样的情况下，李成桂不得不遣使奉表请罪。但又因为表辞中的语句用词问题，引发所谓的"表笺风波"。所谓"表"，即古代臣子上呈给皇帝的文书，而"笺"则是呈给太子或皇后的文书。在朝鲜与明朝的交涉中，表笺作为事大文书而被经常使用。明鲜之间的"表笺事件"首先因朝鲜更国号谢恩表笺而起。朱元璋以朝鲜的表笺里夹杂了侮辱明朝的词语为由，②向朝鲜表达不满。接到朱元璋敕书的李成桂表示惶惧，一边遣使奉表谢罪，一边呈上人参、鞍马等贡品。③1394 年六月，李成桂派第五子靖安君李芳远（太宗，1400—1418 年在位）前往明廷，处理明鲜之间的一系列问题。④李成桂主动服软的态度与李芳远出色的外交手段让这趟使行收获颇丰。朱元璋在南京多次接见李芳远，并下令礼送李芳远归国。李芳远在途经北京时，亦获得燕王朱棣的单独接见。⑤可以说，李芳远的出使暂时缓和了明鲜之间的矛盾。

但到了 1395 年底，明鲜之间再次出现表笺纷争。这年十二月，朱元璋认为朝鲜贺正旦的表文又有不谦逊的言辞，下令扣留朝鲜使臣，并要求李成桂将表文撰写者押送南京。⑥第二年正月，朱元璋又以朝鲜奏请印信诰命的表文中，无礼引用典故为由扣留了朝鲜使臣，并明确表示，朝鲜必须将表文撰写者押送南京，明

---

① 《明太祖实录》卷二百二十八，洪武二十六年六月十八日。

② 《朝鲜太祖实录》卷五，太祖三年二月十九日。

③ 《明太祖实录》卷二百二十九，洪武二十六年九月三十日。

④ 《朝鲜太祖实录》卷六，太祖三年六月初一日。

⑤ 《朝鲜太祖实录》卷六，太祖三年十一月十九日。

⑥ 《明太祖实录》卷二百四十三，洪武二十八年十二月二十日。

朝才会放归使臣。[1] 朱元璋的真实目的并不在于追究表文中的用词问题，而是希望以此为借口，打压朝鲜内部的对明强硬派。尽管郑道传并不是表笺的直接撰写者和校对者，朱元璋仍然执意要求朝鲜必须将郑道传押送南京。这是因为郑道传作为李成桂的主要谋臣，做出相当多对明朝不利的言论和行动，被朱元璋评价为"小人之尤者"。[2] 李成桂虽将除郑道传之外的其他关联者送往明廷，但以郑道传患病为由，拒绝将其送往南京。换句话说，朱元璋用表笺问题向朝鲜施压的目的在于除掉郑道传，而李成桂也很清楚这一点。李成桂对郑道传的袒护态度，其实默认了郑道传的对明强硬态度。

尽管李成桂拒绝将郑道传送往明廷，但主张对明温和的河仑、赵浚等大臣认为应按朱元璋的要求将郑道传押送南京。朝鲜内部开始围绕此问题发生了政治分裂。[3] 到了 1397 年十二月，又爆发了"贺千秋启本"事件。朱元璋再次以朝鲜在启本中故意使用侮辱性言辞制造挑衅为由，要求将文章撰写者押送南京。[4] 朝鲜内部围绕是否该将撰写者送往南京展开激烈争论，但郑道传本人并没有将这些争论放在心上，而是在集中精力布置"攻辽"筹划。他一方面开展多种旨在提高朝鲜军力的措施，一方面向李成桂建议裁撤功臣们拥有的"私兵"。郑道传对明强硬的政治立场与裁撤"私兵"的措施引发了包括李芳远在内的诸多功臣的不满。1398 年

---

① 《朝鲜太祖实录》卷九，太祖五年三月二十九日。

② 《明太祖实录》卷二百五十，洪武三十年年二月初三日。

③ 《朝鲜太宗实录》卷三十二，太宗十六年十一月初六日；《朝鲜太宗实录》卷九，太宗五年六月二十七日。

④ 《朝鲜太祖实录》卷十二，太祖六年十二月十八日。

八月，李芳远联合诸位王子，发动所谓的"戊寅靖社"，又称"第一次王子之乱"，将郑道传与其拥戴的世子李芳硕等人诛杀，不久之后逼迫李成桂退位，终结了对明强硬派的政治生命。与此同时，朱元璋也在南京驾崩。至此，明鲜之间的表笺风波宣告结束。

朱元璋通过追究表笺问题，对以郑道传为首的派系进行定罪，以剥夺其继续掌权的合法性，并兼以威胁整个朝鲜政权的正当性为手段，促使朝鲜的掌权人士做出符合明朝利益的取舍，与不符合明朝利益的势力形成分裂和对峙，[①]最终既化解了辽东疆域危机，又除掉了对明强硬派。但这样反复的外交冲突也说明，14世纪中晚期的明朝与朝鲜虽然正式建立了封贡关系，但双方的政治互信仍非常有限。如何建立政治互信，并在此基础上维护封贡关系的稳定，便是接下来明鲜两国亟需解决的问题。

此外，这一时期的明鲜交涉中发生的一些插曲还在后世引发了更大的波澜，最具代表性的就是朝鲜的"宗系辩诬"问题，即朝鲜君臣针对明廷误以为李成桂的父亲是李仁任一事，要求修改这一错误认知的事件。此事件的开端是1394年上半年朱元璋派人赴朝鲜祭祀海岳山川的举动。当时使用的祭文是朱元璋御制的《告祭海岳山川等神祝文》，关键内容如下：

> 为昔高丽陪臣李仁任之嗣某（即李成桂），今名某者，或明遣人觇视，或暗行窥伺，诱我边戍，杀掠沿海居民，及诱引为非。如此构祸，即欲兴师问罪，然大兵入境，伤生必众，

---

① 张澍：《洪武年朝鲜表笺事件与辽东疆域危机》，《外国问题研究》2017年第1期，第66页。

所以未敢轻举。且高丽，三环海一负山，地方数千里，周回险阻，天造地设，其间主生民者，非帝命不可。今观李某所为，似非奉帝命主生民者。予欲昭告上帝，又恐轻易，有烦帝听。今遣人先告于神，惟神察其所以，达于上帝。彼若肆侮不已，问罪之师，在所必举。①

朱元璋名义上是祭祀神灵，实际上是借祭祀之名，在祭文中历数李成桂对明不忠的罪状，从而达到威胁李成桂的效果。朱元璋表示，李成桂如果不立刻改正，便要出师讨伐朝鲜。上文所提及的李成桂派人侦探明朝消息，在边境引发的事端，暗示的是明鲜之间围绕辽东问题的争议。然而，朱元璋对李成桂家系的叙述有明显的错误，李成桂之父并非高丽权臣李仁任，而是曾任元朝双城府千户长的李子春。朝鲜王朝建立后，李子春被追尊为桓祖。

面对这样的祭文，李成桂不得不呈上奏文加以辩解。李成桂首先解释自己与李仁任本非一家。其次，自己掌握大权之后，已经将李仁任一党所行的不法之事一一清算。再次，李成桂表示，李仁任党徒之中有人逃到明朝，定是这些余党在明朝散布流言，致使明廷对朝鲜的王室世系有所误解。最后，李成桂强调，朝鲜绝无不忠于明朝的行为，希望朱元璋能网开一面。②

但朱元璋并没有相信李成桂的辩解。在翌年修订刊正的《皇明祖训》里，朱元璋仍然对朝鲜王朝及李成桂做出如下消极评价：

---

① 《朝鲜太祖实录》卷六，太祖三年六月十六日。
② 《朝鲜太祖实录》卷六，太祖三年六月十六日。

> 朝鲜国，即高丽，其李仁人（即李仁任），及子李成桂今
> 名旦者，自洪武六年至洪武二十八年，首尾凡弑王氏四王，
> 姑待之。①

这样的评价是朱元璋对李成桂本人乃至整个朝鲜王朝正统性的质疑，而明廷对待这样毫无正统性的国家，最好的措施就是"姑待之"。这句话引用的是《左传·隐公元年》里"多行不义必自毙，子姑待之"的典故。②在朱元璋看来，像李成桂这样多行不义的人，乃至其建立的王朝自然会自取灭亡，明廷只需耐心等待即可。

1402 年正月，朝鲜使臣从明廷归国，将《皇明祖训》中把李成桂之父误记成李仁任等事项告知太宗李芳远。李芳远立即派使臣前往明廷，呈上宗系辨明奏本。③李芳远在永乐帝朱棣即位之前不仅与其有过私交，在他即位之后也给予了政治支持，双方已经建立了一定的政治互信。尽管建文帝朱允炆在 1401 年赐给李芳远诰命金印，正式册封他为朝鲜国王，但在朱允炆与朱棣二者间，李芳远最终支持的是朱棣。"靖难之役"期间，李芳远按兵不动，消除了朱棣腹背受敌的可能。朱棣夺取帝位后，李芳远在天下诸侯尚未承认朱棣之时，抢先一步派人进贺，获得朱棣的加倍嘉奖。④按明朝方面的记载，李芳远还作诗鼓吹朱棣登基的合法性，

---

① 朱元璋：《皇明祖训》。
② [韩]郑炳说：《朝鲜时代对中国历史辩诬的意味》，《历史批评》（首尔）2016 年第 116 期，第 253—257 页。
③ 《朝鲜太宗实录》卷六，太宗三年十一月十五日。
④ 《朝鲜太宗实录》卷六，太宗三年十一月初二日。

其诗云："万里江山归正统，百年人物见清朝。"[①]面对政治盟友李芳远的"宗系辩诬"请求，朱棣表示："既不系李仁任之后，想是比先传说差了，准他改正。"[②]但在朱元璋明确强调后世子孙对《皇明祖训》必须"一字不可改易"的情况下，想改动此书并非是简单之事。所以明鲜之间围绕明朝官方著述对朝鲜王室宗系记录的争执并没有在朱棣在位期间得到解决，直到16世纪晚期，通过在新修的《大明会典》上进行补充说明的方式，才大体结束了这一争端。

三、明鲜交涉中的跨境人物

14世纪中后期，中原大陆经历了从元王朝到明王朝的交替，而朝鲜半岛也经历了从高丽王朝到朝鲜王朝的交替。伴随着巨大的政治波动与无休止的战乱，人的跨境流动比以往的和平时期更加频繁，政治波动对一些跨境政治人物来说，既是危机，也是新的机遇。

在这一时期的明朝、高丽王朝、朝鲜王朝的政治舞台上，作为回鹘人后裔的偰氏家族的表现尤为值得关注，其中的核心人物是代表高丽王朝六次出使明朝，又代表朝鲜王朝八次出使明朝的偰长寿（1341—1399）。偰长寿，字天民、号芸斋，先祖是高昌回

[①]　戴冠：《濯缨亭笔记》卷一。李芳远自身的继位也存在正统性的问题。通过两次"王子之乱"逼迫其兄李芳果退位，才得以登上王位的李芳远也迫切需要来自明朝的承认。这是李芳远与同样存在正统性问题的朱棣一拍即合的重要原因。

[②]　《朝鲜太宗实录》卷七，太宗四年三月二十七日。

鹘人，在 1359 年随父亲偰逊（1319—1360）归化高丽。偰氏家族
的政治崛起可以从偰长寿的五代祖岳璘帖穆尔（1196—1262）开
始说起。岳璘帖穆尔跟随成吉思汗征讨，多立战功，历任大断事
官等官职。他对程朱理学颇有关注，在担任元朝王子们的师傅时
曾教导诸位王子讲究孝悌敦睦、仁厚不杀。[①]原本偰氏家族世居偰
辇河（今蒙古国境内色楞格河）一带，到了岳璘帖穆尔之孙偰文
质一代，便以"偰"为姓氏。偰文质有五子，排行第三的是偰哲
笃。偰哲笃有二子，长子是偰逊，次子就是 1369 年被朱元璋派去
高丽，正式册封王颛为高丽国王的符宝郎偰斯。偰斯在洪武年间
历任户部尚书、吏部尚书，备受朱元璋的宠信。[②]

　　偰氏家族深受程朱理学的影响，其成员在仕元期间因儒学素
养而多次出任文职。偰氏家族积极接受程朱理学的策略，有力地
巩固了其在元朝内部的政治地位。[③]但是偰氏家族在仕途上的步
步高升，也引发元朝内部其他人的猜忌。偰逊在担任端本堂正字
为元朝皇太子讲经之时，受丞相哈麻的猜忌，被贬至单州。后来
他因父亲偰哲笃去世，丁忧于大宁（今属山西省临汾市）。在此期
间，红巾军战乱逼近大宁，所以偰逊携长子偰长寿等家族成员前
往高丽避祸。在这之前，恭愍王王颛在元大都侍从元朝皇太子的
时候，曾与偰逊有交情，所以偰逊到达高丽之后，受到王颛的热
情接待。偰逊被王颛封为高昌伯，后改封富原侯，赐田富原（今

---

① 《元史》卷一百二十四，列传十一，"岳璘帖穆尔"。

② 《明太祖实录》卷一百三十二，洪武十三年六月二十五日。

③ [韩]白玉敬：《丽末鲜初偰长寿的政治活动与现实认识》，《朝鲜时代史学报》2008
年第 46 期，第 12 页。

属京畿道高阳郡）。[①]

从政治主张来看，偰长寿支持亲明的外交路线，也支持高丽内部受程朱理学影响的新兴士大夫们的改革措施。偰长寿曾与李成桂、郑梦周、郑道传等人一道，积极谋划并参与了废辛昌，立王瑶的政治活动，进入"中兴功臣"的名单。[②] 但偰长寿所支持的改革，是在保留高丽王朝的前提下，在其政治构造内进行的改革，而不是彻底推翻高丽王朝。因此忠于高丽王朝的郑梦周被诛杀之后，偰长寿及与其政治主张接近的李穑都被认为是郑梦周的同党，皆被流放外地，暂时中断了仕途。[③]

但与至死坚持臣节，最后在故乡骊州（今京畿道骊州市）落水而死的李穑不同，偰长寿在接到李成桂的流放赦免令之后，即刻进京谒见了李成桂，对新兴的朝鲜王朝表现出合作的态度。[④] 精通汉语的偰长寿立刻被李成桂授予司译院提调一职，全盘筹划外语教育及翻译人才培养事务。在偰长寿看来，"我国家世事中国，言语文字，不可不习"，朝鲜必须重视汉语教育。[⑤] 实际上在这一时期，朱元璋对朝鲜使臣的汉语口语水平颇为不满，明确通知朝鲜不许派不会汉语口语的使臣出使南京。[⑥] 为提高司译院的汉语教育水平，在培养语言能力的同时兼及儒学教育，偰长寿用汉语替

---

① 《高丽史》列传卷二十五《诸臣》，"偰逊附长寿"。

② 《高丽史》列传卷二十五《诸臣》，"偰逊附长寿"。

③ ［韩］白玉敬：《丽末鲜初偰长寿的政治活动与现实认识》，《朝鲜时代史学报》2008年第46期，第20页。

④ 《朝鲜太祖实录》卷三，太祖二年正月二十四日。

⑤ 《朝鲜太祖实录》卷六，太祖三年十一月十九日。

⑥ 《朝鲜太祖实录》卷十一，太祖六年三月初八日。

《小学》一书做释，命名为《直解小学》，这本书后来成为司译院进行汉语教育的重要教材。①

　　15世纪到16世纪前期，明朝皇帝不仅会让礼部将以典雅文言文写成的咨文传给朝鲜，亦会直接宣谕朝鲜使臣，即让他们带话回朝鲜，这样的宣谕是皇帝说的汉语口语原文。《朝鲜王朝实录》记载了1397年二月初二日朱元璋召见偰长寿一行时的汉语对话场景。当时偰长寿作为谢恩使出使南京，向朱元璋解释表笺问题。朱元璋在偰长寿一行面前毫不掩饰对郑道传等人的厌恶，连带把重用郑道传的李成桂一顿训斥。朱元璋说："李某（即李成桂）没分晓，郑道传用他做甚么？"接着又说："他怎么这般小道儿？我这里写文书，但是天字都题起头写，早是我不曾骑。"即批评朝鲜把进贡的马鞍上的"天"字全部倒写是不恭的行为。偰长寿首先解释马鞍上的文字是工匠的失误，并不是朝鲜朝廷有意为之，然后又向朱元璋保证李成桂对明事大的忠心。在偰长寿看来，"臣到高丽，今四十年。恭愍王不必说了，中间两三介王，臣不敢保其至诚。如今王一心敬上，不敢怠慢。"② 在他的解释下，朱元璋暂时止消了怒气。偰长寿出色的汉语能力与外交手腕后来被朝鲜史家评价为"精敏刚强，善为说辞，为世所称"。③ 基于偰长寿突出的政治贡献，李成桂将鸡林（今庆尚北道庆州市）赐为偰氏一族的本贯。④

---

① 《朝鲜世宗实录》卷九十三，世宗二十三年八月十一日。

② 《朝鲜太祖实录》卷十一，太祖六年四月十七日。

③ 《朝鲜定宗实录》卷二，定宗元年十月十九日。

④ 《朝鲜太祖实录》卷十，太祖五年十一月二十三日。

丽末鲜初之时，在偰氏一族之外，还有许多从中原大陆进入朝鲜半岛，后在朝鲜政坛上获得发展的人物。世宗李祹统治时期，曾有原籍中原的通礼门奉礼郎梅佑向李祹上言："自大父至臣，今已三世矣，而本贯则尚称中原，深以为闷。"吏曹引用偰氏一族被赐乡鸡林的前例，建议给梅佑赏赐籍贯。李祹接受了建议，将梅氏一族赐乡忠州（今忠清北道忠州市）。[①]

这一时期，也出现较多朝鲜半岛人物进入中原，并获得明朝皇帝重用的事例。正如前文所述，1369 年朱元璋曾派高丽出身的宦官金丽渊率高丽流寓人回国，可见寓居中原，甚至成为皇帝身边人的半岛人物并不少。当时明朝皇帝身边宦官的一大来源地就是朝鲜半岛。朱元璋在与偰长寿对话中也曾提到："尔国来的火者（即宦官），我宫院里，走我睡处，吃的膳都管。他要看爷娘，我教他去，回来恁都打发银子。"[②] 这些在明廷服务的朝鲜出身的宦官，也经常被选为明廷的使者出使朝鲜。这也是因为他们与朝鲜没有语言障碍，可以更为圆满地完成任务。而且宦官作为天子使臣，出使海外可以起到公私兼用的效果。[③] 如此一来，明朝皇帝派遣这些宦官出使朝鲜，既可以处理两国之间的官方事务，也可以让他们传递口谕，向朝鲜提出一些不便在诏书、敕书上明示的皇帝个人的要求。不过，宦官出使朝鲜也存在不少弊端，引发了朝鲜乃至明朝国内的不满。15 世纪中晚期后，翰林文官出使朝鲜逐

---

① 《朝鲜世宗实录》卷八十四，世宗二十一年闰二月初二日。

② 《朝鲜太祖实录》卷十一，太祖六年四月十七日。

③ [韩] 全淳东：《明初宦官外交活动的实态及其特性》，《中国史研究》（首尔）2002年第 77 期，第 150—154 页。

渐成为新的惯例。

永乐、宣德年间，明廷曾多次向朝鲜索要贡女。先后入选的十六名朝鲜女性被分五次送至明廷，其中多人被封为妃嫔。从总体上看，永乐年间八位朝鲜贡女的命运都很可悲。她们或病逝于"侍帝北征"的途中（权氏），或死于深宫争斗（吕氏、任氏、郑氏、黄氏、李氏），或在朱棣死后被迫殉葬（韩氏、崔氏），但其父兄却因她们而飞黄腾达。尤其是在永乐一朝，这些贡女的亲族大多以皇亲的身份受到明廷的优待，不仅被授予官职，还得到明廷的大量赏赐。在朝鲜朝廷事大政策的影响下，这些亲族还受到本国国王的礼遇。①这些贡女家族中，以朱棣的丽妃所属的清州韩氏一族最为荣显。丽妃韩氏之兄韩确（1403—1456）因此发迹，历任兵曹判书、左议政，亦多次作为朝鲜使臣出使明朝。后来他的女儿韩氏（昭惠王后，1437—1504）嫁给朝鲜世祖李瑈的嫡长子，即懿敬世子李暲（1438—1457）。韩氏与李暲生有二子，虽然李暲未能登上国王宝座，但其次子李娎在叔父睿宗李晄去世后继位，是为成宗。韩氏因此成为朝鲜大妃，徽号仁粹。贡女的家族因贡女而在本国获得大笔政治利益，这也暗示了该时期明廷对朝鲜日益增长的政治影响力。但对贡女个人来说，远离他乡，死于异国的结局，不得不说是一场悲剧。

到了宣德朝，朝鲜的贡女极少被封为妃嫔，而其亲族的境遇亦远不及永乐一朝。宣德帝去世后，明廷停止了向朝鲜索要贡女的行为，贡女这一特定时期的特定跨境人物随之消失于历史舞台。

---

① 叶群英：《永乐、宣德朝的朝鲜籍"皇亲"与明鲜关系研究》，《故宫博物院院刊》2014年第4期，第114—119页。

韩剧韩影指南:《六龙飞天》

2015 年风靡一时的长篇连续剧《六龙飞天》是以朝鲜王朝开国历史为背景的韩剧。该剧剧名来自世宗李裪时期所编纂的歌颂王朝创业史的长篇诗歌《龙飞御天歌》,该诗歌的首句为:"海东六龙飞,莫非天所扶?古圣同符。"所谓"六龙"即朝鲜太祖李成桂与太宗李芳远,以及被追封为王的四位祖先——朝鲜穆祖、翼祖、度祖、桓祖。该剧反映了朝鲜初期的一些社会风俗。实际上,朝鲜初期保留了大量高丽王朝时期的风俗习惯,比如崇尚佛教,男女平等继承家产,女性可以改嫁,男性普遍佩戴耳环等等。可以说,朝鲜王朝的建国标志着统治精英们在国家统治理念上正式接受了儒教(程朱理学),但儒教想要渗透到社会生活的各个方面还有漫长的道路要走。

第二章　血腥与杀戮

建国之初的政局变动

朝鲜王朝建立后，血腥的杀戮并未就此平息，肃清前朝旧人、王室内部同室操戈的一幕幕仍在上演，朝鲜政局风云变幻。太宗李芳远在结束两次"王子之乱"后顺利登上王位，稳定了混乱的政局。他在位期间，对内进行大刀阔斧的政治体制改革并开展图书编纂事业，对外积极发展与明朝的政治合作关系，为后世国王奠定了统治基础。

一、郑梦周之死与高丽旧人的命运

朝鲜王朝建立前后，那些仍然忠于高丽王朝，不与李成桂合作的官员又会迎来怎样的命运巨变呢？郑梦周的人生结局可以为我们打开一扇了解高丽旧人命运的窗口。

郑梦周，字达可，号圃隐，本贯迎日（今庆尚北道浦项市），出生于庆尚道永川。母亲李氏在怀他的时候梦见兰花盆掉落，所以给他取名梦兰，后改名梦周。郑梦周在二十四岁时（恭愍王九年，1360）文科及第，从此踏入仕途。他文采出众，历任礼曹正郎兼成均博士、成均大司成、艺文馆大提学等重要文职。郑梦周也是把程朱理学引入朝鲜半岛的关键人物，被称为"东国儒宗"。高丽末期有三位理学大师，分别是牧隐李穑、圃隐郑梦周、冶隐吉再（1353—1419），这三人被合称为"三隐"。^①郑梦周曾仿照《朱子家礼》，让高丽的士子与庶人们也建立家庙、祭祀祖先。他又在开城建五部学堂，在开城之外设立乡校，推动程朱理学的教育事业。^②同时，他对高丽法制事业的整备工作亦有贡献，曾选取《大明律》《至正条格》，再综合参考高丽既有的法令，重新撰写了律法。^③恭让王王瑶极为称赞这套新的律法，还特意让人连续六天进讲。^④

　　郑梦周与明朝颇有渊源，曾多次出使明朝。其中1386年使行的目的是请求明朝赐下国王的便服并且减免岁贡等。^⑤郑梦周曾以诗歌记录了完成该次使行任务时的场景。

> 内人日午忽传宣，走上龙墀向御筵。
>
> 圣训近闻天咫尺，宽恩远及海东边。
>
> 退来不觉流双涕，感激唯知祝万年。
>
> 从此三韩蒙帝力，耕田凿井总安眠。

　　据诗歌下面的附录记载，该年四月二十三日，郑梦周在奉天门接受朱元璋的召见，亲耳听到宣谕。朱元璋在宣谕中宣布把朝

---

① "三隐"：也有把冶隐吉再去掉，加上陶隐李崇仁（1347—1392）的说法。

② 《松都志》卷一《高丽世纪·恭愍王》。

③ 《高丽史》卷一一七，《列传》卷三十，"郑梦周"。

④ 《高丽史》世家卷四十六，恭让王四年二月初三日。

⑤ 《高丽史节要》卷三十二。

郑梦周肖像，韩国国立中央博物馆藏品

鲜的岁贡、金银、马布一切蠲免，郑梦周不胜感激，所以写诗记录下这一切。[1] 从上述诗中不难读出郑梦周对明朝政治的认同，以及对顺利完成使行任务的欣喜。

　　李成桂建立的朝鲜王朝，其对外政策的两大主轴是"事大（侍奉大国）"与"交邻（通交邻国）"，事大的对象是明朝，交邻的最主要对象是日本。郑梦周不仅出使过明朝，还出使过日本，可以说是那个时代罕见的具有多国外交使行经历的人物。也就是说，早在朝鲜王朝建立之前，郑梦周就已经通过出使实践了事大交邻的路线。1375 年五月，郑梦周曾因为反对李仁任等人主张的亲北元的外交政策而遭到流放。[2] 虽然高丽朝廷在 1376 年解除了对他的流放，但随即令他出使日本。当时高丽与日本的关系极为紧张，加上天气、交通条件的制约，出使日本是一件苦差，也可能是一趟死亡之旅。亲北元的掌权势力试图用这种方式来惩罚郑梦周。郑梦周出使时，"极陈交邻之义，日人敬服厚待"，[3] 不仅顺利地完成了使行任务，自己也安全回到了朝鲜半岛。

　　按其所作《洪武丁巳奉使日本作》之诗所载：

> 奉使游桑域，从人问土风。
>
> 染牙方是贵，脱履是为恭。
>
> 柳入新年绿，花如故国红。

---

① 郑梦周：《皇都四首其二》，《圃隐集》卷一。
② 《高丽史节要》卷三十。
③ 《松都志》卷一《高丽世纪·辛禑》。

　　　　客居殊寂寞，喜听足音跫。①

　　当时日本流行把牙齿染黑，并以脱鞋进出为恭敬。从该诗可见，郑梦周在出使日本的时候，也注意观察日本的风土人情。

　　郑梦周在政治上奉行亲明反元的立场，所以在1388年"威化岛回军"前后，他与反对攻明的李成桂维持了一段时间较为亲密的政治合作关系，并写诗称赞李成桂是："风彩豪俊，华峰之隼；智略深雄，南阳之龙。"②但这样的政治蜜月期很快因李成桂、郑道传等人准备推翻高丽王室，掀起易姓革命而宣告终止。郑梦周虽然支持对明朝事大，但认为有权主导对明事大的主体人物仍是高丽王室，即恭让王王瑶，而绝不是对王室怀有二心的李成桂等人。

　　李芳远察觉到了郑梦周的真实政治态度，判断他会成为李家建立新王朝的阻碍，便伺机除掉他。1392年三月，李成桂在途经海州打猎时不慎坠马，伤势严重。正在给生母守灵的李芳远听到该消息又听说郑梦周试图除掉李家，便急忙赶去迎接李成桂。李芳远在碧澜渡遇到父亲，告知他郑梦周要诛杀李家的计划，劝他立刻进京（即高丽首都开城）。当时郑梦周正利用言官，弹劾李成桂的心腹赵浚、南誾等人，而且恭让王王瑶也站在郑梦周一边，③形势对李家非常不利。

　　尽管李芳远多次劝说李成桂先下手为强，诛杀郑梦周，但李成桂不听。李芳远无奈之下只得与兄长李芳果（定宗，1398—

---

① 郑梦周：《洪武丁巳奉使日本作》，收入徐居正等编：《东文选》卷十。
② 郑梦周：《松轩李侍中画像讚》，《圃隐集》卷三。
③ 《高丽史节要》卷三十五。

1400 年在位）等人商议诛杀郑梦周。郑梦周在这之前已知晓了李芳远等人的计划，但他还想探知李成桂的真实态度，于是亲自到李氏宅邸探病。探病之时，李成桂对待郑梦周一如往常。李芳远等人觉得这是诛杀郑梦周的绝好机会，便派人带上兵器埋伏在郑梦周归家路上，在郑梦周经过善竹桥之时将其斩杀。李成桂得知郑梦周死讯后大怒，痛骂李芳远是不忠不孝之人。李芳远反驳道，郑梦周想要诛杀李家，岂能坐以待毙？恭让王王瑶见木已成舟，无奈之下只得默认了郑梦周已死的事实，将弹劾李氏一党的言官们流放。[①] 在与郑梦周的政治对决中，因李芳远决断迅速，李氏一族取得了决定性胜利，为朝鲜王朝的开创扫清了政治障碍。

关于李芳远下定决心诛杀郑梦周一事，还有一则逸话。李芳远为确认郑梦周的心思，在郑梦周日益显露打击李氏一党的迹象之时曾设宴招待郑梦周。郑梦周在宴会上作了一首时调（朝鲜传统歌谣，以朝鲜语作成），汉译如下：

> 此身死了死了，一百番更死了。
>
> 白骨为尘土，魂魄有也无。
>
> 向主一片丹心，宁有改理也软？[②]

这首时调便是有名的《丹心歌》。李芳远听完后，知道郑梦周忠于高丽王朝的心意不可改变，便最终下定了诛杀郑梦周的决心。虽然李芳远是谋杀郑梦周的主谋，但他本人却极为欣赏郑梦周的

① 《高丽史》卷一一七，《列传》卷三十，"郑梦周"。
② 沈光世：《海东乐府》，《休翁集》卷三。

善竹桥，王元崇摄

忠贞气节。他在登上王位后，追赠郑梦周为领议政，并封其为益阳府院君，赐谥"文忠"。[1] 后世的朝鲜国王们虽对郑梦周多有崇祀之举，但他们也很清楚郑梦周认同的是高丽王朝而不是朝鲜王朝。16 世纪晚期，开城建立主祀郑梦周的崧阳书院时，主管官员将郑梦周画像奉安在书院，就牌位上书写官职名的问题请示国王。宣祖李昖（1567—1608 年在位）回答，郑梦周是高丽人，岂肯受本朝官爵？所以尽管他有领议政的赠职，但是不要写在牌位上，牌位上只写"圃隐先生"即可。[2] 此时，早已巩固了统治的朝鲜国王们也需要宣传郑梦周宁死不改的臣节，以号召官员们向国王尽忠。

郑梦周之死也暗示了高丽王室的最终命运。实际上，在朝鲜时代的官方正史里，很少能读到高丽王室王氏一族到底是怎样被诛杀殆尽的记录，反而是后世的野史笔记对此多有言及。按《秋江冷话》的记载，李成桂在 1392 年七月登上王位后，把恭让王王瑶降封为恭让君，王氏一族也被流放到巨济岛（今属庆尚南道巨济市）等偏远海岛上。李成桂认为，新王朝建立之后，往往会肃清前朝王室，以免后患，但自己身为一国之主，"凡在境内，皆吾赤子"，所以并没有杀戮王氏子孙。考虑到海岛生活艰苦，他下令将王氏子孙移出海岛，安置在完山（今属全罗北道全州市）、尚州（今庆尚北道尚州市）等地。但李成桂的谋臣们认为，如果不把王氏一族斩草除根，必有后患，但是麻烦在于师出无名。谋臣们想出了一个办法，乘王氏一族乘船时，让熟悉水性的船夫突

---

① 著者不详：《圃隐先生年谱考异》，收入郑梦周：《圃隐集》。

② 《松京广考》卷一《国朝纪事·太祖元年壬申》。

然潜水离开，并凿开船底。当时岸上有一位与王氏一族相熟的僧人，举手呼喊王氏。王氏作两句诗叹道："一声桡橹沧波外，纵有山僧奈尔何？"僧人最终痛哭离开。[1] 恭让王王瑶之弟归义君王瑀（？—1397）的女儿嫁给了李成桂的第七子李芳蕃（1381—1398），所以王瑀与其女独免于沉海之祸。

有看法认为并非是李成桂而是郑道传主导了肃清王氏的事件，但按常理来说，如果没有李成桂的许可，郑道传未必敢做出如肃清王氏一族这般重大的决定，正史对此讳莫如深的态度其实也暗示了李成桂与这次计划应有牵连。有一则逸话提到，李成桂在王氏一族沉海之后，曾梦到高丽太祖王建（918—943年在位）。梦境中的王建穿着七章之服，怒斥李成桂："予统合三韩，功在斯民。尔若灭我子孙，则未久反其报。"意思是说，李成桂还不住手的话，报应很快就会来。吓醒之后的李成桂随即赦免了剩余的王氏子孙。[2] 这样的逸话流传于世，隐晦表达了世人并不相信李成桂宣称的对前朝王室的宽容态度，人们相信的是，斩草除根才是帝王的本心。

高丽王朝灭亡前后，出现了至死为高丽尽忠的郑梦周，也出现了顺应大势，决定侍奉新主的"二臣"。有一则逸话提及李成桂在开国之后曾赐宴宰臣，参加者都是以高丽王朝旧臣身份入仕朝鲜王朝的官员。当时宴会上有一个叫"雪梅"的名妓，才貌过人而有生性淫荡之名。某位政丞趁醉调戏雪梅，说雪梅"朝从东家食，暮从西家宿"，不如干脆也陪一陪自己。雪梅回击说，以自己

① 南孝温：《秋江冷话》。
② 编者不详：《逐睡篇》。

东家食、西家宿之贱驱，得以侍奉既侍奉过王氏又侍奉李氏的政丞，岂不是正好合适？听完这话，政丞感到面红耳赤，而座中也有不少人默默垂泪。[①] 可见，当时背弃王氏，选择与李成桂合作的高丽旧臣并不在少数，但也只有这样的选择，才能让他们在政治变动期中保存性命，继续享有荣华富贵。

二、"第一次王子之乱"

高丽时期存在所谓"乡妻"与"京妻"的制度。即男性在未发达时，先在乡下的老家娶一位妻子，是谓"乡妻"；发达后再到首都开城娶一位妻子，是谓"京妻"，这两位妻子都被认为是正妻。但从现实情况来看，京妻的出身往往比乡妻高贵，年龄也小于乡妻，在丈夫处也远比乡妻受宠。

朝鲜初期的两次王子之乱就与李成桂的婚姻情况脱不了干系。李成桂在发达之前按惯例娶了乡妻韩氏（神懿王后，1337—1391），二人生有六男二女，其中长子李芳雨与六男李芳衍早夭。到李成桂发达时，二男李芳果、三男李芳毅、四男李芳干、五男李芳远均已长大成人，并在李成桂建立朝鲜王朝的过程中立下了汗马功劳。李成桂在发达之后又娶了高丽高官康允成的女儿康氏为妻（神德王后，？—1396），二人生有二男一女，二男即李芳蕃与李芳硕（1382—1398）。这两个儿子在李成桂登上王位时，不过是十岁出头的孩童，显然不可能在建国的过程中发挥多少作用。

---

① 郑载仑：《闲居漫录》。

但李成桂本人更偏爱康氏及其生下的两个儿子，这就为此后的兄弟相煎埋下了伏笔。

1392 年八月，也就是朝鲜开国一个月后，功臣裴克廉、郑道传等人就提议李成桂建储。按裴克廉等人之意，立储要么按年龄，要么按功劳，但李成桂本人希望立幼子李芳蕃为世子。这一次立储商议没能达成共识。随后裴克廉等大臣又私下进行了商议，达成的共识是李芳蕃为人狂悖，如果非要立康氏之子为世子，那还不如立小儿子李芳硕。李成桂接受了这个建议，立李芳硕为世子。[①] 按《东阁杂记》所言，第一次立储商议没有成功的原因是康氏在内殿外面偷听了裴克廉等人与李成桂的交谈，听到按年龄或按功劳立储的说法后，她痛哭不止，哭声响彻内殿内外，所以李成桂中止了立储商议，这才有了后来裴克廉等人的让步。[②]

成为世子的李芳硕得到李成桂的心腹郑道传、南闇等人的支持，他们支持李芳硕主要是为了延续并扩大自身的权力。郑道传对朝鲜的政治组织架构的设想是"议政府署事制"，即由议政府三议政，也就是三位宰相负责国家的日常政务运作，宰相在国家治理中享有重大决定权，那么李成桂幼子为世子对他们继续掌权有利。在郑道传看来，"人主之职，在论一相。"[③] 即宰相才是国家行政的主掌者，国王只需选择贤相，让宰相处理国家政务即可。显然，若强势的李芳远登上王位，宰相的权力必然会被王权压制，这与强调扩大宰相权的郑道传的路线背道而驰。而且，郑道传与

① 《朝鲜太祖实录》卷一，太祖元年八月二十日。

② 李廷馨：《本朝璿源宝录》，《东阁杂记》乾卷，《知退堂集》卷六。

③ 郑道传：《朝鲜经国典·治典》，《三峰集》卷七。

李芳远等人之间早已存在严重的政治利益冲突。郑道传在李成桂的支持下极力强化中央集权，打击诸位王子与勋旧大臣的兵权，试图将他们率有的私兵纳入国家统一管理，这就得罪了包括李芳远在内的功臣势力。在郑道传与李芳远的政治争斗中，战功卓著且掌握兵权的勋旧大臣们多站在李芳远一边。

1398 年八月，李成桂病重，这给伺机除掉李芳远的郑道传等人提供了机会。李成桂病重之时，李芳远、李芳幹等人留宿于汉阳景福宫勤政门外西廊，以方便侍奉父亲。此时李芳远的小舅子闵无疾获知了郑道传等人想把李芳远等人召入宫，从而一网打尽的计划，便告诉了姐姐闵氏（元敬王后，1365—1420）。闵氏假称病痛，派人让李芳远立刻回家。回到家的李芳远得知了郑道传的详细计划，但仍坚持回宫。他表示诸兄仍在宫中，必须告知他们，而且万一真的有变故，自己也有其他准备，不会坐以待毙。十几天前，李成桂按郑道传的建议革罢了诸位王子所领的私兵，但闵氏为预备情况有变，偷偷在家中藏下了不少兵器。李芳远在回宫之前也安排了小舅子闵无咎与亲信李叔蕃准备好兵甲藏在自己家附近待变。当时李叔蕃率贞陵（神德王后康氏之陵）移安军正好回到汉阳，所以李芳远一方也有兵士可用。既有兵器也有兵士的李芳远，早就为可能发生的变故做好了充分准备。

李芳远回到勤政门外西廊后不久，果然宫中派人出来宣布李成桂召见诸位王子，要求诸位王子迅速入宫，且不许带上随从的命令。按宫中惯例，入夜之后会悬挂宫灯照明。但诡异的是，当晚并未悬挂宫灯，这样异常的景象进一步加深了李芳远的疑虑。李芳远假称腹痛要去如厕，便离开西廊在外沉思良久。李芳毅和李芳幹也跟着走了出来，呼叫李芳远的名字。李芳远叹道"势不得已"，随即骑马从西门离开，李芳毅和李芳幹等人跟随。李芳远随即回家与等候多时的李叔蕃等人汇合，并拿上早已准备好的兵器严阵以待。李芳硕听闻发生了变故，想要率兵出战，但登上景福宫南门一看，夜里的光化门到南山一带仿佛都是李芳远的铁骑，最终没敢出宫应战。

景福宫勤政殿，王琼摄

李芳远按李叔蕃的提议决定先除掉郑道传、南誾等人。当时郑道传等人聚集在南誾的小妾家，尚未发现情况有变。李芳远便令军士围住小妾家并纵火焚烧，逼迫郑道传等人露面，将其斩杀。诛杀郑道传、南誾等人后，李芳远找到左政丞赵浚与右政丞金士衡，称自己是不得已才先下手为强，迫使赵浚等人为自己辩护。完全掌握局势的李芳远又令当时正在宫中执勤的侍卫们全数解散归家，从而解除了原属李芳硕一党的军事防卫。

天明之后，左政丞赵浚等人率百官将李芳远已诛杀郑道传、南闇等人的情况上报李成桂，并请更立世子。当时年龄最长的李芳果在变故发生前正在昭格殿替李成桂祈福，并未参与李芳远的起兵。虽然当时许多大臣建议立李芳远为世子，但李芳远以立储以长为理由，建议立李芳果为世子。病中的李成桂无奈地接受了既成事实，改立李芳果为世子。李芳硕、李芳蕃在流放外地的中途被李芳远一党派人诛杀，不再构成对李芳远的威胁。[①] 这就是所谓的"第一次王子之乱"。

"第一次王子之乱"的处理结果并没有彻底解决权力分配的问题，亟需解决的核心问题是，位高权重的李芳远究竟要在接下来的权力构图中占据多少份额。此时的李芳远已经因平定"第一次王子之乱"而被册封为定社一等功臣，在朝廷上下拥有极高的人望，新世子李芳果与其他兄弟该如何处理与李芳远的关系呢？

三、"第二次王子之乱"与李芳远的统治

"第一次王子之乱"结束后不久，李芳果登上王位，李成桂退位成为上王。李芳果在汉阳经历了兄弟相残的惨剧，即位后就搬离了景福宫，还都开城。但朝鲜王室内部兄弟相残的惨剧并没有因还都而终止，反而愈演愈烈。李芳果虽与后宫嫔媵们生育了十五男八女，但正妻定安王后金氏（1355—1412）一无所出，所以立储问题再次牵动了朝鲜上下的敏感神经。李芳果的几个弟弟

---

① 《朝鲜太祖实录》卷十四，太祖七年八月二十六日。

中，李芳毅为人谨慎小心，一副无心于储位的样子。李芳幹觉得按年龄顺序该立自己为储，但朝廷上下许多人归附李芳远，这让李芳幹深为不满。他对李芳远的猜忌在 1400 年年初引发了所谓的"第二次王子之乱"。

　　李芳幹把自己对李芳远的嫉恨告诉了妻侄李来，说李芳远猜忌自己，自己不能死在他手上。李来劝说李芳幹不要试图谋害李芳远，否则只会得到"大恶"之名，且事情不会成功。后来李来将李芳幹的计划告诉了老师禹玄宝，而禹玄宝同时也是李芳远的老师，他便派人将此事告知李芳远，李芳远因此对李芳幹的起兵早有准备。但李芳远一开始不愿与李芳幹正式交战，特意派人前去李芳幹阵营，希望双方握手言和。在李芳幹拒绝了这一提议后，李芳远才决定与李芳幹正式决裂。

　　待李芳远的下属将李芳幹抓获后，自知无力回天的李芳幹表示是知中枢院事朴苞唆使自己起兵对抗李芳远。[①]朴苞本是李芳远心腹，但在"第一次王子之乱"后的论功行赏中觉得受到不公正对待，所以对李芳远抱有不满。最终李芳幹被流放，朴苞被处斩，"第二次王子之乱"仍以李芳远的胜利而告终。

　　"第二次王子之乱"结束后没多久，在河仑等大臣的请求下，李芳果将李芳远立为世子。为何立世子速度如此之快？按河仑等人的说法，在诛杀郑梦周、郑道传和平定李芳幹叛乱等事情上，李芳远都是首功，所以立他为世子是一件正大光明、理所应当之事。[②]但从李芳果将自己的儿子尽数逐出首都的举动来看，李芳果

---

① 《朝鲜定宗实录》卷三，定宗二年正月二十八日。
② 《朝鲜定宗实录》卷三，定宗二年二月初一日。

并不放心李芳远，担心若不尽快立其为世子的话，会给自己的子女们惹来报复之祸。也有说法：定安王后金氏看穿了李芳远的心思，便催促李芳果尽快让位给他，以安其心。[①]可见李芳果立李芳远为世子并在很短时间内让位给他，其实是出于自保抑或李芳远施加的压力。

需要注意的是，李芳果在去世后数百年间，始终未能得到"庙号"。1419年，李芳果去世，当时在世的上王李芳远与国王世宗李裪没有按给李成桂上庙号为"太祖"的惯例给他上庙号。[②]而李芳远去世后，被其子李裪冠以"太宗"的庙号。从"太祖"到"太宗"，仿佛朝鲜的王统是从李成桂直接传到李芳远，李芳果似乎被后世的国王们故意遗忘。后世国王们称呼李芳果时，使用的是"恭靖大王"之类的称呼。"恭靖"一词是明朝赐给李芳果的谥号。虽然宗亲、大臣们也曾提出给李芳果上庙号的建议，但始终未能得到历代国王们的许可。直到1681年，李芳果才被正式冠以"定宗"的庙号，[③]即朝鲜王室内部正式承认了李芳果国王之位的合法性。这也反映出李芳果的王位合法性争议在朝鲜前期是一个敏感而棘手的问题。李芳远本人及其后几代国王不愿承认李芳果是合法国王，担心这个问题可能会对自己的王权产生冲击。

李芳远即位不久后还都汉阳，从此汉阳正式成为朝鲜王朝的

---

① 编者不详：《逐睡篇》。

② 按儒教礼法与中原王朝之间的封贡关系，朝鲜国王作为诸侯王，死后无权使用皇帝才能使用的庙号，只能使用明清王朝赐下的谥号。但此规定在朝鲜国内并没有被严格执行。朝鲜内称呼前代国王时一般使用庙号或陵号，只是在与明清两朝的交涉中会避免使用庙号，而是使用明清王朝赐下的谥号。

③ 《朝鲜肃宗实录》卷十二，肃宗七年九月十八日。

首都。但他却并不喜欢住在发生过"第一次王子之乱"的景福宫，于是开始营建别宫昌德宫。在政策施行上，李芳远也开启了王朝新纪元。他虽诛杀了郑道传，但在登上王位后却几乎沿用了郑道传提出的除"议政府署事制"之外的包括革破私兵、崇儒抑佛等在内的其他政策设想。郑道传在《朝鲜经国典》等文献中提出的构想，最终在李芳远的手中成为现实。

李芳远在位期间，一边肃清功臣以强化王权，一边对朝鲜内部的权力组织架构与官制进行了大刀阔斧的改革。如改门下府左、右政丞为议政府左、右政丞，门下侍郎赞成事为议政府赞成事，改郎舍为司谏院等。[①] 同时，李芳远还极力推进"六曹直启制"，也就是六曹长官判书将事务直接报告给国王的制度。在这样的制度框架下，他将政府的事务分配给六曹管理，在六曹各置正二品的判书一员。[②] 在文化方面，李芳远在位期间新设了"铸字所"，制造了铜活字（"癸未字"），印制了《十七史》《大学衍义》等书。[③] 李芳远又令河仑等人编纂了《东国史略》，加纂改修了《高丽史》（原为郑道传等人编纂，但到世宗李祹时期才完成最终改修）。[④] 在李芳远的治下，朝鲜初期混乱的政局渐渐安定下来，对内治理与对明外交都得到稳定发展。他所推行的诸项政策也成为朝鲜王朝"祖制"的重要组成部分，为后世国王奠定了统治基调。

045

---

① 《朝鲜太宗实录》卷二，太宗元年七月十三日。

② 《朝鲜太宗实录》卷九，太宗五年正月十五日。

③ 《朝鲜太宗实录》卷五，太宗三年二月十三日；《朝鲜太宗实录》卷二十四，太宗十二年七月初九日；《朝鲜太宗实录》卷二十四，太宗十二年十月初一日。

④ 《朝鲜太宗实录》卷六，太宗三年八月三十日；《朝鲜太宗实录》卷二十七，太宗十四年五月初十日。

但李成桂对李芳远的即位仍心存芥蒂。经历了两次王子之乱后的李成桂心灰意冷，离开汉阳前往老家咸兴。李芳远多次派人前往咸兴，请李成桂认可其即位合法性，但派去的使节皆被李成桂所杀。后来宋时烈（1607—1689）曾提及这一事件道："我太祖移御咸兴时，诸臣承命进诣者，皆不得回还，故俗称一去不来者曰咸兴差使。"① 这就是古事成语"咸兴差使"的来历，在韩语中意为"泥牛入海""一去不返"。

总之，朝鲜虽然把儒教伦理作为最重要的立国之本，但从建国初期的两次王子之乱来看，至少在王位继承上，朝鲜并没有遵循儒教的嫡长子继承制。比起儒教伦理，李芳远的个人实力才是他最终登上王位的决定性因素。

---

① 宋时烈：《随箚卷之八十七书》，《宋子大全》随箚卷九。

韩剧韩影指南:《郑道传》

现在首尔市内留有景福宫、昌德宫、昌庆宫、德寿宫（原名庆运宫）、庆熙宫、云岘宫等朝鲜时代的宫殿。不过云岘宫并不是严格意义上的王宫，而是高宗李熙的潜邸，而其他五座王宫均被历代王室所使用。其中最重要的法宫——景福宫的命名者正是郑道传。景福宫的名字来源于《诗经·大雅》中的"既醉以酒，既饱以德。君子万年，介尔景福"之句。然而这座宫殿并不像其名那样是"永无休止的福气"之地，反而命运多舛。1592年，也就是朝鲜王朝建国的二百周年纪念之年，壬辰战争爆发，国王北逃，这座宫殿被愤怒的民众烧为灰烬。战后的朝鲜百废待兴，没有余力重建景福宫，如勤政殿这样的标志性建筑之后的两个多世纪内只有遗址存留。从17世纪起，朝鲜国王们多使用其他四所王宫。到了19世纪中期，大院君李昰应为重建王室的威信，下令重建景福宫，但建好后不久又遭遇了火灾。20世纪初，日本占领了朝鲜半岛，实行殖民统治，拆毁了景福宫内的大量建筑物，并大修日本总督府。到了20世纪90年代，金泳三政府开始拆毁日本殖民时代的建筑，复建景福宫。可以说现在见到的景福宫，主要是20世纪90年代以来复建的产物。

第三章　儒教与文治

统治秩序的巩固与世宗的文化事业

世宗李祹延续并巩固了"对明事大"的基本国策，在位期间，明鲜两国间的封贡关系进一步发展。在他的统治下，编纂与出版事业迎来繁荣期，朝鲜社会的儒教化速度开始加快。此外，李祹主导创制的谚文，为儒教普及到平民阶层创造了文字条件，也成为后世朝鲜半岛各政权建构民族主体性的重要资源。

一、世子李禔被废与世宗李祹的登基

虽然李芳远本人以非正常手段登上王位，但当他成为国王后，一开始还是积极采用嫡长子继承制来处理立储问题。李芳远与元敬王后闵氏共育有四男四女，李芳远在即位后把嫡长子李禔（1394—1462）封为世子。[①] 李禔为人耽于享乐，尤其沉溺于女色与打猎，不喜儒生，不事学问，一到书筵讲学的时候，就称病不去。[②] 1417年，有人告发李禔与前中枢郭璇的姜室於里私通，甚至还生下私生子，惹得李芳远大为恼火。李芳远认为，李禔不仅

① 《朝鲜太宗实录》卷八，太宗四年八月六日。
② 《朝鲜太宗实录》卷三十五，太宗十八年五月三十日。

扰乱王室血统，还在四弟李褆（诚宁大君，1405—1418）丧期内打猎游玩，完全没有继续担任世子的资格，决意废掉李褆的世子之位。[①] 也有说法：李褆早就知道三弟李祹（时为忠宁大君，后世宗，1418—1450 年在位）有德行，比自己更适合世子之位，早有让位之心，便把这样的心思告诉给二弟李补（孝宁大君，1396—1486），李补又把这样的情况告诉给李芳远，李芳远才下定决心更换世子。[②]

当李芳远向诸臣询问该立谁为新世子时，右议政韩尚敬支持李褆之子，领议政柳廷显等十余名高官主张立贤，而吏曹判书李原主张以龟筮占卜的方式决定。李芳远一开始也赞同占卜的方法，但也将群臣们"立贤"的观点告诉元敬王后闵氏。闵氏反对"立贤"的方式，认为废兄立弟是祸乱的根本。然而此时李芳远忽然醒悟过来："立贤"才是最正确的方法。李芳远认为三子李祹聪敏好学，喜欢读书，且善于喝酒，在接待明朝使臣的时候既能周旋合理，又能以喝酒获取明朝使臣们的欢心，随即宣布立李祹为世子，把李褆降封为让宁大君。[③] 李芳远的"立贤"决定也得到朱棣的认可。朱棣认为"国家盛衰，实系子之贤否"，立刻批准了朝鲜改立世子请求。[④] 李祹被立为世子后没几天，李芳远就正式传位给二十二岁的李祹，自己成为上王。可见，儒教的嫡长子继承制在朝鲜初期并不是绝对的原则，立储之事完全可以在强势国王的主

① 《朝鲜太宗实录》卷三十三，太宗十七年二月十五日；《朝鲜太宗实录》卷三十五，太宗十八年五月初十日。

② 李衡祥：《与李汉弼》，《瓶窝集》卷九。

③ 《朝鲜太宗实录》卷三十五，太宗十八年六月初三日。

④ 《明太宗实录》卷二百二，永乐十六年七月二十八日。

导下有所变通。

李芳远虽然正式让位，但并没有把一切权力交给李裪。他以李裪年少，不知军事为由，要求将军事事务仍报自己裁决，待李裪年满三十之后再将军权正式交付给他。[①] 不过在兵曹参判姜尚仁的主导下，兵曹把军事事务在上报李芳远之前，先上告李裪。但李裪总是推脱此事，反而让兵曹先告知李芳远。[②] 负责宫廷侍卫事务的中军同知总制沈泟等人也与姜尚仁的做法一致，这引发李芳远的不满与猜忌。沈泟的兄长是李裪的岳父沈温（？—1418），当时沈温正担任领议政，一时风头无俩。在李芳远的主导下，姜尚仁被捕。他供述自己曾与沈温商议将军事归于一处，也就是归于李裪，而沈温对此也表示赞同。[③] 最终姜尚仁、沈泟、沈温以谋叛大逆之罪被处死，家人也被连坐处死或是贬为奴籍。[④] 此时有人以李裪正妻沈氏（昭宪王后，1395—1446）是罪人之女，不可为王妃为由，建议废掉沈氏，但遭到李芳远的拒绝。[⑤] 所以从最终结果来看，李芳远既保存了生育数名子女的儿媳沈氏，且又借此机会成功除掉了一批掌握军权的旧臣与声势显赫的外戚，进一步强化了王室对整个政局的掌控力度。

朝鲜王朝虽将程朱理学定为官方意识形态，但从王朝成立之初的几次王位继承过程来看，继承次序并不符合儒教"有嫡立嫡，无嫡立长"的王权继承原则。这也说明，尽管朝鲜朝廷标榜程朱

053

---

① 《朝鲜世宗实录》卷三，世宗元年二月初三日。

② 《朝鲜世宗实录》卷一，世宗即位年八月二十五日。

③ 《朝鲜世宗实录》卷二，世宗即位年十一月二十二日。

④ 《朝鲜世宗实录》卷二，世宗即位年十一月二十五日。

⑤ 《朝鲜世宗实录》卷三十二，世宗八年五月十九日。

理学，但此时程朱理学在实际政治操作中发挥的作用仍然极其有限。虽然史书会以"贤德""忠孝""众望所归"等儒教字眼替胜者美化取得权力的过程，但这不足以展示朝鲜已然是一个名实相副的儒教社会。所以如何在接下来的时期进一步推动朝鲜的儒教化，以及基于儒教的文治主义，便是李祹必然要直面并解决的问题。

二、李祹的统治与朝鲜的儒教化

　　1422 年，李芳远去世，李祹正式获得作为国王的一切权力。经过李芳远的多年治理，此时的朝鲜是一个政治秩序逐渐安定，经济、文化事业开始得到发展的国家。从与明朝的关系来说，李芳远通过两次王子之乱，彻底肃清了如郑道传等对明强硬派，加上与朱棣的私人关系乃至政治上互相承认的需求，明鲜关系结束了初期的波折，进入稳定发展的阶段。从朝鲜内部政治情况来看，李芳远在位期间，通过多次的肃清活动，诛杀了大量曾拥戴其登上王位的权臣与外戚，其中也包括元敬王后一族的闵氏。加上前文所述的昭宪王后沈氏一族的覆灭，所以到李芳远去世之时，朝鲜政坛已鲜有能对王权构成威胁的权臣与外戚，这就为李祹接下来治理国家，创造了有利的外部与内部环境。

　　要在朝鲜全社会推广程朱理学，把朝鲜打造成一个彻底的儒教国家，离不开儒教书籍的获取与普及。李芳远与李祹在位期间，明朝多次赐给朝鲜大量的儒教书籍，包括四书五经、《性理大全》

《通鉴纲目》《春秋会通》《大学衍义》《列女传》等书。^①这就为朝鲜统治阶级学习程朱理学，并在朝鲜社会推广这些书籍创造了基础条件。李祹即位伊始，就对铸字问题表现出极大的兴趣。1420年，他考虑到之前"癸未字"的字体仍有不便之处，命工曹参判李蕆（1376—1451）铸造新的活字，^②这便是所谓的"庚子字"。到了1434年，他又下令铸造大字以印书，命李蕆与集贤殿直提学金墩（1385—1440）掌管此事。这一次铸造了二十多万个铜活字。^③这便是所谓的"甲寅字"。两年之后，李祹命令集贤殿副校理李季甸（1404—1459）、金汶（？—1448）为《资治通鉴》与朱熹编纂的《资治通鉴纲目》等书撰写一本《资治通鉴纲目通鉴训义》，为刊行该书，李祹特意下令再铸活字。^④这便是"丙辰字"的由来。

但是，利用活字排版仍然需要投入大量的人力与物力，加之活字本身存在的问题，所以活字铸造并不意味着单部书籍的印刷量会有显著提高。李祹在推广《左传》一书时坦陈，如果用铸字印书的话，无法大量印刷，所以下令以木板刊刻的方式大量印刷该书。^⑤然而活字铸造在朝鲜的书籍传播史上仍具有不可忽视的意义。首先，铸造的活字可以较短时期内印刷出多种多样的书籍，这极大满足了朝鲜初期对书籍种类的迫切需求。其次，这些活字

---

① 《明太宗实录》卷二十一，永乐元年六月二十五日；《明宣宗实录》卷二十二，宣德元年十月十一日；《明宣宗实录》卷一百七，宣德八年十一月初六日；严从简：《殊域周咨录》卷一。

② 《朝鲜世宗实录》卷十八，世宗四年十月二十九日。

③ 《朝鲜世宗实录》卷六十五，世宗十六年七月初二日。

④ 《朝鲜世宗实录》卷七十四，世宗十八年七月二十九日。

⑤ 《朝鲜世宗实录》卷五十一，世宗十三年二月二十八日。

本的书籍成为木板版刻时的参考样书，对版刻的样式产生了深远的影响。不过需要留意的是，朝鲜朝廷用活字印刷的仅仅是有利于维持统治的书籍。也就是说，李祹可以通过活字铸造将知识供给的主导权牢牢抓在手中。[①]

在关注铸字印书问题之外，李祹还以改组学问研究机构——集贤殿来网罗并培养儒教人才。实际上，名为"集贤殿"的学问机构在高丽时期就已存在。高丽时期曾设有宝文阁、修文殿、集贤殿等学问机构，但到了朝鲜初期，集贤殿作为学问机构仅徒留虚名。[②] 在李芳远的执政末期，司谏院曾建议恢复集贤殿的功能。按司谏院的构想，朝廷从馆阁提学中挑选数名善于文字之人，任命他们为提调，再挑选三品以下的年轻文臣数名，与提调一起在集贤殿讲读经史，以重振文教。[③] 但该建议一直等到李祹即位才被落实。1420 年，李陶复设集贤殿。编制规模在初始之时为十人，到了 1436 年，最终确定为二十人。[④] 李祹极为优待集贤殿儒士，不仅"赐暇读书"，让他们有时间研磨学问，还令宫中宦官以待客之礼来侍奉他们的早餐与晚餐。[⑤] 从此，集贤殿儒士们得以安心讨论古今学问，李祹也获得了助其推广程朱理学的人才。[⑥]

在硬件设施与人才条件都已具备的情况下，李祹的儒教书籍编纂、刊行事业得以顺利进行。除上述的《资治通鉴纲目通鉴训

---

① ［韩］姜明官：《朝鲜时代书与知识的历史》，首尔：千年的想象，2012 年，第 123 页。

② 《朝鲜定宗实录》卷一，定宗元年三月十三日。

③ 《朝鲜太宗实录》卷三十三，太宗十七年正月十九日。

④ 《朝鲜世宗实录》卷七十三，世宗十八年闰六月十一日。

⑤ 成倪：《慵斋丛话》卷二。

⑥ 徐居正：《笔苑杂记》卷一。

义》之外，集贤殿儒士们还在李裪的要求下编纂了《三纲行实图》，以期加速朝鲜社会的儒教化。该书的编纂缘起于1428年晋州人（今全罗北道晋州市）金禾的弑父事件。李裪听说此事后，感到非常自责，便召集群臣讨论如何把孝悌等观念推广到一般民众心中。判府事卞季良建议广布《孝行录》等书，他认为让民众常读这些书，孝悌礼义的观念自然会被接受。李裪批准了这一建议，下令集贤殿搜集高丽等时期的孝行事迹并综合《孝行录》编纂一本新书。[1] 但该计划在执行过程中发生了部分调整。四年后，集贤殿上呈给李裪的是一本名为《三纲行实图》的新书。所谓"三纲"，即"君为臣纲、父为子纲、夫为妻纲"的儒教伦理。集贤殿儒士为《三纲行实图》撰写的序文里明确提到编纂目的是以三纲教化民众。他们从中原大陆与朝鲜半岛的古今故事里挑选值得表彰的孝子、忠臣、烈女各一百一十人的事迹，将其画成图画，并配上了文字解说。李裪随即下令将此书刊刻流传。[2] 但光是刊行颁布该书，李裪仍觉不够。1434年，他再次下令让各地官员寻找识字之人将书中的内容读给民众听。[3] 因为认识汉字的民众实在太少，就算国家颁布书籍，民众也读不懂内容，更不要说理解里面的儒教伦理了。普通民众阅读《三纲行实图》的问题，直到后世以谚文（即韩文）重新翻译该书后才得以解决。

　　将儒教伦理植入朝鲜社会，也需要有完善的法典作为支撑。1397年，朝鲜颁布了法典——《经济六典》。在1412年，又颁布

057

① 《朝鲜世宗实录》卷四十二，世宗十年十月初三日。
② 《朝鲜世宗实录》卷五十六，世宗十四年六月初九日。
③ 《朝鲜世宗实录》卷六十四，世宗十六年四月二十七日。

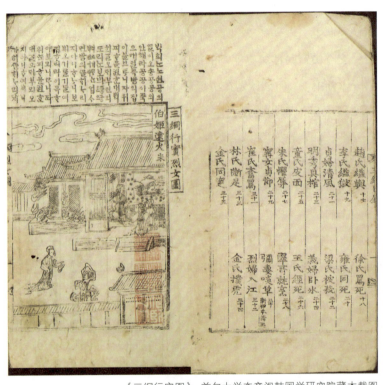

《三纲行实图》，首尔大学奎章阁韩国学研究院藏本截图

了《经济六典元集详节》三卷与《经济六典续集详节》三卷。[①] 到
了 1422 年，李裪考虑到新旧法令之间多有矛盾之处，特意设立了
所谓"六典修纂色"的职位来专门负责修纂新的法典。1426 年，
六典修纂色完成了《新续六典》。后加以多次改修，并参考了集贤
殿儒生们的意见，到 1433 年正式完成了《新纂经济续六典》的编
纂工作。[②] 这些法典的编纂，也是儒教伦理在朝鲜法制层面的体现。

此外，整理并完善宫廷内外所用的礼仪也是李裪所关注的问
题。他首先改革的是宫中女性位号问题。1432 年，礼曹建议改正
宫中位号，理由是按古典礼制与历朝用例，都没有给皇后、王后
加徽号的事例。[③] 但朝鲜建国以来，称王妃为某妃（比如元敬王后
在世时就被进封静妃），称世子嫔为某嫔，这不符合礼制。所以礼
曹建议之后只称王妃、世子嫔，不加徽号。该建议得到李裪的批
准。[④] 但从后世的用例来看，世子去世后，仍然在世的世子嫔也会
被赐号，如懿敬世子之妻韩氏（即昭惠王后）在丈夫死后被赐号
贞嫔，后改为粹嫔。[⑤]

其次是"五礼"的整备问题。朝鲜王朝建国之初，礼制多有
欠缺。李芳远在位期间，曾令许稠等人撰写《吉礼序例》及仪式，
但未能顾上其它礼仪。如果临时遇事，则按礼官一时所拟的礼仪

---

① 《朝鲜太祖实录》卷十二，太祖六年十二月十六日；《朝鲜太宗实录》卷二十三，太
宗十二年四月十四日。

② 《朝鲜世宗实录》卷十七，世宗四年八月十一日；《朝鲜世宗实录》卷三十一，世宗
八年二月初八日；《朝鲜世宗实录》卷五十九，世宗十五年正月十四日。

③ 国王正妻在生前被称为"王妃"，死后则被称为"王后"。详参李廷龟：《请寝恭嫔
后号启辞》，《月沙集》卷六十。

④ 李廷馨：《本朝璿源宝录》，《东阁杂记》乾卷，《知退堂集》卷七。

⑤ 《朝鲜世祖实录》卷三十六，世祖十一年七月二十七日。

随机应变处理。李祹在位期间，先后命郑陟等人改修《宗庙亲祀仪注》以及《五礼仪注》。郑陟等人选取朝鲜已经实行过的事例，再参考唐朝、宋朝以及当时明朝的制度，拟定了嘉礼、宾礼、军礼、凶礼等礼仪。

朝鲜的儒教化还需面对一个亟待解决的难题，即如何消除高丽王朝的国教——佛教在社会各方面的巨大影响，从而为儒教的推广奠定基础。李芳远在位期间，已将佛寺拥有的土地与奴仆大量没收归于国库，将佛教原有的十二个宗派缩减至七个宗派。[①] 李祹即位之后，继续打击佛教的经济基础与社会基础，如革去京外寺社奴婢，在首都禁止法席诵经，把佛教宗派合并为禅宗与教宗两个宗派，减少寺庙内的常住僧等。[②] 但他在执政晚期，由于接连遭遇第五子广平大君李璵（1425—1444）、第七子平原大君李琳（1427—1445），以及正妻沈氏的丧事，加之自身的健康状况日益恶化，对佛教也一改之前的强硬打压态度。然而此时儒教意识形态已在统治阶级内部扎根发芽。国王等王室成员的一时崇佛之举，并不能改变儒教取代佛教，逐渐成为朝鲜社会支柱意识形态的历史大势。

三、谚文的创制与使用

朝鲜半岛很早就开始学习汉字，以及汉字为载体的中原大陆

---

① 《朝鲜太宗实录》卷十一，太宗六年三月二十七日。
② 《朝鲜世宗实录》卷六，世宗元年十一月二十八日；《朝鲜世宗实录》卷九，世宗二年九月二十四日；《朝鲜世宗实录》卷二十四，世宗六年四月初五日。

的思想文化。但汉文的语序、发音与朝鲜半岛存在较大差异，半岛的文化生活实际上处于一种"言文分离"的状态。朝鲜人口头说的是"主宾谓"结构的朝鲜语，但要用"主谓宾"结构的汉文来记录半岛的语言与历史。这不是一件简单的事情，有时间与财力，接受过良好汉文教育的中上层人士才有可能完成。对于普通民众来说，想用文字快速便捷地记录自己的语言与想法，在谚文创制之前，简直难于登天。

1443 年十二月，李裪创制了二十八个谚文字符，该字符的创制给后来朝鲜的文字生活乃至近现代民族认同的建构产生了深远的影响。按《朝鲜世宗实录》记载：

> 是月，上亲制谚文二十八字，其字仿古篆，分为初中终声，合之然后乃成字，凡干文字及本国俚语，皆可得而书，字虽简要，转换无穷，是谓"训民正音"。①

即李裪亲自创制了二十八个谚文字符（现代韩语只使用二十四个），其字形模仿了古篆字，初声、中声、终声三个字符组合在一起就可以成字。谚文可以方便地标记汉文经典与朝鲜的俚语，且有多种转换方式。

《训民正音》一书对谚文的创制原因有如下记述：

> 国之语音，异乎中国，与文字不相流通，故愚民有所欲

---

① 《朝鲜世宗实录》卷一百二，世宗二十五年十二月三十日。

言而终不得伸其情者，多矣。予为此悯然，新制二十八字，
欲使人人易习，便于日用耳。[①]

朝鲜半岛的语音与中国大陆不同，与文字不相流通。李祹为
了让普通民众可以表达自己的意思，所以才创制这二十八个字符，
以方便民众的日用。所谓"训民正音"，指的是把正确的语音教给
民众。虽然以上两条史料都说是李祹亲自创制谚文，但从常理来
说，谚文的创制不太可能只是他一人之力的产物，他应该是主导
并参与了谚文的创制。根据当时学者成俔（1439—1504）的记载：

> 世宗设谚文厅，命申高灵、成三问等制谚文。初终声八
> 字、初声八字、中声十二字，其字体依梵字为之。本国及诸
> 国语音文字所不能记者，悉通无碍。《洪武正韵》诸字，亦皆
> 以谚文书之。[②]

即谚文的创制是李祹与申叔舟（1417—1475）、成三问
（1418—1456）等谚文厅学者们合作下的产物。谚文创制后，朝鲜
人标记本国与外国的语音文字都变得更加方便。但成俔认为谚文
模仿的是梵字而非古篆。成俔的生活年代与谚文创制年代相距不
远，他的认识可以说代表了当时一部分人的看法，再加上如《福
泉庵事迹记》（佛寺私家藏品，笔者未能阅读）部分佛寺文献说是
福泉庵住持信眉（俗名金守省）向创制谚文的宫廷学者们说明了

---

① 《训民正音》，韩国涧松美术馆藏本。
② 成俔：《慵斋丛话》卷七。

梵文字音等，这就为部分韩国佛教界人士主张的信眉创制谚文的说法提供了一些叙述上的资源。

究竟谚文模仿的是古篆还是梵文？至今仍是一个争论不休的话题。但从《朝鲜王朝实录》来看，就算谚文创制时参考了梵文，也不太可能来自于信眉。尽管信眉与李祹的第二子首阳大君李瑈（世祖，1455—1468 年在位）、第三子安平大君李瑢（1418—1453）等王室成员交往密切，并得到李祹的信任与宠爱，但这都是 1446 年后的事情。根据李祹长子李珦）亲述的"大行王自丙寅年（1446）始知信眉名"之语可见，在谚文颁布的 1443 年之前，李祹并不认识信眉，更不要说从信眉处得到创制谚文的帮助了。所以说，信眉创制谚文的说法并不符合事实。

谚文创制后，遭到了以集贤殿副提学崔万理为首的两班①们的强烈抵制。他们的反对理由归纳起来大致有如下六条。第一，朝鲜严守至诚事大的原则，一遵华制，有汉字作为书写文字即可，没必要再创制谚文。万一被明朝知道，可能会引发非议。第二，蒙古、女真、日本这样的"夷狄"才有自己的文字，朝鲜的文物礼乐可以比拟中华，现在另外创制谚文，是"舍中国而自同于夷

---

① 两班：文班与武班的合称，也是朝鲜时代的统治阶层。朝鲜社会的身份阶层从上至下大致可以分为两班、中人、常民、贱民。两班原指朝令时站在国王东侧的文官（也被称为"东班"）以及与站在国王西侧的武官（也被称为"西班"），后泛指统治阶层。朝鲜实行严格的身份传承制度，除非谋逆、立有战功等重大特殊情况，两班世代为两班，贱民世代为贱民。两班的庶出子孙与地方的乡吏构成中人阶层，中人们往往从事译官、医官等专门职业，参加译科、医科等杂科科举。常民即一般平民，是国家的赋税、徭役的主要承担者。贱民则包括杂耍艺人、屠夫等下层职业人士以及属于政府的公奴婢与属于两班们的私奴婢等。到了朝鲜晚期，因商品经济的发展，身份秩序出现了一定的松动，如良民花钱购买两班身份，两班因经济穷困变成"残班"等等。

狄"的愚蠢行为。第三，朝鲜已经有新罗时期薛聪创制的"吏读"①，可以用来辅助阅读并标记文字，因吏读而知汉字的人也有很多。推行谚文会造成胥吏们专学谚文，不顾学问与汉字的局面，这不符合现在朝鲜正在推行的文明之治的国家政策。第四，所谓民众用谚文直书状辞，可以减少冤狱的想法不符合朝鲜实际情况。减少冤假错案的根本在于狱吏的品性，而不是语言与文字的不同。第五，创制谚文并非急务。国王把国家大事委托议政府处理，自己却忙于创制谚文，而且没有博采众议，这样的行为非常不妥。第六，就算说谚文有益，那也不过是微小的新奇技艺，何况实际对治国之道并无多少益处。世子花费大量时间精力研究谚文，不利于学问研习。

　　读完上疏的李祹针对质问提出了自己的反驳意见。首先，他认为薛聪创制的吏读也与汉文不同音，且创制本意也在于便民。崔万理等人赞同薛聪的吏读，就没有理由反对谚文。第二，谚文对标记韵书非常有利。李祹认为自己不去厘正韵书的话，崔万理这些不懂韵书的人更加不可能去做。第三，创制谚文又不是打猎游玩，对以书消磨时间的年老君王来说，崔万理等人的批评有些过分。第四，国王年老，由世子管理国家政务，那世子参与谚文创制有何不可？需要留意的是，李祹正面避开了崔万理提出的前两条质问，即谚文与汉字所代表的"非文明"与"文明"之争，而是在接下来的说明中，用创制谚文有利于普及儒教的伦理道德为自己辩护。

---

① 吏读：一种借用汉字的音与训，来标记朝鲜语音的标记法。

在这之前，艺文馆应教郑昌孙（1402—1487）就提出《三纲行实图》颁布之后，也没出现孝子、忠臣、烈女辈出的情况。人会不会按三纲行事，跟人的资质如何有直接关系，所以没必要用谚文翻译此书，达到人人都模仿该书行为的目的。李祹认为这是无用俗儒的言论。他反驳道，如果真的以谚文翻译《三纲行实图》，那么普通民众就能很容易理解该书中的儒教伦理，这样忠臣、孝子、烈女必然会源源不断地出现。最终崔万理等人以"不顾事理，变辞以对"的罪名被义禁府拘问，而郑昌孙则被直接罢职。①

从李祹的辩解可知，他并不是想摆脱汉字及以汉字为载体的儒教的影响，反而是想以谚文为翻译工具，把从中国大陆移植来的三纲五常等程朱理学原理普及到民间。同时，他也希望可以利用谚文来厘正韵书，这对完善朝鲜的礼乐制度与文章创作非常有利。此外，李祹还期待以谚文来解决狱辞问题，即允许普通民众不使用汉字，而用谚文书写诉讼状辞，从而有效表达自身的诉求。

其实这些目标与李祹在《训民正音》序文中所提及的目的一致，即谚文的主要服务对象是普通民众。朝鲜语与汉语在发音和语序上都有很大的不同，对于没有条件也没有精力来学习汉字的大多数朝鲜民众来说，谚文的创制无疑为民众吐露自己的想法打开了一扇方便之门，但这确实也会损害以汉字为手段来掌控书写乃至言论话语权的两班们的利益，自然会遭到他们的强烈反对。

事大与儒教，这是朝鲜王朝的两大立国基石，这注定李祹本

① 《朝鲜世宗实录》卷一百三，世宗二十六年二月二十日。

人不可能在当时的历史语境中公然宣称反对明朝以及汉字的影响。李裪在位时，明鲜关系已进入平稳期，两国之间并没有较多的政治争议与风波。同时，儒教这一基石也基本上被奠定了下来。尽管李裪本人与家庭成员多有崇佛之举，但是从巩固国家统治秩序方面来说，儒教才是国王必须向全国推广的意识形态。虽然朝鲜王朝是由一批笃信程朱理学的士大夫们及其利益代表者李成桂所创建，但这并不意味着只要新王朝一建立，整个半岛就会立刻自然进入儒教社会。作为高丽王朝国教的佛教，在朝鲜王朝前期的社会各阶层中仍然拥有巨大的影响力，如何尽可能地学习从中国传来的程朱理学，并向不识字的中下层社会普及儒教思想，这一直是让朝鲜统治阶级非常头疼的问题。谚文的创制倒是为解决这些问题提供了可能。

1488 年，集贤殿按李裪之命以谚文翻译了四书。[①] 但《三纲行实图》的情况略微复杂一些。该书在 1431 年首次刊行之后的长时间内并没有被重刊，再次刊行要等到李裪的曾孙——成宗李娎即位之后。李娎即位后不久，就下令各地乡校的儒生讲习该书，并令各道观察使[②] 广刊此书。[③]1480 年，宗亲泰江守李仝的妻子於宇同（也作"於乙宇同"）与包括官员、平民、贱民在内的数十位男性通奸的事件爆光，弄得朝廷上下非常难堪。李娎对此极为恼怒，下令处死於宇同，并要求礼曹把《三纲行实图》的烈女部分尽快

---

① 《朝鲜世宗实录》卷一百十九，世宗三十年三月二十八日。

② 观察使：道的最高长官，从二品，别称"监司"。

③ 《朝鲜成宗实录》卷九，成宗二年三月初八日；《朝鲜成宗实录》卷十，成宗二年六月初八日。

用谚文翻译出来，颁发给全国各地。李娎希望全国的女性通过学习《三纲行实图》，学会贞信不淫，达到移风易俗的目的。①

　　按釜山大学姜明官教授在《烈女的诞生》一书中对儒教思想如何普及到女性群体乃至社会底层的研究，谚文译本的《三纲行实图》《女训谚解》等书籍的发行与流通，打开了被统治阶层，尤其是女性们单方面依照国家男性所期待目标，逐渐发生思想转变的道路。《三纲行实图》谚译之后，该书中的烈女事迹开始在朝鲜女性的大脑中被不断复制，类似的夫死守节甚至殉死事件也随之涌现。② 可以说，在把贞操、节烈等思想灌入朝鲜女性脑海的过程中，这些谚文翻译的书籍发挥了举足轻重的作用。从这一点来说，谚文在后来的历史进程中成功完成了李娎期待其完成的重要使命。

　　谚文在创制后主要是被女性和平民百姓使用，所以也被两班们斥为"雌文"。但这并不意味着谚文只是在女性与社会中下层发挥作用，实际上，通过大妃、王妃们发布的谚教，即谚文教旨，谚文在朝鲜王朝的最高统治层内也会不时展现出存在感。如李娎即位初期，垂帘听政的大王大妃尹氏（贞熹王后，1418—1483）与大妃韩氏（昭惠王后，1437—1504）就曾多次以谚文下令。③ 这些手握大权的宫廷女性们不一定不懂汉字，但她们故意使用谚文颁布命令，可以理解为是一种对男权社会的让步行为。毕竟汉字才是王朝的官方文字，如果大妃们用汉字颁布命令，极有可能被

① 　《朝鲜成宗实录》卷一百二十七，成宗十二年三月二十四日。

② 　[韩]姜明官：《烈女的诞生：家父长制与朝鲜女性的残酷历史》，首尔：石枕头，2009年，第236、544页。

③ 　《朝鲜成宗实录》卷六十三，成宗七年正月十三日；《朝鲜成宗实录》卷一百四十四，成宗十三年八月十一日。

解读为公然过度插手国家政务。国家政务原本是男性们的权力范围，而谚文被世人赋予的强烈的女性特色，可以有效缓解权力场中的性别紧张感。

由于谚文是朝鲜内部使用的文字，对外来说还有保密的功能。1478年工曹判书梁诚之（1415—1482）曾提议只保留《兵器图说》这类兵书的谚文版而毁去汉文版，其目的在于防备懂汉字的日本人从朝鲜获取这类书籍而危害朝鲜。[①] 在一些特殊情况下，朝鲜两班们会主动用谚文撰写记录，清代的朝鲜燕行使们便是一例。1793年谢恩使团的子弟军官李继祜在使行日记里坦陈："若用真书（即汉字）撰写日记，自然会有很多需要忌讳彼人（即清朝人）之处，所以用谚文撰写日记的人亦是无数。"[②] 对不认识谚文的清朝人来说，谚文实际上可以起到保密的作用。对于不时在日记里称清帝是"胡皇""胡主"的朝鲜使臣来说，万一用汉字记载的日记被清人发现，免不了一场外交风波。因此李继祜等人为避开清朝人的忌讳，便会主动采用谚文进行记录。这或许是李裪在创制谚文时也未曾料想到的功效吧。

---

① 《朝鲜成宗实录》卷九十七，成宗九年十月十三日。

② 李继祜：《燕行录》，收入林基中编：《燕行录全集》第68册，首尔：东国大学校出版部，2001年。

韩剧韩影指南:《树大根深》《国之语音》

韩剧《树大根深》的正确译名应是《根深之木》,剧名来自《龙飞御天歌》。该诗第二章写道:"根深之木,风亦不扤。有灼其华,有蕡其实。"编剧借用诗句,夸赞李裪的谚文创制等事业以及他对朝鲜半岛的文化发展做出的贡献。但谚文在创制后的数世纪内,并没有成为朝鲜半岛的主流书写文字。它在 20 世纪初,才逐渐登上朝鲜半岛的主流写作舞台。当然,在这数世纪内,也不是没有纯用谚文写作的文献。如朝鲜三大宫廷随笔的《癸丑日记》《仁显王后传》《恨中录》便是以谚文创作的文学杰作。《癸丑日记》主要讲述光海君朝发生的宣祖继妃仁穆王后被幽闭于西宫的事件;《仁显王后传》以党争激烈的肃宗朝,仁显王后闵氏的复位事件为中心展开故事;《恨中录》是思悼世子李愃之妻惠庆宫洪氏撰写的人生回忆录。前两篇作者已不可考,推测应是内廷女性,而著者和具体撰写时间唯一可考是《恨中录》。《恨中录》亦名《闲中录》《闲中漫录》《泣血录》等,是研究 18 世纪朝鲜政治史的重要资料,兼具历史文献价值与文学价值。该书存在以《泣血录》为题的文言文版本,但仅仅涵盖小部分内容。全书有现代韩语、英文、日文等语言的译本,尚无完整版中文译本。

第四章 叔夺侄位

文宗至世祖时期的权力争夺

在年富力强、对最高权力虎视眈眈的叔叔们面前，年幼的君主们尽管是法统上的合法继承者，却极难守住宝座。叔夺侄位的权斗场景不仅出现在 15 世纪初的明朝，也出现在 15 世纪中期的朝鲜。正如永乐帝采取武力手段，强行夺取了侄子建文帝的皇位一般，朝鲜世祖李瑈亦采取多种手段，逼迫侄子端宗李弘暐让位于他。

一、文宗李珦的早逝与"癸酉政变"

在世宗李祹的主导下，嫡长子继承制开始成为现实。李祹与昭宪王后沈氏共育有八男二女，李珦居其长，后来继承王位成为文宗（1450—1452 年在位）。这也是朝鲜王朝创建以来第一次嫡长子继位事例。李珦先后娶了三位正妻，他的嫡子，也是唯一的儿子——端宗李弘暐（1452—1455 年在位）是第三位妻子权氏（后被追封为显德王后，1418—1441）所出。权氏于 1441 年生下李弘暐后，便因产后症去世。之后李珦再未迎娶正妻，李弘暐由李祹的嫔媵——惠嫔杨氏抚养长大。

李珦性格温和，勤于学问，尤其潜心于程朱理学，常与成三问等集贤殿儒生们讨论学问至深夜。^①李珦在李裪年老时以世子身份参决国政，即位后也延续了李裪的崇文政治。李珦在位期间，朝鲜完成了《高丽史》与《高丽史节要》的编纂工作，到李珦去世当年，《高丽史》正式刊行。^②虽然李珦的庙号是"文宗"，但并不意味着他只关注文治。李珦在世子时期就对战争时排列军队的阵法抱有极大的兴趣，后来亲自撰写了新的阵法书，即《五卫阵法》。^③同时，他也将中央军的十二司按新阵法的需要改编为义兴、忠佐、忠武、龙骧、虎贲等五个司。^④这样的五个司在世祖李瑈（1455—1468年在位）即位后被正式改编为"五卫"，并设五卫镇抚所（后改名为五卫都总府）管理这五卫。^⑤从此朝鲜形成了兵曹掌军政，五卫都总府掌军令的军事管理体制。

然而，嫡长子继承制在朝鲜的根基尚不牢固。李珦的身体虚弱，在位两年便去世了。临终前他命领议政皇甫仁（？—1453）、右议政金宗瑞（1383—1453）等人辅佐只有十二岁的独子李弘暐。当时李弘暐还有好几位亲叔父在世。他们分别是首阳大君李瑈、安平大君李瑢、临瀛大君李璆（1420—1469）、锦城大君李瑜（1426—1457）、永膺大君李琰（1434—1467）。李瑈、李瑢这两位大君尤其对王位虎视眈眈，并积极地扩大势力，笼络人才。李瑢善于文学书画，与他兴趣接近的文人才子尽归于他的门下。针

---

① 金安老：《龙泉谈寂记》，《希乐堂文稿》卷八。

② 《朝鲜文宗实录》卷九，文宗元年八月二十五日；《朝鲜文宗实录》卷十二，文宗二年二月二十日；《朝鲜端宗实录》卷四，端宗即位年十一月二十八日。

③ 《朝鲜文宗实录》卷八，文宗元年六月十九日。

④ 《朝鲜文宗实录》卷八，文宗元年七月初二日。

⑤ 《朝鲜世祖实录》卷七，世祖三年四月初一日。

朝鲜世祖李瑈御真草本，韩国国立古宫博物馆藏品

对这种情况，李瑈的谋臣韩明浍（1415—1487）认为"世道有变，文人无用"，建议李瑈多结交武士。李瑈按韩明浍的建议，利用在慕华馆与训炼院举行的射箭大会，笼络了一大批武士。[①]

韩明浍是李瑈得以登上王位的关键人物之一。他父母早逝，年轻时生活非常落魄，三十岁时仍是布衣。他与李瑈的谋臣权擥（1416—1465）是生死之交，这为他将来的飞黄腾达埋下了伏笔。李瑈让权擥推荐人才，权擥推荐了足智多谋的韩明浍。李瑈与韩明浍一见如故，相见恨晚。韩明浍一手操办了旨在夺取李弘暐王位的"癸酉政变"，将李瑈推向王座，并帮助他坐稳王位。李瑈曾称赞韩明浍是自己的张良，[②]可见韩明浍在李瑈夺取并建设政权过程中发挥作用之大。

权臣皇甫仁等人与安平大君李瑢私交甚笃，站在李瑢一边。[③]所以，李瑈想要登上王位，首先得除去与已与李瑢结党的皇甫仁等人。而皇甫仁等大臣中，最足智多谋的当属金宗瑞，因此金宗瑞成为首要目标。但除掉金宗瑞这样的权臣并不容易，李瑈决定亲自出马。1453 年十月，李瑈率领家僮单骑前往金宗瑞家，设计杀掉了金宗瑞与其子金承珪。[④]

李瑈除掉金宗瑞等人后，立即率军谒见李弘暐，并请李弘暐下令处置包括咸吉道节制使李澄玉（？—1453）在内的大批金宗瑞党人。按李瑈的说法，金宗瑞等人谋反在先，所以不得不提前

---

① 沈光世：《海东乐府》，《休翁集》卷三。

② 李廷馨：《本朝璿源宝录》，《东阁杂记》乾卷，《知退堂集》卷七。

③ 《朝鲜端宗实录》卷五，端宗元年三月二十一日。

④ 《朝鲜端宗实录》卷八，端宗元年十月初十日。

诛杀他们。李弘暐惊讶之余只道："惟叔父活我！"并按李瑈的
吩咐，下令召见大臣们。在此之前，韩明浍已经编写好了一本名
为《生杀簿》的册子。"生簿"开列属于李瑈一党或是可以为李
瑈所用的大臣名字，而"死簿"开列属于金宗瑞一党或不可能与
李瑈合作的大臣名单。大臣们在入见时，被早已准备好的军士按
《生杀簿》处置。被列入"杀簿"的皇甫仁、赵克宽（时为兵曹判
书，？—1453）、李穰（时为右赞成，？—1453）等金宗瑞党人
就这样命丧黄泉。安平大君李瑢被流放江华岛，后被赐死。[①] 这场
政变因发生在癸酉年，所以被打着肃清内乱旗号的李瑈一党称为
"癸酉靖难"，韩明浍等四十余名有功人士被册封为"靖难功臣"。[②]
但这实际上是一场旨在夺取最高权力的军事政变。

　　政变之后的李瑈官拜领议政府事、领经筵书云观事兼判吏兵
曹事，掌握了行政、人事、军事等大权，可谓"一人之下，万人
之上"。李瑈一党的成员们也被安置在各个重要官职上。如郑麟趾
被封为左议政，朴好问代替李澄玉出任咸吉道兵马都节制使等。[③]
此时的李瑈距国王的宝座，仅仅一步之遥。

　　李瑈把咸吉道兵马都节制使换成朴好问之事引发了原任节制
使李澄玉的反弹。李澄玉，号圆峰，梁山（今庆尚南道梁山市）
人，他从 1424 年担任庆源金节制使开始，历任兵曹参判、平安道
都节制使，一直担任军中要职并长期驻扎在与女真相邻的朝鲜北
部地区，威名赫赫。他在政治上支持金宗瑞与安平大君等人，与

①　李廷馨：《本朝璿源宝录》，《东阁杂记》乾卷，《知退堂集》卷七。
②　《朝鲜端宗实录》卷九，端宗元年十一月初八日。
③　《朝鲜端宗实录》卷八，端宗元年十月十一日。

李瑈势不两立。李瑈自知政变的消息传到李澄玉耳中后会引发事端，便急忙让朴好问代替李澄玉。但朴好问到达咸吉道之后，将政变之事泄露给李澄玉。李澄玉斩杀朴好问后，在钟城（今咸镜北道钟城）宣布起兵，以钟城是大金皇帝龙兴之地为由，自称"大金皇帝"，定都五国城（今属咸镜北道会宁市），并派人向女真部落请兵。[①] 但李澄玉数日后就被麾下军士设计擒杀，该次起兵也随之偃旗息鼓。究竟是怎样的渊源促使李澄玉将国号定为"大金"？史料中并无明确记载。或是因他长期驻守在与女真接壤地区，深受女真的影响也未可知。也有学者认为李澄玉欲建立大金国，是为得到居住半岛的女真人的支持。[②] 李澄玉的称帝举动，是朝鲜王朝五百年（1897 年大韩帝国成立之前）中，唯一一次有人自称"皇帝"的事例。

二、端宗李弘暐的退位与"死六臣""生六臣"

"癸酉政变"之后的两年间，李瑈先后扑灭了惠嫔杨氏、锦城大君李瑜等反对势力的反击，为最终登上王位铺平了道路。1455 年闰六月十一日，早已被架空权力的李弘暐正式宣布让位给李瑈。李瑈假意推脱了一番，便接受了让位，尊李弘暐为上王，其妻宋氏（定顺王后，1440—1521）为王大妃。[③]

---

① 《朝鲜端宗实录》卷八，端宗元年十月二十五日；许筠：《海东野言》卷二。
② 刁书仁：《中朝疆界与民族：以十四世纪中叶到十五世纪末为中心》，台北：秀威出版，2018 年，第 225 页。
③ 《朝鲜世祖实录》卷一，世祖元年闰六月十一日。

　　李瑈的即位还需获得明朝的许可。在他的主导下，李弘暐以年少得疾无法处理朝政为由，向明朝递交了请求让位给叔父的奏文。奏文到达北京时，景泰帝朱祁钰起了疑心。他让李弘暐仔细考察李瑈的为人行事，如果真能让国人信服的话，再报告明朝，自己会为李弘暐处理此事。朱祁钰还嘱咐李弘暐不要堕入奸人的奸计之中，一定要小心谨慎行事。[①] 然而，朱祁钰的疑心并没能改变既成事实。1456 年初，当李弘暐的让位奏请再次到达北京时，礼部尚书胡濙（1375—1463）等人建议皇帝应该听从朝鲜的请求，朱祁钰便同意册封李瑈为朝鲜国王，但仍特意叮嘱朝鲜要优待退位的李弘暐。[②] 对于明朝来说，最重要的是继任的朝鲜国王能继续维持明鲜之间的封贡关系，至于具体是李氏家族中的某人担任朝鲜国王，则是次要问题。在李瑈明确表示会继续忠于明朝的情况下，明朝君臣没有必要在册封问题上与朝鲜继续争执。

　　但明朝的册封也无法消除朝鲜国内官员与儒士们对李瑈篡位的不满，其中最不满的当属曾在集贤殿任职的成三问与朴彭年（1417—1456）等人。成三问深受程朱理学熏陶，极为讲究君臣大义。他在 1447 年前后出使北京时曾在滦州拜访夷齐庙，并写诗道："当年叩马敢言非，大义堂堂日月辉。草木亦霑周雨露，愧君犹食首阳薇。"[③] 虽然世间都称赞伯夷与叔齐不食周粟的臣子之节，但在成三问看来，他们采食的薇菜也沾染了周朝的雨露，算不得彻底保存了臣节，可见成三问对臣节的要求之高。李瑈即位之时，

①　《明英宗实录》卷二百五十七，景泰六年八月二十二日。
②　《明英宗实录》卷二百六十三，景泰七年二月初四日。
③　成三问：《滦河祠》，《成谨甫集》卷一。

朴彭年曾打算自杀，但被成三问拦下。成三问认为，只要李弘暐
还活着，事情就可能还有转机，万一李弘暐复位计划没能成功，
再死不迟，这个理由成功说服了朴彭年。[①]

　　1456 年五月，明朝册封使到达朝鲜，李瑈计划六月初一日在
昌德宫宴请明使，同时上王李弘暐、李瑈嫡长子——懿敬世子李
暲（1438—1457）以及韩明浍、申叔舟（1417—1475）等李瑈的
心腹大臣也将出席这次宴会。成三问（时为左副承旨）与朴彭年
（时为中枢院副使）打算借此机会一举除掉李瑈一党。按惯例，朝
鲜国王出席重大庆典的时候，会有二品以上的两名武官担任所谓
的“云剑”，即佩戴大剑侍奉国王左右。巧合的是，当时被指定担
任云剑的正是成三问之父成胜（时为知中枢院事）与支持端宗复
位的俞应孚（时为礼宾寺官员）。但到了宴会开始之前，世子李暲
因病缺席，李瑈又以宴会场所狭小为由，命令取消该次的云剑随
侍。成胜仍执意持剑进入宴会场，但遭到韩明浍的严厉训斥。成
胜本想击杀韩明浍，却被成三问阻止。俞应孚也坚持按原计划行
事，但成三问与朴彭年并不支持。成三问等人的理由是，如果不
能除掉李暲，杀死韩明浍也没有多大意义，万一李暲从景福宫带
兵过来，难说事情一定成功。俞应孚很不满，觉得兵贵神速，事
情拖得越久就越可能泄露出去。然而成三问与朴彭年仍固执己见，
觉得没有万全的把握就不应动手。[②]

　　俞应孚的疑虑果然应验。成均司艺金礩（1422—1478）与岳
父郑昌孙（时为右赞成）得知此事后迅速上告李瑈。李瑈震怒之

---

① 南孝温：《六臣传》，《秋江集》卷八。
② 李廷馨：《本朝璿源宝录》，《东阁杂记》乾卷，《知退堂集》卷七。

下，立即下令抓捕成三问等人。成三问在李瑈的亲自拷问下供出
参与者还有朴彭年、李垲（1417—1456）、河纬地（1412—1456）、
柳诚源（？—1456）等人。后来朴彭年又招供出成胜、俞应孚等
人。这些人中除了发觉事情败露后自杀身亡的柳诚源，其余均被
李瑈处死，其亲族亦被处死或被降为贱籍，被李瑈当作战利品赏
给韩明浍、申叔舟等功臣。[①] 成三问、朴彭年、俞应孚、李垲、
河纬地、柳诚源这六人在后世被合称为"死六臣"，得到极高的赞
美。而申叔舟这种当年与成三问一起被李祹叮嘱照顾李弘暐，但
最终又背叛李弘暐的官员，则成了变节之臣的代表。韩语中称豆
芽菜为"叔舟菜"，就是因为豆芽菜放置一天就会绵软，正好与变
节之臣十分类似的缘故。

　　李弘暐亦受该次事件牵连，被降封为"鲁山君"，流放宁越
（今江原道宁越郡）。[②] 但朝野上下试图让李弘暐复位的政治动作并
没有停止。之前就因支持李弘暐而被流放顺兴（今属庆尚北道荣
州市）锦城大君李瑜与府使李甫钦（？—1457）合谋，企图从南
方起兵来帮助李弘暐复位。但这个计划很快因人告密而失败，李
瑜与李甫钦均被处死。[③] 一次次的复位事件耗尽了李瑈的耐心。始
终支持李瑈的让宁大君李褆与领议政郑麟趾认为，如果不处死李
弘暐，变乱就不会停止。最终李弘暐在宁越被逼自缢身亡。[④] 李弘
暐死亡之时，李瑈的嫡长子李暲突然病故，世间传闻是李弘暐的

---

① 《朝鲜世祖实录》卷四，世祖二年六月初二日；《朝鲜世祖实录》卷五，世祖二年九
　 月初七日。
② 《朝鲜世祖实录》卷八，世祖三年六月二十一日。
③ 《朝鲜世祖实录》卷九，世祖三年十月二十一日、二十七日。
④ 《朝鲜世祖实录》卷九，世祖三年十月二十一日。

生母显德王后诅咒之故。传说李瑈曾梦见嫂子显德王后怒斥自己杀侄。梦醒之后的李瑈很快就接到儿子李暲突然死亡的消息。愤怒的李瑈立刻下令毁掉显德王后的昭陵。[①] 传说不一定是真，但李瑈在李暲死后下令毁掉昭陵却是不争的事实。

除"死六臣"之外，因李弘暐被废而从此放弃仕途，不愿与李瑈合作的还有金时习（1435—1493）、元昊（？—？）、李孟专（1392—1480）、赵旅（1420—1489）、成聃寿（？—？）、南孝温（1454—1492）等六名儒士，他们被称为"生六臣"。元昊在李弘暐死后在宁越替他守孝三年，李孟专则至死隐居，连平日端坐时都不朝着景福宫的方向。赵旅在李瑈登基后隐居在伯夷山（今属庆尚南道咸安郡）下，以读书、钓鱼终结一生。成聃寿是成三问的远房亲族，在成三问主导的端宗复位事件失败后隐居坡州（今京畿道坡州市）。南孝温为昭陵复位而积极上疏，并为"死六臣"写下《六臣传》。"死六臣"的名声之所以能流传后世，《六臣传》发挥了巨大的作用。

"生六臣"中最有名的当属金时习。金时习，字悦卿，号梅月堂、东峰山人、清寒子等，出身于一个并不富裕的两班家庭。他从小接受程朱理学教育，"时习"一名即来自于《论语》中的"学而时习之"之句，可见其家庭被儒家文化浸透之深。李瑈篡夺李弘暐的王位后，恪守程朱理学的金时习无法接受这种大逆不道的做法，从此绝念仕途，削发为僧。他曾仿照明初文人瞿佑的《剪灯新话》，创作了短篇小说集《金鳌新话》。该书应该是他在

---

① 编者不详：《逐睡篇》。

金时习肖像，韩国佛教中央博物馆藏品

1465—1471 年间，于金鳌山（今属庆尚北道庆州市）隐居时创作
的作品。

《剪灯新话》因其谈论怪力乱神和男女相恋之事在明朝正统年
间遭禁，但在禁止之前就已传入朝鲜，金时习曾作诗称赞《剪灯
新话》道：

> 山阳君子弄机杼，手剪灯火录奇语。
>
> 有文有骚有记事，游戏滑稽有伦序。
>
> 美如春葩变如云，风流话柄在一举。
>
> 初若无凭后有味，佳境恰似甘蔗茹。
>
> （后略）[①]

在金时习看来，《剪灯新话》不仅文笔非凡、故事有趣，更重
要的是瞿佑把儒教的"伦序"嵌入故事之中。《金鳌新话》继承了
《剪灯新话》借鬼神之事谈现实世界的这一传统，在故事的情节处
理上，也与《剪灯新话》存在对应关系。《金鳌新话》现仅存《万
福寺樗蒲记》《李生窥墙传》《醉游浮碧亭记》《龙宫赴宴录》《南
炎浮洲志》等五篇，分别对应《剪灯新话》里的《滕穆醉游聚景
园记》《翠翠传》《鉴湖夜泛记》《水宫庆会录》《令狐生冥梦录》。
其中最能反映金时习创作思想和朝鲜社会变化的当属《南炎浮洲
志》。这篇故事的主要情节是一向怀疑鬼神之说的儒士朴生有一次
梦到自己到了一个叫南炎浮洲的地方，然后就鬼神地狱、佛教、

---

① 金时习：《题剪灯新话后》，《梅月堂诗集》卷四。

历代兴亡与南炎浮洲王展开对话讨论。[①] 此文有趣的地方在于，本是大谈特谈神鬼佛教的小说，却借主人公朴生之口，鼓吹贬佛尊儒和否定鬼神地狱的存在。金时习生活的朝鲜王朝前期，程朱理学在全社会的普及和渗透程度并不是那么高，佛教依然保有相当大的影响力。尤其是李琈本人，可能是因为王位来路不正的缘故，对佛教抱有相当大的好感，并积极参与各种佛事。在这种社会背景下，作为程朱理学信奉者的金时习，借书中人物鼓吹儒家政治道德，宣扬"为儒者当逢威不屈"，其目的是讽刺李琈和助其篡位的谋臣们。

金时习剖析自己写《金鳌新话》的心境时作诗云："矮屋青毡暖有余，满窗梅影月明初。挑灯永夜焚香坐，闲著人间不见书。"[②]这诗大概就是这位坚决不仕新王，只能用笔排解心中苦闷的儒士的最好写照。

085

三、明鲜关系的展开与朝鲜内部的政治变化

李琈是继李芳远谒见朱元璋、朱棣之后第二位，也是最后一位亲自谒见过明朝皇帝的朝鲜国王。李弘暐即位之初，曾派李琈出使明朝。李琈因此得见景泰帝朱祁钰，并得到丰厚赏赐。[③]虽然明朝在建国之初册封高丽恭愍王王颛时曾要求"国王则世一见"，[④]

---

①　金时习著，[韩]权锡焕、陈蒲清校注：《金鳌新话》，长沙：岳麓书社，2009年。

②　金时习：《题金鳌新话》，《梅月堂诗集》卷六。

③　《明英宗实录》卷二百二十四，景泰三年十二月十五日。

④　严从简：《殊域周咨录》卷一。

即国王一生中应该亲自来明朝朝贡一次，但该原则并没有被执行。

李琜统治初期，明鲜关系因女真问题再次出现波折。当时朝鲜把居住在本国边境附近的女真人称为"藩胡"，为保证边境的安全，李裪晚年开始大举对女真人授予官职，施行羁縻统治。这些女真人为生存需要时常向朝鲜国王进献土物，接受名誉上的官职。[1] 但在明朝看来，这是朝鲜在私通女真。朝鲜赐官给已经接受了明朝赐职的女真人的举动是试图与明朝抗衡。[2] 所以到了1459年初，当李琜赐给女真酋长古纳哈、童山（亦作"董山、童仓"）等人官职与赏赐之事传到明英宗朱祁镇耳中时，朱祁镇大为不满，立刻派出刑科给事中陈嘉猷（？—1467）携带敕书斥责朝鲜。按明朝方面的记载，陈嘉猷在景福宫勤政殿就朝鲜授予童山官职一事责问李琜时，李琜虽对明朝的斥责表示恐惧，却仍言语闪烁，多有隐晦，并拖延时间希望能第二天再商谈此事。陈嘉猷勃然变色，要求当日解决此项纷争，但李琜仍然否认授职一事。其实陈嘉猷在使行途中已经调查清楚了情况，于是点出朝鲜授予童山等人的官职名，并笑问李琜："正宪大夫中枢院使，谁所为邪？"李琜不得不承认此事，并表示以后不会再犯。[3] 但按朝鲜方面的记载，李琜在陈嘉猷面前主动承认授予了童山等人官职，同时也强调这是为避免边境事端的无可奈何之举。陈嘉猷表示，明廷在意的是这些女真人曾受明朝的都督职衔，朝鲜再加授职的话，于理不合，所以朝鲜在奏本里必须写清楚"某人于某月日来，受某职及某某

---

① 刁书仁：《中朝疆界与民族：以十四世纪中叶到十五世纪末为中心》，第229页。

② 《明英宗实录》卷三百二，天顺三年四月二十九日。

③ 叶盛：《通政使司右通政陈君墓志铭》，《泾东小稿》卷六。

赏物，某日回去"等事项，然后明朝再敕谕女真人，让他们不要再与朝鲜往来，古纳哈与童山被授予正宪大夫的事情，也必须写在奏本上。李瑈表示接受陈嘉猷的意见，奏本的草稿也会送给陈嘉猷过目。[①]陈嘉猷的出使，暂时缓和了明鲜之间因朝鲜给女真首领授职产生的矛盾。

但矛盾并没有彻底结束。1460年初，朝鲜诱杀毛怜卫都督金事郎卜儿哈（亦作"孛儿罕""卜儿罕"）等人的事情被女真人告到明廷。明廷认为朝鲜不应擅杀已经接受明朝官职的女真人，而女真人已经表示会报复朝鲜，这会引发军事冲突。明英宗朱祁镇派出礼科给事中张宁（1426—1496）前去朝鲜询问事由。按张宁的复命题本所称，李瑈表示不知道卜儿哈已经接受了明朝官职，因为卜儿哈父子作乱，不得已才动手除掉卜儿哈等人。[②]实际上卜儿哈对朝鲜对待女真的态度非常不满，多有抗议。李瑈想要展示朝鲜的国威，达到对女真人杀一儆百的效果，才下令处死卜儿哈一族。[③]明廷提出的解决方案是，朝鲜把仍在世的卜儿哈的亲族交到辽东都司，由明廷调停此事。[④]接到明廷敕谕的李瑈表示接受这项提议。[⑤]

朝鲜与明朝彻底解决因女真而起的纷争，要到1467年明廷提议朝鲜与明朝一起夹攻建州女真之后。接到明朝敕文的李瑈迅速

---

① 《朝鲜世祖实录》卷十六，世祖五年四月初八日。

② 张宁：《朝鲜国回还复命题本》，《奉使录》上，《方洲集》卷十二；《朝鲜世祖实录》卷十九，世祖六年三月初二日。

③ 刁书仁：《中朝疆界与民族：以十四世纪中叶到十五世纪末为中心》，第257页。

④ 《明英宗实录》卷三百十四，天顺四年四月二十八日。

⑤ 《朝鲜世祖实录》卷二十，世祖六年六月十九日。

派遣大将康纯、鱼有沼、南怡等人率领一万人的军队进攻女真。康纯率军如期抵达女真人的居住地，与明军共同打击女真人。[1] 按后来的朝鲜报告所称，他们斩杀了数百多女真人，俘虏了女真酋长的家人二十余名，并把被女真俘虏的东宁卫居民七人送回了明朝。接到报告的成化帝朱见深非常满意，特意派人赐给李瑈丰厚的赏赐。[2] 为何朝鲜对出兵女真如此积极？首先要考虑到的是，在明朝提议之前，朝鲜就已经在筹划单独进攻女真。其次，也需要注意当时因建州女真问题明鲜关系受到冲击，产生了一些矛盾的情况。朝鲜并不想搞砸明鲜关系，这也反过来证明了如果明鲜关系恶化的话，朝鲜的损失可能更大。所以在明朝的一连串警告与压力之下，朝鲜的对女真政策在李瑈统治晚期发生了根本性收缩，此后女真人进入朝鲜首都进献土物的事例显著减少。[3]

从对内统治来说，李瑈执政的一大特色是他极度依赖功臣们进行统治。"癸酉政变"成功后，册封了四十三名所谓的"靖难功臣"。李瑈即位后，又册封了四十四名所谓的"佐翼功臣"。1467年平定"李施爱之乱"后，再次册封了四十四名"敌忾功臣"。虽然存在如韩明浍这种同一人受到多次册封的情况，但也可见李瑈统治期间功臣数量之多。这导致朝鲜政坛上出现了由包括韩明浍、申叔舟、具致宽（1406—1470）、郑麟趾（1396—1478）等人在内的功臣集团垄断核心官职的情况。李瑈试图压制大臣们影

---

① 赵辅：《平夷录》。

② 《朝鲜世祖实录》卷四十四，世祖十三年十月初十日；姚夔：《捷音事疏·朝鲜攻建夷》，收入陈子龙等编：《皇明经世文编》卷五十六。

③ [韩]桂胜范：《朝鲜时代海外派兵与韩中关系：朝鲜支配层的中国认识》，首尔：蓝色历史，2009年，第102—105页。

响力，构筑强力的王权政治，但频繁的功臣册封与偏重功臣的政治运营导致实际上的王权政治构造十分脆弱。[①] 这些功臣们的影响力日增，逐步形成了左右朝鲜政局走向的一支重要力量，即勋旧派。

李瑈即位不过一个月，就宣布废除宰相负责的"议政府署事制"，恢复李芳远时代的"六曹直启制"。[②] 此前李祹在晚年废止了"六曹直启制"，而启用"议政府署事制"。如此一来，议政府三位宰相的权力得到扩张，渐渐出现"知有政府而不知有君之日久矣"的情况，[③] 这显然是李瑈无法容忍的，所以一上台便废止了"议政府署事制"。成三问等人主导的端宗复位事件失败后，李瑈迁怒集贤殿，罢免了集贤殿，把集贤殿的藏书转移到艺文馆。[④] 世宗李祹时期建立起的集贤殿制度，至此宣告终结。

李瑈虽然废止了集贤殿制度，但这并不意味着他改变了其父的文治路线。在他统治时期，朝鲜的国家编纂事业得到进一步发展。申叔舟等功臣们也广泛参与了这一时期的编纂事业。申叔舟，字泛翁，号希贤堂、保闲斋。他好学多才，二十三岁时文科及第。他对音韵之学颇有兴趣，在李祹统治期间就曾多次在辽东学习汉语，[⑤] 并参与了谚文创制。1451 年，申叔舟负责接待到达朝鲜的明使倪谦（1415—1479），趁此机会日日向倪谦请教音韵学问

---

① [韩] 金范：《士祸与反正的时代》，首尔：历史之晨，2015 年，第 21 页。
② 《朝鲜世祖实录》卷二，世祖元年八月初一日、初七日。
③ 《朝鲜世祖实录》卷二，世祖元年八月初九日。
④ 《朝鲜世祖实录》卷四，世祖二年六月初六日。
⑤ 《朝鲜成宗实录》卷二百，成宗十八年二月初二日。

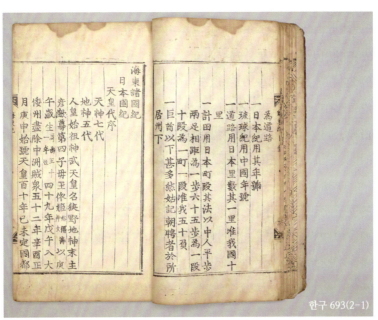

海東諸國紀
日本國紀
天皇代序
天神七代
地神五代
人皇始祖神武天皇名狹野地神末主
彥瀲尊第四子母姬玉依_{姬海神}以庚
午歲生一年也_{周幽王十}四十九年戊午入大
倭州盡除中洲賊眾五十二年辛酉正
月庚申始號天皇百十年已未定國都

為道路下
一日本紀用其年號
一琉球紀用中國年號
一道路用日本里數其一里准我國十
里
一計田用日本町段其法以中人平步
兩足相距為一步六十五步為一段
十段為一町一段准我五十負
一巨首以下甚多然姑記朝聘者於所
一居州下

한구 693(2-1)

《海东诸国纪》，韩国国立韩文博物馆藏本截图

题。[①]1452 年，他随尚是首阳大君的李瑈出使明朝，从此建立起
与李瑈的政治合作关系，被李瑈称为"予之魏征"。[②]申叔舟不仅
出使过明朝，也出使过日本。早在 1442 年，他曾以书状官身份前
往日本，并以该次使行见闻为基础，编成《海东诸国纪》一书。
该书详细介绍了日本、琉球等地的风土地理与朝鲜交聘往来的沿
革。李瑈及其继任者们让申叔舟这样才华横溢且具有国际视野的
人物主导或参与编纂《东国通鉴》《国朝五礼仪》等书，可谓知人
善任。

　　在李瑈统治末期，朝鲜的政治权力构造再次出现重大调整，
"院相制"开始出现。1467 年，李瑈身体情况恶化，又逢明使到
达朝鲜，他担心负责出纳王命的承政院出现政务失误，便让韩明
浍、具致宽、申叔舟等心腹重臣与世子一起指挥承政院，商议处
理国家事务。[③]"院相制"的"院"，指的就是承政院。韩明浍等
重臣既担任宰相，又承担了应由都承旨总领负责的承政院的事务，
所以被称为"院相"。实际上，这项措施也含有李瑈将世子托付给
这些重臣的意图。李瑈去世后，世子李晄（睿宗，1468—1469 年
在位）即位，院相制作为维持政局稳定的措施得以保留。李晄在
位的短短一年间，几乎所有内政外交事务都在咨询院相后才做出
裁决。韩明浍等功臣们自此进一步迈向权力巅峰，并对接下来的
朝鲜政局走向产生了重大影响。

091

---

① 倪谦：《朝鲜纪事》。
② 《朝鲜世祖实录》卷三十一，世祖九年十月十一日。
③ 《朝鲜世祖实录》卷四十一，世祖十三年二月十六日；《朝鲜成宗实录》卷六十，成
　宗六年十月初二日。

韩剧韩影指南：《观相》《仁粹大妃》《公主的男人》

2011年韩剧《公主的男人》把背景设定在"癸酉政变"时期，讲述了金宗瑞之子金承琉与李瑈之女世姈之间的爱情故事。故事来源于朝鲜晚期文人徐有英（1801—1874）的随笔集——《锦溪笔谈》中二百余字的杂记。按徐有英的说法，他是从承旨朴承辉处听到的这个故事。当时金氏后人把祖上的故事呈文给朝廷，正好递交到朴承辉手上。朴承辉觉得该故事实在是荒诞不经，所以没有上告国王，只是私下告诉了一些友人。故事的梗概是李瑈的某个女儿"贤而有德性"，听说金宗瑞与"死六臣"的死讯后，被他们的节义所感动，劝说父亲李瑈不要毁坏显德王后的昭陵，这惹怒了李瑈。母亲贞熹王后担心女儿受罚，帮助她带着乳母逃离了王宫。公主等人逃到报恩郡（今忠清北道报恩郡）的时候，遇到一位落魄的年轻男子，即金宗瑞之孙。公主与该男子结为夫妇后，才互相知道对方的身世。晚年的李瑈对自己的行为颇有忏悔，为寻公主遍访佛寺，在俗离山附近的村庄里无意中见到了本以为早就死去的女儿。但当李瑈再寻女儿时，女儿一家已经离开了原来居住的地方。从这个故事可以读出，直到朝鲜晚期，世人仍对李瑈的篡位行为颇有批判之意。

第五章 一治一乱

成宗的治世与燕山君的暴政

15世纪晚期的朝鲜，进入了"一治一乱"的政治动荡期。成宗李娎在位时，奉行文治主义，推行儒教教育，提高言官的地位，大致完成了王朝统治体制的构筑，创造了朝鲜王朝史上的一大"治世"。这也是他在去世后被奉为"成宗"的重要原因。然而后继的燕山君李㦕并未承袭他的政策，反而将国家引向"乱世"。

一、成宗李娎的即位与朝鲜版"大礼议"

世祖李瑈去世后，朝鲜的王位继承再次陷入波折。李瑈的次子——睿宗李晄体弱多病，在位仅一年就去世了。李晄去世时，幼子李琄（齐安大君，1466—1525）尚在襁褓之中，而李晄亲兄懿敬世子李暲的长子，即月山大君李婷（1454—1488）素有疾病，所以大妃贞熹王后尹氏决定让李暲的次子——当时十三岁的李娎（1469—1494年在位）继承王位，即成宗。在申叔舟等勋旧大臣的强烈要求下，贞熹王后决定在李娎成年之前由自己垂帘听政。①

————————

① 《朝鲜成宗实录》卷一，成宗即位年十一月二十八日。

这也是朝鲜王朝历史上第一次大妃垂帘听政的事例。

按儒教宗法来看，李珸与李婷都比李娈更有资格继承王位。但从当时政治情况来看，李娈确实是最优选择。如果年幼的李珸即位，等他长大成人还需十几年，焉知宗亲中不会出现篡位者，这是贞熹王后与韩明浍等重臣不敢掉以轻心的重要原因之一。同时贞熹王后也需要笼络韩明浍等重臣继续辅佐新王，那么已娶韩明浍之女韩氏（恭惠王后，1456—1474）的李娈就比李婷合适。也就是说，李娈的继位实际上是贞熹王后与韩明浍等重臣政治合谋的产物。这也暗示，儒教宗法在当时朝鲜政坛发挥的作用相对有限，像王位继承这种重大问题，仍是政治实力与利益交换发挥决定作用。当然，朝鲜为获得明朝的册封，在向明廷报告情况时做了文辞修饰。比如特意强调李珸年幼多病而李娈孝悌好学，且未提及李婷的存在。明廷也未深究朝鲜的具体情况，就批准了册封请求。[1] 于是，李娈的继位获得了国内外的一致认可。

李娈即位后数日，令春秋馆考察古制以确定叔母章顺王后韩氏、生父李暲和生母昭惠王后韩氏（时为粹嫔）的称号。礼曹依照《礼记》里"人后者为之子，不得顾私亲"之句建议由月山大君李婷负责祭祀李暲。[2] 韩明浍、申叔舟等官员认为李娈应该称生父李暲为"皇伯考"，祭祀之时自称"孝侄"，并将李暲追尊为王，上谥号但不上庙号。也可以将粹嫔尊为王妃，但不能称"大妃"。这一系列主张得到绝大多数官员的赞同。但是工曹判书梁诚之（1415—1482）认为应该把李暲称宗封王，其墓也升格成陵，单独

---

① 《明宪宗实录》卷七十六，成化六年二月初二日。
② 《朝鲜成宗实录》卷一，成宗即位年十二月初二日，十五日。

立庙祭祀。虽然祭文上只能称李暲为"皇伯考",但可以封粹嫔为大妃。礼曹参判李承兆赞同梁诚之的意见,同时更进一步主张应该在祭祀李暲时称其为"考",国王自称"孝子国王"。不过李娎没有接受将生父李暲封王的建议,在祭祀时仍称其为"皇伯考"。[①]

即位之初的李娎,权力基础尚未巩固,不便就追尊生父问题在朝中引发争论,然而明朝的态度却为他在将来追尊生父提供了可能。数月后,请承袭使与告讣使回国,带回了朝鲜出身的宦官郑同的问话,即"父以子贵,懿敬封王亦奏请乎?"[②]郑同在暗示李娎可以向明廷为生父请封。一年之后,谢恩使回国复命,带回了同样是朝鲜出身的宦官金兴询问为何还不奏请追尊李暲的消息。[③]当时明朝往往令朝鲜出身的宦官充当赴朝使臣,而宦官们可以通过出使朝鲜获得大量馈赠。出于对自身利益的考虑,这些宦官们对朝鲜请封一事都非常上心。接到报告的李娎随即召集院相、议政府重臣讨论此事。韩明浍等少部分官员赞成奏请,但以申叔舟、郑昌孙为首的大多数官员认为没有必要。[④]一时之间李娎也未作出明确表态,请封之事就这样被暂时搁置。

三年之后的1474年八月,李娎在亲政前夕,突然宣布要向明廷请求追封生父李暲。韩明浍与申叔舟等人表示支持李娎的决定,但郑麟趾与郑昌孙等人认为明朝礼部一定会按古制拒绝朝鲜的请求。然而郑麟趾等人反对无效,李娎仍决意请封。[⑤]该年年底,明

① 《朝鲜成宗实录》卷二,成宗元年正月十八日,二十二日。
② 《朝鲜成宗实录》卷四,成宗元年三月二十日。
③ 《朝鲜成宗实录》卷十,成宗二年五月二十四日。
④ 《朝鲜成宗实录》卷十,成宗二年六月初一日。
⑤ 《朝鲜成宗实录》卷四十六,成宗五年八月十三日。

朝批准了李娎的请求，将李暲封为朝鲜国王，韩氏封为王妃，并赐给诰命官服。①

　　虽然有了明廷的册封，但绝大多数官员仍然反对将李暲祔庙。李娎没有死心，他搬出祖母贞熹王后的旨意来压制反对意见，逼迫官员们赞同此事。②最终李娎无视了韩明浍等权臣的主张，而将李暲的庙号定为德宗，并下令按文昭殿的规格修一座名为延恩殿的别殿来暂时供奉李暲牌位。③需要留意的是，尽管李暲得以祔庙，但李娎法统上的父亲仍是叔父李晄，这依旧是朝廷上下的共识。绝大多数官员此时仍坚决反对李娎称生父李暲为"皇考"，而李娎也未坚持己见。他与众臣们各退一步，最终达成李暲祔庙，但不被称"皇考"的妥协局面。

朝鲜王朝的宗庙，马伊腾摄

---

① 《明宪宗实录》卷一百三十五，成化十年十一月十五日；《朝鲜成宗实录》卷五十一，成宗六年正月二十九日。

② 《朝鲜成宗实录》卷五十九，成宗六年九月十九日，二十日。

③ 《朝鲜成宗实录》卷六十，成宗六年十月初九日，十四日。

但在宗庙里应该怎样排列李暐与李晄的位次又成为问题。韩明浍等院相们认为,应该按获得明朝诰命的次序来排列,即李晄的位次应该在李暐之上。但礼曹参判李克墩认为应该按本来的兄弟次序排列,即李暐在李晄之上。贞熹王后与李娎都表示支持李克墩的方案。① 朝鲜的宗庙是按诸侯之礼所建的五庙,太祖李成桂居中,左右有二昭二穆,如果同时供奉李暐与李晄,空间不足。最终李芳果的牌位被迁出宗庙,以腾出空间供奉李暐。虽然该方案遭到大司谏郑佸等人的强烈批判,但李娎仍固执己见,并贯彻实施了自己的意图。②

在李娎成功将生父李暐的牌位升祔朝鲜宗庙的半个世纪后,明朝也发生了类似的事件。像李娎一样由旁系继承大统的嘉靖帝朱厚熜,也希望通过追崇生父兴王来巩固自身的皇权。朱厚熜通过"大礼议",也就是围绕皇统问题的政治论争,将生父兴王追封为皇帝,并成功实现称其为"皇考"的目标。"大礼议"确立了明朝的皇统是由朱厚熜的生父兴王而非伯父孝宗传至朱厚熜的传承次序。虽然李娎未能变更自身从叔父李晄处继承王位的王统传承次序,但仍然通过将生父升祔宗庙的方式,强化了自身的合法性。可以说,朝鲜进行的也是一场"大礼议"。1475 年底至 1476 年初,贞熹王后打算将政务归还李娎,但遭到了韩明浍等人的反对。这让李娎感到王权受到了挑战,所以该时期的李娎迫切需要一场"大礼议"来向官员们展示谁才是朝鲜的真正主人。不过与半个世纪后明朝的"大礼议"不同,虽然面临群臣的强烈反对,但李娎

① 《朝鲜成宗实录》卷六十三,成宗七年正月初四日,初五日,初六日。
② 《朝鲜成宗实录》卷六十,成宗六年十月十七日。

在这一过程中并没有大开杀戒，而是采取其他多种方式逼迫大臣们臣服于王权。

二、文治主义的回归与王朝统治体制的完成

李芳在位期间朝鲜政坛发生了显著变化，即所谓的"士林派"开始渐渐登上中央政治舞台。20 世纪 60 年代韩国学界对士林派的定义是，这是与勋旧派对立的概念，士林派大部分是乡村的中小地主，延续了郑梦周、吉再的儒教学统，并拥有一定的儒教素养的人。比起词章士林派更重视经学，从 15 世纪后半期起作为地方中小地主的利益代表持续进入中央政界，批评现实政治并与代表大地主利益的既有勋旧势力形成对立。但到了 20 世纪 80 年代，有学者用统计的方法分析六十位最具代表性的士林人物，结果却发现其中大多数人亦出身于汉阳的名门巨族，除极度信奉儒教政治原理与伦理规范外，士林派与同时代其他政治集团并无较大差别。到了 21 世纪，韩国学界已不再强调士林派与勋旧派之间的社会经济基础差别，而是认为士林派也属于既有的统治精英阶层，汉阳名门巨族出身的子弟构成了士林派的主轴。士林派在将儒教价值观作用于现实政治的过程中，猛烈批判勋旧派，但即便如此，士林派与这些勋旧家族仍保持着紧密的血缘、婚姻关系。[①]

士林派的兴起与李芳积极推动儒教教育直接相关。李芳在贞熹王后垂帘听政时期就表现出对儒教与文治的极大兴趣。他采取

① [韩]桂胜范：《中宗的时代：朝鲜的儒教化与士林运动》，首尔：历史批评社，2014 年，第 155—177 页。

了一系列措施推行儒教教育，如按集贤殿的规制设置了弘文馆，挑选十余位有儒教素养且文采出众的人士在此侍讲经史。[①] 由于李琿一朝对文治的相对疏忽，当时竟然出现国家最高学府——成均馆无书可读的情况。在韩明浍的建议下，李娎下令广泛印刷书籍，赐给成均馆的儒士们。此外，李娎还下令提高成均馆儒士们的待遇，划拨四百顷田地给成均馆以供其开销。对于州府郡县的地方乡校，李娎亦按等级给予资助。[②]

李娎一朝最著名的士林派人物当属金宗直（1431—1492）。金宗直，字季温，号佔毕斋，原籍善山（今属庆尚北道龟尾市）。善山正是吉再在高丽王朝灭亡后离开中央政坛南下隐居的地方。金宗直的父亲金叔滋（1389—1456）跟随吉再学习程朱理学，后又把这样的学问教给了金宗直。金宗直在李琿统治期间文科及第，从此步入政坛。他历任艺文馆提学、兵曹参判、弘文馆提学等清职与要职，并参与了《世祖实录》的修纂。李娎统治期间，金宗直着力于儒教教育，其儒教思想影响了金宏弼（1454—1504）、金馹孙（1464—1498）、郑汝昌（1450—1504）、南孝温、李孟专等弟子，这些弟子与金宗直的仰慕者构成了士林派的核心。值得一提的是，金宏弼又把金宗直的儒教思想传给了活跃在16世纪初朝鲜政坛，并对朝鲜的儒教普及产生了深远影响的赵光祖（1482—1519）。后人整理从郑梦周到吉再，再到金宗直、金宏弼、赵光祖、李彦迪（1491—1553），最终到李滉（1501—1570）的朝鲜道学系谱时，把金宗直放在承袭高丽末期儒教思想，开启朝鲜

①　《朝鲜成宗实录》卷四十一，成宗五年四月初八日。
②　李廷馨：《本朝璿源宝录》，《东阁杂记》乾卷，《知退堂集》卷八。

儒教发展的承前启后的关键位置上。

从 1476 年开始亲政的李娎首先面临的政治挑战是如何削弱韩明浍等勋旧大臣的权力，重建国王的权威。他采取的办法是，比起亲自出面压制大臣，更依赖培养台谏（司宪府与司谏院）言官们的势力，利用台谏来牵制勋旧大臣。[①] 在这样的政治攻防战中，勋旧大臣的代表——韩明浍的失势过程尤为值得关注。1476 年伊始，贞熹王后就表示要将政治主导权归还李娎，但遭到韩明浍的反对。韩明浍认为贞熹王后停止垂帘听政，是"弃我东方之民"。这样的的发言很容易让人怀疑其对李娎的忠心，所以他不仅立刻被言官弹劾，也遭到同为院相的柳子光（1439—1512）等人的批判。[②] 最终该事件以韩明浍离任院相等要职，言官孙比长、成健，以及柳子光被罢职而告终。[③] 同时，该事件也成为废止院相制的导火索。该年七月，院相制实际上被废止，承政院恢复到李祹时期，承旨们只负责"出纳王命"的运营模式。[④]

虽然院相制的废止让韩明浍等勋旧大臣失去了垄断权力的制度基础，但其势力并没有即刻减弱。1481 年四月，言官们弹劾韩明浍在出使明朝时向宦官郑同行贿，而李娎表示韩明浍的做法是迫不得已，并没有按言官们的意思处罚韩明浍，[⑤] 但事情并没有到

---

① ［韩］金范：《士祸与反正的时代》，首尔：历史之晨，2015 年，第 52 页。

② 《朝鲜成宗实录》卷六十三，成宗七年正月十三日；《朝鲜成宗实录》卷六十四，成宗七年二月十九日。

③ 《朝鲜成宗实录》卷六十五，成宗七年三月十一日，二十九日；《朝鲜成宗实录》卷六十六，成宗七年四月二十七日。

④ 《朝鲜成宗实录》卷六十七，成宗七年五月十五日。

⑤ 《朝鲜成宗实录》卷一百二十九，成宗十二年五月初二日。

此结束。不久郑同出使朝鲜，向韩明浍表示想去韩家所有的狎鸥亭游玩，韩明浍答应了他。适逢夏日，天气炎热，韩明浍向李娎请求在狎鸥亭铺设竹帘，而李娎没有答应。韩明浍退而求其次向李娎求借王室所用的龙凤花纹的遮日大幔，不料李娎不仅没有同意，还要求他把地点由狎鸥亭改成济川亭。韩明浍感到不快，借口妻子生病表示自己无法接待明使。[①]言官们得知情况后立刻弹劾韩明浍，李娎接受了弹劾，做出了没收韩明浍的职牒（即官职任命书）的处罚决定。[②]虽然他在四个月后就把职牒还给了韩明浍，[③]但世人皆知韩明浍已失去国王的绝对宠信，复职后的韩明浍自然不复当年的威势。李娎通过这样一系列的政治操作，有效地削弱了韩明浍等勋旧大臣的权势，逐步树立起国王的权威。这样的情况也被1488年到达朝鲜的明使董越（1430—1502）所察觉。他在离开朝鲜时向右议政许琮（1434—1494）挑明："尔国有君而无臣。"[④]可见大臣们的权力被严重削弱，年轻的李娎已树立起王权的威严。

当然，李娎利用台谏牵制并打击勋旧大臣，也导致台谏的权力进一步增长，产生了"权归台阁"的后果。这显然不是期待"权出于上"的李娎所乐见的情况。[⑤]为将台谏的言论权控制在一个合适的水平上，李娎采取的办法是将原是学问机构的弘文馆言官化。弘文馆虽然与司宪府、司谏院一起组成"三司"，但它不

---

① 《朝鲜成宗实录》卷一百三十，成宗十二年六月二十五日。

② 《朝鲜成宗实录》卷一百三十一，成宗十二年七月初一日。

③ 《朝鲜成宗实录》卷一百三十五，成宗十二年十一月十七日。

④ 赵光祖：《参赞官时启三》，《静菴集》卷三。

⑤ 《朝鲜成宗实录》卷一百四十八，成宗十三年十一月初十日。

一定会赞成台谏的立场，反而最早是通过批判台谏，作为代替性的言论机构而获得发展。李娎通过提高弘文馆的地位，牵制台谏的活动，在言论机构的内部创造出一种权力平衡，并试图完善由"国王·大臣·三司"组成的三足鼎立的政治架构。然而直到执政末期他也未能圆满解决因台谏权力膨胀而带来的政治分裂问题。待其子李㦕即位后，这些问题逐渐失控，成为旨在肃清士林势力的政治惨案——"士祸"不断发生的重要导火索。[①]

李娎在位期间，朝鲜再次迎来一个书籍编纂的繁荣期。在李娎的支持下，卢思慎（1427—1498）等人衷集朝鲜半岛古今文士们的诗文，编成了《东文选》一书，并完成了半岛的地理志——《东国舆地胜览》与史书《三国史节要》的编纂工作。[②]徐居正（1420—1488）等人也奉李娎之命，完成了李琄在位期间未能完成的《东国通鉴》的编纂工作。该书是一本按年代选取《三国史记》《高丽史》等书的内容，仿照《资治通鉴》的体例，编定的编年体史书。[③]

这段时期最值得一提的是朝鲜的根本法典——《经国大典》最终得以编纂完成。该法典由六个部分组成，分别是：《吏典》《户典》《礼典》《兵典》《刑典》《工典》。在李娎即位之前，朝鲜就已经完成了该法典中的《户典》与《刑典》的编纂工作。需要留意的是，朝鲜时代的刑罚主要依照《大明律》来处理，朝鲜本

① [韩]金范：《士祸与反正的时代》，首尔：历史之晨，2015年，第59—60页；第91页。
② 《朝鲜成宗实录》卷二百九十七，《成宗大王墓志》。
③ 《朝鲜世祖实录》卷十四，世祖四年九月十二日；《朝鲜成宗实录》卷一百七十二，成宗十五年十一月十三日。

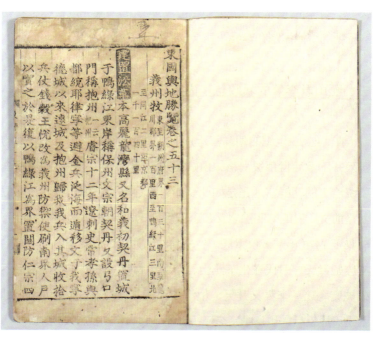

東國輿地勝覽卷之五十三

義州牧〔川東至朔州府界一百三十里　西至鴨綠江三里北〕

建置沿革　本高麗龍灣縣又名和義初契丹置城於鴨綠江東岸稱保州文宗朝契丹又設弓口門稱抱州一云唐宗十二年遼刺史常孝孫與都統耶律寧等避金兵泛海而遁移文于我寧德城以來遠城及抱州歸我義州防禦使刷南界人戶以來仕錢戴王悅改爲義州防禦使刷南界人戶以賢之於是復以鴨綠江爲界置關防仁宗四

《东国舆地胜览》，韩国国立中央博物馆藏本截图

国的《刑典》规定的是刑政运营与奴婢管理等相关的内容，可以说《刑典》的编纂是考虑到朝鲜社会与明朝社会的不同之处而采取的完善措施。[①] 李娎即位后，开始继续修纂与修订《经国大典》，新的大典于 1471 年开始施行，这便是所谓的《辛卯大典》。数次修订后，最终版大典于 1485 年开始正式施行，这就是《己巳大典》。[②] 王朝的根本大法——《经国大典》的编纂完成，标志着朝鲜王朝的统治体制在李娎一朝得以最终确立。

三、燕山君李㦕的暴政与"丙寅政变"

在 14、15 世纪的朝鲜宫廷，王妃（妻）与嫔嫱（妾）之间的界限并不像后世那般严格，由嫔嫱升为王妃的事例并不鲜见。李娎统治下的朝鲜宫廷正是如此。他先后迎娶了三位正妻。第一位就是前文所说的韩明浍之女恭惠王后韩氏，但她短命。在她死后，李娎于 1476 年升淑仪尹氏（？—1482）为妃，她就是历史上有名的废妃尹氏。尹氏在生下燕山君李㦕（1494—1506 年在位）后不久被废。之后李娎又升另一位淑仪尹氏（1462—1530）为妃。她就是贞显王后，也是中宗李怿（1506—1544 年在位）的生母。

废妃尹氏生性善妒，她与郑昭容的日渐激化的矛盾点燃了她被废身亡的导火索。1477 年，李娎发觉尹氏藏有毒药砒霜，且用

---

① ［韩］沈载祐：《朝鲜时代刑律的运用与〈大明律〉》，《历史与现实》2007 年第 65 期，第 15—22 页。

② 《朝鲜成宗实录》卷一百五十，成宗十四年正月十五日；《朝鲜成宗实录》卷一百七十一，成宗十五年十月十七日。

巫蛊之术诅咒郑昭容等人后，便动了废妃的心思。许琮等大臣明确反对废妃，认为这会对世子李𢥧造成麻烦。在大臣们的阻拦下，李娎没有立刻废妃，而是决定把尹氏降封为嫔，移居慈寿宫。但该决定也因任士洪（1445—1506）等大臣的反对而未能实施。[①]

此后尹氏与李娎爆发了更为激烈的矛盾。她与李娎争执，将李娎的脸上抓出血迹，这引得大妃昭惠王后大怒。尹弼商等大臣建议将尹氏贬位出宫。听到这个消息后，尹氏日夜哭泣，并诅咒王室。李娎与昭惠王后派人去查看尹氏的情况，但发现她毫无悔意。[②]于是李娎在1479年六月正式宣布废掉尹氏的王妃之位，不久宣布升淑仪尹氏为妃。李娎认为饶废妃尹氏不死的话，可能会在李𢥧即位后惹出事端，所以在1482年下令赐死尹氏。[③]正是这一决定，在日后的朝鲜政坛引发了政治海啸。

李𢥧喜玩乐，厌学问，对成均馆无半分好感。他认为祭祀孔子、培养儒士是浪费国家钱财。他即位之后，下令撤去成均馆里的孔子牌位，丢弃在山中。[④]李𢥧喜爱女色，要求各地挑选美艳的娼妓送至首都，并赐给这些妓女冠以"兴清""运平"等名号，其中最受他宠爱的当属张绿水。[⑤]韩语中形容胡乱花钱，或是恣于享乐的样子叫"兴清亡清"，其出处就是李𢥧的行为。为了给这些娼妓提供住宿，李𢥧又大兴土木，建造了联芳院、凝香院等亭台楼

① 《朝鲜成宗实录》卷七十八，成宗八年三月二十九日，三十日。

② 安璐：《李清传》，《己卯录补遗》卷上。

③ 《朝鲜成宗实录》卷一百四十四，成宗十三年八月十六日。

④ 李廷馨：《本朝璿源宝录》，《东阁杂记》乾卷，《知退堂集》卷八。

⑤ 《朝鲜燕山君日记》卷五十六，燕山君十年十二月二十二日；申用溉：《昌山府院君成公神道碑铭》，《二乐亭集》卷十四。

阁，但这些仍不足以满足他的淫欲。李㦕为搜罗民间美女，派出所谓的"采红使"与"采青使"前往朝鲜各道。为了支付财政花销，他又在正常赋税之外巧立名目，横征暴敛，闹得民间民怨沸腾。[①] 当时有人用谚文将李㦕的暴政写成文章，贴在道路两旁，后被人揭发告知李㦕。李㦕极为恼怒，不仅用酷刑处罚相关人士，并禁止全国上下学习谚文。[②] 从这些行为来看，李㦕被称为"暴君"并不冤枉。

此时的朝鲜政坛颇不平静。勋旧派利用李㦕对儒士的厌恶之心来打击对手——士林派。在李娎统治晚期，士林派已大举登上朝鲜中央政治舞台，他们主要在三司担任职务，从而掌握了政治舆论。士林派看不惯勋旧派的贪腐与专横，时常弹劾勋旧大臣，自然引发了勋旧派的反弹。李㦕即位之后，双方的矛盾愈演愈烈，到了一触即发的地步。1498 年，朝廷正修纂《成宗实录》，勋旧派的李克墩担任史局堂上，主管实录编纂工作。李克墩及其党羽柳子光与金宗直及其弟子金馹孙素有嫌隙。柳子光游览咸阳（今庆尚南道咸阳郡）时，曾作诗并制成悬板挂在咸阳，可金宗直担任咸阳地方官的时候，下令烧掉悬板。金馹孙担任司谏院献纳时，直言弹劾，不避权贵，曾批评李克墩与成俊（1436—1504）的互相攻讦会变成唐朝的"牛李党争"。怀恨在心的李克墩在春秋馆见到金馹孙递交的史草，发现里面详细记载了自己的恶行，又提及了世祖李瑈一朝不便公诸于世的事情，便想借此机会报复金馹孙。李克墩与柳子光商议后，向李㦕告发金馹孙，理由是史草中收录

① 《朝鲜燕山君日记》卷五十九，燕山君十一年九月十八日。
② 李廷馨：《本朝璿源宝录》，《东阁杂记》乾卷，《知退堂集》卷八。

的金宗直的《弔义帝文》是在讽刺李珠篡夺李弘暐的王位。李㦕原本就很厌恶文士与言官，认为正是他们的存在，自己不得恣意行事，于是下令将已经去世的金宗直剖棺斩尸，处以金馹孙等人极刑。此前担任过言官的士林派人士也被大量流放，其中包括曾漂流到浙江，写下《漂海录》的崔溥（1454—1504）。[①] 这一事件被称为"戊午史祸"或"戊午士祸"。

废妃尹氏的事情也在李㦕一朝被翻案。李㦕在即位后不久，通过父亲李娎的墓志铭得知废妃尹氏才是自己的生身母亲，而此之前他一直以为自己是贞显王后尹氏所生。得知生母的真实死因后，他非常悲伤，为之辍膳。[②] 李㦕想要违背李娎遗教，重修生母坟墓并追尊她，但遭到多数大臣们的反对。他仍坚持己见，追封尹氏为齐宪王后，重修坟墓并命名为怀庙。[③] 1504 年，在勋旧派大臣任士洪的撺掇下，李㦕再次翻出尹氏废死事。李㦕认为尹氏之死主要是因为严淑仪与郑昭容的谋害，下令把这两人捆绑起来，由他亲自乱打踩踏。李㦕还让郑昭容所生的安阳君李㤚与凤安君李㤊扑打郑昭容，李㤚等人不忍心打自己母亲，惹得李㦕大怒，亲手杀死了严淑仪与郑昭容。仍嫌不够解恨的李㦕又拿着剑奔去贞显王后寝殿外，厉声连呼："速出庭下！"幸亏李㦕的正妻慎氏（1472—1536）及时赶到，拦住了李㦕，救了贞显王后一命。之后李㦕又奔去祖母昭惠王后的寝殿，质问她为何要杀了尹氏，并多

109

---

① 《朝鲜燕山君日记》卷三十，燕山君四年七月二十六日，二十九日。
② 《朝鲜燕山君日记》卷四，燕山君元年三月十六日。
③ 《朝鲜燕山君日记》卷四十五，燕山君八年八月初三日；《朝鲜燕山君日记》卷五十二，燕山君十年四月十七日。

加辱骂。最后，李㦲下令把严郑二人的尸体剁碎，用盐腌过后扔到山野里。此外，曾经支持过废妃与反对追尊尹氏的大臣们也被李㦲一一清算，如已死的韩明浍被剖棺斩尸。曾在"戊午士祸"中受罚的人也被再次加刑，如崔溥等人在这次肃清中被处死。[①]之后李㦲废止了弘文馆与司谏院，又革去司宪府两名持平的编制，以阻塞言路。[②]后世将这一场政治肃清事件称为"甲子士祸"。

李㦲的暴政引发了朝野上下的普遍不满。尤其是他肆意奸污宗亲与大臣的妻子，更是为他的倒台埋下了直接祸根。他借口世子需要人照顾，把月山大君李婷的正妻朴氏召入宫中，趁机强奸了她。朴氏受不了这样的侮辱，自杀身亡。[③]朴氏之弟朴元宗（1467—1510）从此对李㦲恨之入骨，并开始积极谋划推翻李㦲。曾担任过吏曹参判的成希颜（1461—1531）亦有推翻李㦲的想法，便与朴元宗一道商量谋划。此时颇受李㦲宠幸的武官辛允武眼见国王的暴政一日胜过一日，担心某天祸及己身，也找到朴元宗等人表示愿意一道举事。之后吏曹判书柳顺汀（1459—1512）以及柳子光也加入进来。1506 年九月初，朴元宗与柳子光先派人去任士洪、慎守勤（1450—1506）家，杀死了他们。慎守勤是李㦲正妻慎氏的兄长，也是晋城大君李怿正妻慎氏（端敬王后，1487—1557）的父亲，也就是说两位慎氏是姑侄关系。他当时任左议政，深得李㦲的信任。同日夜里，朴元宗又派遣军士把景福宫团团围

---

① 《朝鲜燕山君日记》卷五十三，燕山君十年五月十一日；《朝鲜燕山君日记》卷五十五，燕山君十年八月十七日；《朝鲜燕山君日记》卷五十六，燕山君十年十月二十四日。

② 《朝鲜燕山君日记》卷六十三，燕山君十二年九月初二日。

③ 李廷馨：《本朝璿源宝录》，《东阁杂记》乾卷，《知退堂集》卷八。

住，并遣武士数十人前去李怿私宅将他保护起来。取得王宫控制
权之后，朴元宗勒令李㦕交出国王金印。天明之后，朴元宗等人
拜见贞显王后，请她下令废掉李㦕，另立李怿为国王，贞显王后
接受了这一请求。李怿即位后，下令降封李㦕为燕山君，将其贬
至乔桐（今属京畿道江华郡），废王妃慎氏亦被贬至私第，废世子
李頔（1498—1506）与其他王子被贬至京外各地，而张绿水等人
亦被诛杀。① 后世称这一场政变为"中宗反正"，"反正"即拨乱反
正之意。因其发生在丙寅年，当今学界也称此为"丙寅政变"。

　　李怿成为国王后，正妻慎氏按惯例应该成为朝鲜的新王妃，
但这遭到朴元宗等功臣的强烈反对。同为朴元宗一党的姜龟孙
（1450—1505）曾与慎守勤一道出使明朝，途中试探过慎守勤对废
李㦕立李怿之事的看法。姜龟孙问慎守勤："妹夫与女婿孰亲？"
慎守勤回答："世子英明，只恃此耳！"意思是不支持废掉李㦕，
只需等待李頔继位即可。朴元宗等人就此明确知悉慎守勤不会支
持政变，所以决意除掉他。李怿一开始反对废掉慎氏，表示不能
抛弃糟糠之妻，可是禁不住朴元宗等人的一再要求，最终决定废
妃。② 毫无权力基础的李怿在王位与发妻之间，选择的是王位。慎
氏是朝鲜历史上在位最短的王妃，一共在位七天。实际上，朴元
宗等人坚持废掉慎氏主要考虑的是自身利益。慎氏与李怿自小感
情深厚，朴元宗等人担心诛杀慎守勤，以后可能被慎氏报复。而
慎氏为人聪明果敢，也加剧了朴元宗等人的担心。可以说慎氏被

---

① 　《朝鲜燕山君日记》卷六十三，燕山君十二年九月初二日。
② 　《朝鲜中宗实录》卷一，中宗元年九月初九日；李廷馨：《本朝璿源宝录》，《东阁杂记》
　　乾卷，《知退堂集》卷八。

废，既是李怿为保存自己生命与王位的无奈之举，也是包括李怿在内的新统治集团为长久掌权做出的必要舍弃。

李怿即位后，立即向明朝请求册封。按朝鲜所奏，世子李頔死亡后，李憰伤心成疾且没有其他子嗣。但明朝认为李憰如果真的病重，也应等李憰亡故后再请封，暂时只能令李怿"权署国事"。[1]显然朝鲜的奏文没有说出实情。朝鲜使臣前去明朝之前，李憰已经死在乔桐，但朝鲜并不敢告诉明朝这一情况。此后朝鲜多次以"母妃奏请"的名义请求册封。架不住朝鲜的一再请求，明朝于 1507 年底勉强同意册封李怿为朝鲜国王。[2]李怿上台后，积极落实对明朝的"事大"政策，明鲜之间的封贡关系得以在他统治期间进一步巩固并深化。

---

[1] 《明武宗实录》卷二十六，正德二年五月初七日。
[2] 《明武宗实录》卷三十三，正德二年十二月初九日。

韩剧韩影指南:《王与我》《王的男人》《七日的王妃》

　　"七日的王妃"——慎氏被废后的人生命运又将如何呢?
慎氏没有生育任何子女,在废位后被逐回娘家居住。李怿废
掉慎氏后,挑选了诸多嫔媵充实后宫,并迎娶尹氏为王妃,
即章敬王后。1515年,尹氏在生下元子即仁宗后不久因产后
病去世。当时有官员提出为保护并抚养元子,应将无罪被废
的慎氏复位的建议。此时政变功臣们的势力仍然强大,李怿
不敢忤逆功臣们,拒绝了这一建议,而另娶尹氏为王妃,即
文定王后。也有逸话说李怿一直未能忘记慎氏,曾借慕华馆
迎借明使的机会,偷偷遣御马至慎氏居处,慎氏亲自做白
粥而喂马。慎氏在李怿去世后还活了十余年,最后以71岁
的高龄离开人世。然而慎氏在生前未能等到复位的那一天。
1739年,英祖李昑下令恢复慎氏的王后名号,并以"端敬"
为其谥号,至此慎氏才正式获得王后的身份。

第六章　士祸与党争

士林政治的展开与儒教化的深入

成宗李娎时期崭露头角的士林派在 16 世纪的朝鲜政坛形成了举足轻重的政治力量。他们高举儒教旗帜，批判各类政治、社会问题，努力将朝鲜建设成一个名副其实的儒教国家。在实践政治理想的过程中，士林派遭到反对势力的不断弹压，"士祸"连续发生。但士林派掌握大权后，自身也发生了分裂。党派间的倾轧构成了之后数百年朝鲜政治斗争的主要形式。

一、己卯士祸与明鲜关系的蜜月期

　　与依靠自身实力强行登上王位的世祖李瑈不同，中宗李怿自身并没有夺取王位的实力与野心，他只不过是在政变成功后，被功臣们安放在王位上。李怿即位之初，朝鲜政局由朴元宗、柳顺汀、成希颜为首的政变功臣们把持，国王只是他们的傀儡而已。1510 年到 1513 年间，这三大功臣先后去世，李怿逐步获得了亲政的机会。为了对抗功臣的残余势力，李怿开始启用一批未参与政变，并对功臣们的腐败专横持批判态度的儒士，其中最具代表性的就是后来被推为士林领袖的赵光祖。

赵光祖，字孝直，号静安，本贯汉阳，也出生在汉阳。戊午士祸后，他在熙川（今慈江道熙川市）跟随因祸流放在此的金宏弼学习《小学》《近思录》等儒教经典。"戊午士祸"后，朝鲜的儒教氛围一落千丈，但李怿即位后，情况开始变化。1510 年前后，赵光祖、金湜（1482—1520）等一批年轻儒士在汉阳传授金宏弼的学问，吸引了大批追随者。1515 年，赵光祖因吏曹判书安瑭（1461—1521）的推荐，被授予造纸署司纸一职，正式登上仕途。[①]由于李怿的赏识，他在短短三四年间，历任司谏院正言、弘文馆副提学等职，官至从二品的大司宪，成为言官们的代表。

赵光祖等士林派人士高举儒教旗帜，强烈批判功臣们的专横，这对李怿重建国王权威极为有利，也是他们得以在李怿的庇护下不断扩张势力的重要原因。但士林派人士推动儒教化改革的动机与希望强化王权的国王并不完全一致。与赵光祖关系密切，且同为士林派的李耔（1480—1533）看来，"丙寅政变"后的朝鲜政治社会风气并没有好转，整个社会呈现出"唯利所在，不顾纪纲。犯礼悖乱者，不知为恶"的景象。[②]换句话说，当时的社会现实与士林派所憧憬的儒教理念间存在着巨大差距，即朝鲜的社会并不是那么儒教化，这就促使士林派人士采取各种措施，努力把儒教理念落实到国家政治与社会生活中。[③]把朝鲜建设成一个名实相副的儒教国家，可以说是士林派最重要的政治目标之一。

---

① 《朝鲜中宗实录》卷二十二，中宗十年六月初八日。

② 李耔：《阴崖日记》。

③ [韩]桂胜范：《中宗的时代：朝鲜的儒教化与士林运动》，首尔：历史批评社，2014年，第 188—192 页。

　　士林派把改革的矛头首先对准了佛教习俗，首当其冲的就是忌辰斋。忌辰斋指的是在亡者的忌日那天于寺庙里设置的僧斋。当时治丧多遵循佛教风俗，王室也不例外。这也可见直到 16 世纪初期，佛教在朝鲜社会仍然拥有较大影响力。在赵光祖等人的多次建议下，1516 年六月李怿勉强答应废止忌辰斋。[①] 其次，道教的官厅也是士林派的改革对象。1518 年，司宪府、司谏院、弘文馆、艺文馆全部加入了请求革罢昭格署的行列。这样的请求持续了几个月，李怿仍坚持不允。时为弘文馆副提学的赵光祖彻夜在殿外请求李怿答应此事，无奈之下，李怿答应废止昭格署。[②] 在士林派大刀阔斧的改革后，朝鲜的社会风俗发生了显著变化。如越来越多的两班家族开始设置家庙，按《朱子家礼》祭祀祖先，在新娘家举办婚礼的原有习俗也渐渐变成儒教式的"亲迎礼"。[③] 可见士林派对朝鲜社会的改造还是取得了较大成效。

　　1516 年到 1518 年间，李怿可以说是对赵光祖言听计从。如1518 年出现女真人偷偷潜入朝鲜捕鱼打猎的情况，议政府三议政与兵曹均建议设计抓捕这些女真人，以儆效尤，该建议获得了李怿批准。但赵光祖得知后，认为这种上不了台面的"盗贼之谋"不是王者应做的事情，建议李怿撤回决定。虽然重臣们极力反对，李怿仍选择听从赵光祖的判断。[④] 赵光祖对国王的影响力由此可见一斑。

119

---

① 　《朝鲜中宗实录》卷二十五，中宗十一年六月初二日。

② 　昭格署在此时只是暂时被革罢，翌年"己卯士祸"爆发，赵光祖等人的改革措施均被废止，昭格署也得以复立。壬辰战争后，昭格署才被彻底废除。

③ 　李济臣：《鲛鲭琐语》。

④ 　金正国：《摭言》，《思斋集》卷四。

不过一旦李怿发现赵光祖的声望会对王权产生威胁，这样的宠信也就灰飞烟灭。1519 年十月，赵光祖等人建议削去"丙寅政变"功臣们的功勋，理由是当年册封功臣时，存在严重的滥录现象。李怿一开始不同意，但架不住司宪府与司谏院官员们的辞职威胁，最终同意了削勋。[①]士林派多次逼李怿就范的行为，在他心中埋下了不满的种子。素与士林派不和的南衮（1471—1527）、沈贞（1471—1531）等勋旧大臣敏锐地捕捉到了李怿的心理变化。他们通过党徒洪景舟的女儿洪嫔，向李怿告发赵光祖的谋反事迹。当时赵光祖担任大司宪，执法公平，深受民众景仰，赵光祖每次出现在汉阳城中时，民众会拜伏在他马前，口呼："吾上典至矣！"（朝鲜口语称主人为"上典"）这样的情况通过洪嫔传到李怿的耳中，引发了李怿的猜忌。[②]十一月十五日夜里，李怿突然下令逮捕赵光祖、李耔、金湜等人，将士林派一网打尽。[③]李怿给赵光祖等人定下的罪名是"交相朋比、祸乱朝政"，宣布赐死赵光祖，贬金湜等人至孤岛。[④]接到命令后，赵光祖从容赴死，死前作诗云："爱君如爱父，天日照丹衷。"[⑤]这一次肃清事件就是"己卯士祸"。

"己卯士祸"后，虽然政局又回到由勋旧大臣主导的局面，

---

① 《朝鲜中宗实录》卷三十七，中宗十四年十月二十五日；《朝鲜中宗实录》卷三十七，中宗十四年十一月十一日；李廷馨：《本朝璿源宝录》，《东阁杂记》坤卷，《知退堂集》卷九。

② 李珥：《石潭日记》卷上。

③ 《朝鲜中宗实录》卷三十七，中宗十四年十一月十五日。

④ 《朝鲜中宗实录》卷三十七，中宗十四年十二月十六日。

⑤ 安璐：《赵静安传》，《己卯录补遗》卷上。

但这与李怿即位之初毕竟不同。李怿已不再是那个缺乏政治经验,任凭勋旧大臣摆布的傀儡君主了。为打破政治困境,李怿这次选择的突破口是明朝皇帝。对朝鲜来说,明朝的册封是朝鲜国王权威的重要来源,对明事大也是朝鲜国内无人敢轻易指摘的事情。[①]1521 年,嘉靖帝朱厚熜以皇室旁系的身份即位,即位后引发了"大礼议"。此时的朱厚熜迫切需要国内外的政治支持来展示自身的合法性。1524 年,朱厚熜将生父追尊为皇帝,并加上新尊号的消息传到朝鲜,李怿不顾国内"助其邪论"的担忧,迅速派遣进贺使赴明。[②]朱厚熜非常满意,赐予朝鲜进贺使许淳等人丰厚的赏赐。[③]1528 年秋,朱厚熜给祖父母上尊号,令天下进表陈贺的消息传到朝鲜,李怿又下令立即派遣进贺使,该使节亦获得朱厚熜赐宴给赏的优待。[④]1538 年,朱厚熜生父兴王祔享太庙礼成,朝鲜也及时派出了进贺使。朱厚熜特意在承天门接见朝鲜使臣,并赐宴于礼部。[⑤]也就是说,相互的政治合作需要成为这一时期明鲜关系不断深化的基础。权力基础薄弱的李怿为强化王权,充分利用了朱厚熜的权威。他通过频繁派遣谢恩使、钦问使等活动,得到朱厚熜的特别优待与赏赐。这些优赏成为中宗对内夸示王权,对外展示朝鲜在以明朝中心的东亚秩序中的重要地位的政

121

---

①　[韩] 桂胜范:《中宗的时代:朝鲜的儒教化与士林运动》,首尔:历史批评社,2014年,第94—107 页。

②　《朝鲜中宗实录》卷五十二,中宗十九年八月二十一日、十月初七日。

③　《明世宗实录》卷四十六,嘉靖三年十二月十五日。

④　《朝鲜中宗实录》卷六十三,中宗二十三年九月二十二日;《明世宗实录》卷九十七,嘉靖八年正月初七日。

⑤　《明世宗实录》卷二百二十一,嘉靖十八年二月六日。

治资源。[1] 与之同时，嘉靖帝朱厚熜也可以利用朝鲜的进贺使行，展示"大礼议"在海外获得的政治支持。

"大礼议"结束后，明朝开始着手纂修停滞已久的《大明会典》，李怿也利用朱厚熜的好感，每次遣使皆向礼部就朝鲜太祖李成桂出身及开国问题进行"辩诬"，朱厚熜积极回应，下旨馆臣注意采纳。两位君主皆由小宗而登大宝，君权皆面临臣权的压力，所以李怿的"宗系辩诬"与朱厚熜的"大礼议"本质上一样，都是通过给父母或祖先争名分来为自身伸张君权并赢得忠孝美名。两者心曲相通，相互体谅，所以朱厚熜对朝鲜屡加赏赐。另外，李怿在 1523 年日本引发的"宁波争贡之役"和 1542 年的"壬寅宫变"中都及时做出事大回应，不断赢得朱厚熜的褒奖青睐。[2] 自此明鲜关系进入"蜜月期"，朱厚熜成为李怿的政治保护伞。[3]

李怿也是第一个在郊迎礼，即在汉阳郊外慕华馆迎接明朝的诏书和敕书的仪式上使用"五拜三叩头"之礼的朝鲜国王。[4]1450年，明使倪谦提出朝鲜国王不应在郊迎明朝诏书时仅仅"躬身以迎"，而应按明朝的习惯，使用"五拜三叩头"之礼。但朝鲜官员以朱元璋颁布的《藩国仪注》没有规定"五拜三叩头"为据，让

---

① [韩]桂胜范：《中宗的时代：朝鲜的儒教化与士林运动》，首尔：历史批评社，2014年，第 81—93 页。

② 黄修志：《明代嘉靖"大礼议"与朝鲜王朝之回应》，《古代文明》2018 年第 2 期，第 100—105 页。

③ Seung B. Kye, Huddling under the Imperial Umbrella: A Korean Approach to Ming China in the Early 1500s, *Journal of Korean Studies*, vol.15, 2010, pp.46—59..

④ [韩]桂胜范：《中宗的时代：朝鲜的儒教化与士林运动》，首尔：历史批评社，2014年，第 132 页。

倪谦收回了主张。[①] 此后的朝鲜国王也以此为据，拒绝明使的要求。1506 年三月，明使徐穆到达朝鲜，燕山君李㦕既不郊迎诏书也不遵行跪礼。徐穆引经据典，条条批驳李㦕派来的大臣提出的辩解理由，李㦕最终"迎诏如仪"，[②] 但仍未行"五拜三叩头"之礼。1537 年明使龚用卿以《大明会典》已明示"五拜三叩头"为据，要求李怿按规定行礼。[③] 多数朝鲜大臣们反对更改既有成例，而李怿本人立刻接受了龚用卿的要求，并率文武百官以"五拜三叩头"之礼迎接明朝诏书。[④] 回国后的龚用卿特意上奏嘉靖帝朱厚熜夸赞李怿能"恪遵典礼"，并建议以后将明朝礼制相关的诏敕都知会朝鲜，让朝鲜"一体知悉"。朱厚熜随即批准了这一建议。[⑤] 从此，朝鲜被更紧密地纳入明朝的礼制体系，以"五拜三叩头"迎接明朝诏书的礼制也被后世的朝鲜国王所继承。

123

在李怿的统治期间，朝鲜对明朝的认识发生了显著变化。在 15 世纪，朝鲜没有对明朝无条件事大，事大的对象可以根据国际形势的变化或朝鲜的情况、朝鲜的需要随时发生变化。15 世纪的朝鲜君臣们一边考虑着明朝会像之前的中原帝国一样，有不到百年就亡国的可能性，一边拟定并推进事大政策。但到了 16 世纪，朝鲜人对明朝的认识发生了变化，该变化来自作为中华文明的承担者兼承接天命的天子与现实中最强帝国的明朝皇帝重叠在一起的现象，并与此前"胡运无百年"的认识衔接在一起。此时朝鲜

---

① 　《朝鲜世宗实录》卷一百二十七，世宗三十二年正月二十九日。

② 　李东阳：《翰林侍读学士徐君舜和墓志铭》，《怀麓堂集》卷九十。

③ 　《朝鲜中宗实录》卷八十四，中宗三十二年三月初五日。

④ 　龚用卿：《使朝鲜录》上卷；《朝鲜中宗实录》卷八十四，中宗三十二年三月初十日。

⑤ 　《明世宗实录》卷二百四，嘉靖十六年九月十四日。

普遍接受了明朝既是汉族的天子之国也是中华国家，所以即使经历百年也不会动摇，会一直强大下去的信念。从此朝鲜不再把与明朝的关系看成是单纯的君臣关系，而是父子关系，甚至更进一步地将其理念化成君父—臣子的关系。[1]朝鲜君臣这样的对明认识，深刻影响了朝鲜在接下来的历史时期，制定对外政策时的价值取向。

二、"大小尹之争"与仁宗李峼、明宗李峘两朝的内外政局

李怿在废掉原配慎氏之后，挑选了诸多嫔媵充实后宫。新王妃尹氏（章敬王后，1491—1515）在生下元子李峼（仁宗，1544—1545年在位）的第二天就去世了。后来李怿又娶另一位尹氏（文定王后，1501—1565），这位尹氏生下了李峘（明宗，1545—1567年在位）。

李怿统治晚期，朝鲜政坛的政争就围绕这两位嫡子而展开，政争的核心便是世子之位。1520年，李峼被册封为世子，但文定王后等人想让李峘当上世子。支持李峼的代表人物有其舅舅尹任（1487—1545），即"大尹"；而李峘的支持者也是其舅舅尹元老（？—1547）、尹元衡（？—1565），即"小尹"。1544年，李怿去世，李峼即位，大尹一派暂时取得了胜利。但这样的胜利并没有持续多久，没有留有子嗣的李峼在位八个月后病逝，临终前宣布

---

① ［韩］桂胜范：《中宗的时代：朝鲜的儒教化与士林运动》，首尔：历史批评社，2014年，第257—258页。

传位李峘。① 当时李峘仅有十二岁，由母后文定王后垂帘听政。"小尹"一党取得了"大小尹之争"的最后胜利。

掌权后的"小尹"一党决心彻底除掉"大尹"一党，此过程中，与"大尹"一党关系较为密切的士林派亦遭到严重打击。明宗李峘即位没多久，文定王后密令尹元衡等人唆使言官，弹劾尹任、柳灌（1484—1545）、柳仁淑（1485—1545）等"大尹"一党。虽然柳希春（1513—1577）等言官认为主少国疑之时，不能因为流言就轻易弹劾重臣，但文定王后仍固执己见。她对士林派素无好感，趁清洗"大尹"一党的机会顺便打击士林派。这一场政治肃清造成大量士林派人士罹难，所以被称为"乙巳士祸"。文定王后对反对势力的政治肃清并没有到此结束。两年后副提学郑彦慤（1498—1556）将良才驿墙壁上悬挂朱笔书幅的情况报告给朝廷，朱书上写的是："女主执政于上，奸臣李芑等弄权于下，国之将亡，可立而待。岂不寒心哉？"② 这可说是一张讽刺文定王后一党把持朝政的"大字报"。文定王后大为恼怒，借此机会大肆杀戮或流放不与其合作的人，其中包括卢守慎（1515—1590）、柳希春、李彦迪等士林派官员，③ 这场事件也被称为"丁未士祸"。

李峘亲政后，文定王后的专横仍一如从前。她动辄用谚文列出要求，让宦官知会李峘。李峘读完之后，认为可行的便下令实施，不可行的便卷起来放在自己袖子里，这经常惹怒文定王后。为抗衡"小尹"一党，李峘开始重用正妻仁顺王后沈氏（1532—

125

① 《朝鲜仁宗实录》卷二，仁宗元年六月二十九日。

② 《朝鲜明宗实录》卷六，明宗二年九月十八日。

③ 《朝鲜明宗实录》卷六，明宗二年九月十九日。

1575）的舅舅李樑（1519—1582）。李樑得势后，凭借自己的外戚身份，结党营私、卖官鬻爵。1563年，他企图把阿附自己的柳永吉推举为吏曹佐郎，但遭到尹根寿（1537—1616）、奇大升（1527—1572）等士林派人士的反对。李樑愤怒之下，秘密制作了包括四十多位士林派人士在内的名单，准备将他们一网打尽，其中还包括与李樑并无恩怨的李滉、曹植（1501—1572）等人。但仁顺王后的弟弟沈义谦（1535—1587）提前获知了李樑的计划，救下了士林派。最后李樑被流放平安道，并死在该处。[①]沈义谦虽然也是外戚，但年少之时与士林派的成浑（1535—1598）、李滉都有往来，在政治上对士林派也较为友好。到李峘统治晚期，沈义谦一系的外戚势力逐渐成为朝鲜政坛不可忽视的政治力量。

15世纪前半期，朝鲜与明朝一样也面临"北虏南倭"的外患。早在15世纪初，朝鲜先后在莽浦（又称乃而浦，今属庆尚南道昌源市）、釜山浦、盐浦（今属蔚山广域市）设置倭馆，允许与日交易及少量日人在倭馆居住（又称"恒居倭人"），但后来在三浦居住的日本人数量不断增加，远超朝鲜当初许可的数目。申叔舟在《海东诸国纪》中亦提及三浦的日本人"因缘留居，渐至繁滋"。[②]李怿上台之后，挑选有武才的官员管理三浦与日本人，一改李㦕时期的废弛局面。但这样的严格管理与贸易控制措施引发了日本人的强烈不满。[③]1510年四月，莽浦的恒居倭人首领大

---

① 《朝鲜明宗实录》卷二十九，明宗十八年八月十七日；《朝鲜明宗实录》卷三十一，明宗二十年正月初六日。

② 申叔舟：《三浦禁约》，《海东诸国纪》。

③ 《朝鲜中宗实录》卷一，中宗元年十月初五日；《朝鲜中宗实录》卷八，中宗四年三月十三日。

倭馆图，韩国国立中央博物馆藏品

赵马道与奴古守长等人，率领四五千名日本人，持武器焚烧抢劫
莠浦城附近的人家，后来对马岛的日本人也加入了烧杀抢掠的行
列，[1] 这便是"三浦倭乱"。为应对越来越严重的外患，李怿下令成
立名为"备边司"的临时机构，挑选熟悉军事的文武官员担任所
谓的"知边事宰相"，让他们与重臣、兵曹堂上[2] 共同商议边事对
策。1517 年，他又令备边司管理北方筑城的事务，以应对女真的
入侵。[3] 这便是备边司的创始。但此时的备边司并不是一个常设机
构，仅仅是一个外患危机发生之时的权设机构。

　　三浦倭乱后，朝鲜与日本的国交一度断绝。1512 年，朝鲜与对
马岛主签订"壬申约条"，禁止日人在三浦居住，但允许日人仅在
莠浦一处交易。1521 年又在对马岛主的请求下增开釜山浦，此后朝
鲜与日本的贸易再度繁荣。[4] 明宗李峘上台之后，朝鲜沿海的对日
贸易日渐繁荣，但矛盾也渐渐扩大。同时，北方边境的女真人与朝
鲜的摩擦也不断加深。[5] 在这种外患不断的情况下，朝鲜确实也需
要一个专门机构来迅速处理紧急军务。1554 年，备边司向李峘建议，
以后若有紧急军务，相关官员就在宫外的政府衙门开会，不必按之
前的惯例在宫内开会，以减少麻烦。该建议得到李峘的批准。[6] 此
后，备边司作为一个独立的衙门，开始逐步具备雏形。

---

① 《朝鲜中宗实录》卷十一，中宗五年四月初八日。

② 堂上：即堂上官，正三品上阶官员。

③ 《朝鲜中宗实录》卷十二，中宗五年八月初七日。《朝鲜中宗实录》卷二十八，中宗
　十二年六月初六日。

④ [韩]韩文钟：《朝鲜前期倭馆的设置与机能》，《人文科学研究》2013 年第 3 期，
　第 256—260 页。

⑤ 《朝鲜明宗实录》卷十六，明宗九年正月十一日。

⑥ 《朝鲜明宗实录》卷十六，明宗九年六月十九日。

　　1555 年五月，七十多艘倭船从梨津浦（今属全罗南道海南郡）、达梁浦（今属全罗南道长兴郡）下岸，焚烧抢劫城外人家。闻知此消息后，全罗兵使元绩、长兴府使韩蕴等人前去救援，但被日人围困于达梁。[①]同年六月底，一千多名日人袭击济州岛，济州牧使金秀文（？—1568）应对得力，斩杀大量日人。[②]这便是"乙卯倭乱"。

　　朝鲜以"乙卯倭乱"为契机，进一步提高备边司的地位，该机构正式成为正一品常设衙门。[③]备边司草创之时，主要职责是应对"北虏南倭"，兼及一些漂流民送还事件，但随着时间流逝，权限也逐渐扩大，在任命边境将领，推荐地方官员人选上开始拥有发言权。[④]壬辰战争爆发后，朝鲜君臣避难于义州，原有的中央机构无法发挥作用，国家事务只能权宜处理，导致了"百司庶政，事无大小，皆萃于备边司"的局面。[⑤]即以壬辰战争为契机，备边司的权力得到强化，形成了以原、现任大臣监领，该曹堂上与宰臣协议商讨国家重要政策与事案的"备边司体制"。[⑥]从后，备边司逐渐凌驾于议政府之上，成为朝鲜最高政策讨论决议机构。

　　值得注意的是，备边司并非《经国大典》所列明的机构，它的存在事实上违反了《经国大典》对统治机构设置的规定。司谏

---

① 《朝鲜明宗实录》卷十八，明宗十年五月十六日。

② 《朝鲜明宗实录》卷十九，明宗十年七月初六日。

③ 《朝鲜明宗实录》卷二十，明宗十一年四月初三日；李晬光：《官制》，《芝峰类说》卷四。

④ 《朝鲜明宗实录》卷十八，明宗十年六月初十日。

⑤ 《朝鲜宣祖实录》卷四十四，宣祖二十六年十一月十一日。

⑥ [韩]李在喆：《备边司的政治位相与机能》，《史学研究》2008 年第 91 期，第228—229 页。

院就以《经国大典》中无备边司条款与备边司设置助长了武将好大喜功的风气为由，多次向李峘提议废除备边司，但这些建议均被驳回。[1]到了18世纪英祖李昑统治期修《续大典》时，明确规定备边司是新增置的总领军国机务的正一品衙门，备边司的设置得到国家根本法典的认可。按《续大典》的规定，此时的备边司由原任或时任议政府三议政担任都提调；吏、户、礼、兵、刑五曹判书，训炼大将、御营大将，开城与江华的留守，弘文馆大提学担任例兼提调，也称例兼堂上；承担日常业务的四人担任有司提调，也称有司堂上；以及分管朝鲜八道的八道句管堂上等。[2]在实际的政治运作中，也曾出现过工曹判书、司宪府大司宪等官员担任备边司堂上的事例。从成员构成来看，随着备边司的权力扩张，越来越多的高位官员被囊括在备边司堂上的范围内，这也是备边司在朝鲜的内外政策制定中得以发挥举足轻重作用的先决条件之一。

三、医疗机构的变迁与医女的活动

自王朝建立至16世纪中期，朝鲜官方建立的医疗机构在承袭高丽旧制的基础上，有所损益，并培养出至今为人津津乐道的"长今"等医女。

朝鲜王朝的医疗机构大致包括以下数个。首先是与王室医疗相关的内医院与典医监。内医院是负责治疗王室成员以及调制王

---

[1] 《朝鲜明宗实录》卷十六，明宗九年二月初八日。

[2] 徐宗玉等编：《吏典·京官职》，《续大典》。

室所需药物的机构。典医监是朝鲜开国之初即设立的医疗行政与
医学教育的机关，也负责处理宫中所需药材以及王室成员与高官
们的医疗服务。

其次是与百姓医疗相关的济生院、惠民署、活人署等机构。
济生院是 1397 年设置的为贫民提供医疗服务的机构，与高丽王朝
的济危铺有类似之处。该机构也负责收纳各地药材并送入汉阳，
后于 1460 年并入惠民署。惠民署是负责救治平民百姓的医疗机
构，最初名为"惠民库局""惠民局"等。活人署是负责救治贫困
病人与无家可归之人的机构。在传染病发生时，活人署也负责隔
离患者与埋葬死者。活人署承袭高丽时代的东西大悲院而来，最
初也被分为"东活人署"与"西活人署"，后来在 15 世纪中期被
统合为"活人署"。17 世纪后，活人署的活动渐渐减少，于 18 世
纪初被并入惠民署。

与医生在当今韩国社会拥有崇高地位，优秀高中生纷纷想考
入医学院的情况不同，朝鲜时代医生的地位并不高，医生也不是
世人所憧憬的职业。医生在朝鲜时代属于中人阶层，低于两班。
两班家的庶出子孙们，不被允许参加将来可以跻身核心官僚阶层
的文科科举，只能通过包括医科科举在内的杂科考试，获得一些
末流官职并以此谋生。男性医生的地位与命运都如此，更不用说
地位更低的女性医生。

女性医生在朝鲜时代被称为"医女"。按 20 世纪初学者李能
和的研究："按医女其始也，出于李朝太宗时，因济生院事许衜之
建白而设置，医治妇人之有疾者也。选上三南界首官之官婢（官
婢即妓也）之年幼颖悟者，初属济生院，后则惠民署，教之以针

灸之术，故医女必配针筒。医女属于内医院（内局药房），而兼行妓业，故称药房妓生。"① 也就是说，医女在朝鲜建国之初便已出现，其来源是三南地方（全罗道、忠清道、庆尚道）最高地方官的官婢，即医女的身份属于贱民。教育医女的任务，最初归济生院负责，后归惠民署。医女在从事医疗事务之外，也充当妓女，所以也被称为"药房妓生"。

选用贱民女子担任医女，是讲究男女有别的朝鲜社会无可奈何的选择。按许葑的说法，两班或平民女性生病后，不愿让男性医生诊视，往往出现死亡的情况。为解决这一难题，他才向太宗李芳远建议挑选年幼官婢学习医术。② 只有贱民女性才不必受男女有别的限制，既可以向男性医生学习医术，也可以向女性患者行医救治。早期的医女大多从地方的官婢、汉阳城内的仓库与官衙的女婢中选出，但到了朝鲜后期，尚衣院③ 针线婢的女儿、各官衙丘史④ 的女儿也可被选作医女。⑤ 可以说，医女的来源一直都是贱民女性。

尽管医女拥有医术这一专门才技，但在身份上仍属于官婢，在世人眼中，她们与妓女并无二致。中宗李怿曾多次下令禁止大小官员们在宴会时召唤医女、妓女以助兴，⑥ 但收效甚微。这一方

132

---

① ［韩］李能和：《朝鲜解语花史》，汉城：东洋书院，1927 年，第 33 页。

② 《朝鲜太宗实录》卷十一，太宗六年三月十六日。

③ 尚衣院：负责管理王室成员衣物与日用品的衙门。

④ 丘史：国王赏赐给宗亲或高官们的供其使唤的官奴，也写作"驱史"。

⑤ ［韩］韩嬉淑：《医女：八方美人的朝鲜女医师》，首尔：文学社区，2012 年，第 33—34 页。

⑥ 《朝鲜中宗实录》卷十，中宗五年十月二十一日。

面是因为积习难改，另一方面也是因为医女们参加宴会，"兼行妓业"可以获得较高报酬，这对收入微薄的大部分医女来说是一个巨大的诱惑。

按职级大致可以将医女分为侍患医女、内医女、差备待令医女、御医女、首医女等多种。侍患医女主要由开始学习医术，医疗经验不足的医女组成，她们负责跑腿杂务，并协助身份较高的医女进行医疗活动。内医女是隶属于内医院的医女，内医院的医官们负责她们的教育事务。朝鲜后期的内医院一般设置 22 名医女，其中 10 名是高级医女，即差备待令医女，11 名是负责针灸的针医女与 1 名负责诊脉的脉医女。差备待令医女指的是为应对王室成员的病患而随时待令的医女，也被称为"差备医女"。她们往往是内医女中医术出色的佼佼者。御医女是负责诊察国王的疾病，并协助御医进行医治的医女，一般从差备待令医女选出。首医女则是御医女中的地位最高者。[1]中宗李怿统治期间，名为"长今"的御医女颇得国王的宠信，其活动也多为史料所载。

《朝鲜中宗实录》中共有 10 处提及了医女长今的活动，6 处记为"长今"，4 处记为"大长今"。长今与大长今是否为同一人，现已无法考证。"长今"之名首次出现在实录中是 1515 年。当时她辅助章敬王后尹氏分娩，但王后在分娩数日后因产后症去世。言官们因此弹劾医官与医女，要求严惩包括她在内的医护人员。李怿认为人之生死并非能由医药所左右，长今有护产之功，本应受赏，现在既不能行赏，也不应受罚，所以拒绝了言官们的要

---

[1]　[韩]韩嬉淑：《医女：八方美人的朝鲜女医师》，首尔：文学社区，2012 年，第 96—98 页。

求。①"长今"之名最后一次出现在实录中是 1544 年李怿去世之前数日，医女长今将中宗身体出现好转迹象的情况告知问安的官员们。② 李怿去世后，史料中亦不再有关于她的记录。

李怿体弱多病，在位期间对治疗、看护其病痛的医官与医女多有赏赐。他曾在 1533 年给医官河宗海升职，并赏赐给长今与戒今各十五石米豆。③1544 年，又给医官朴世举、洪沈升职，并赐给长今五石米豆。④ 考虑到医女一年获得的报酬仅一石米，⑤ 中宗的赏赐不可谓不丰厚。但这样的赏赐毕竟只是特例，大部分的医女仍过着较为艰苦的生活。

需要注意的是，尽管御医女们往往经过了较为严格的教育与考试过程才获得御医女的职位，也有针灸与诊脉的才能，但在实际诊疗过程中，御医女们仍然扮演的是辅佐男性医官的职责。1544 年十月，长今将李怿的身体情况告知问安官员们，医官朴世举、洪沈随即入诊，并确定了用药方案。⑥ 可见，医女负责的只是确认患者状态，并将此告知医官，并辅佐治疗的任务，而用药权并不在医女的手上。朝鲜时代男性医官与医女的地位差别由此可见一斑。

---

① 《朝鲜中宗实录》卷二十一，中宗十年三月二十一日。
② 《朝鲜中宗实录》卷一百零五，中宗三十九年十月二十九日。
③ 《朝鲜中宗实录》卷七十三，中宗二十八年二月十一日。
④ 《朝鲜中宗实录》卷一百零二，中宗三十九年二月初九日。
⑤ 《朝鲜文宗实录》卷七，文宗元年四月十二日。
⑥ 《朝鲜中宗实录》卷一百零五，中宗三十九年十月二十五日。

四、"东西分党"与"南北分党"

明宗李峘去世之后，朝鲜再次出现旁系宗亲继承王位的情况。李峘与仁顺王后沈氏曾有一子李暊（顺怀世子，1551—1563），但他未等到继位便早夭。李峘临终前宣布传位侄子李昖（1567—1608年在位），这就是朝鲜宣祖。李昖即位后，追封已故生父李岹（1530—1559）为德兴大院君，[①] 李岹也是朝鲜王朝历史上第一位大院君。

李昖即位之始，士林派就试图为"己卯士祸"翻案，建立士林派的执政名分。属于士林派的执义奇大升在经筵上给李昖讲述了"己卯士祸"的经过。按奇大升的解释，赵光祖与李彦迪等人忠于国王，反而南衮、沈贞才是欺骗国王，谋害赵光祖等士林派人士的罪人。[②] 对儒教文治颇有兴趣的李昖接受了奇大升的观点，下令追夺南衮等人的官职，并赐赵光祖以"文正"、李彦迪以"文元"的美谥。[③] 此外，李昖还为"乙巳士祸"时受难的士林派平反，如卢守慎、柳希春等人。后来柳希春等人又奉李昖之命撰写记录金宏弼、赵光祖、李彦迪等人言行的《儒先录》，该书后被

[①] 大院君：王室的旁系子孙继承王位时，给生父加上的称号。朝鲜王朝共有四位大院君，分别是宣祖李昖的生父德兴大院君李岹、仁祖李倧的生父定远大院君李玦（后被追尊为"元宗"）、哲宗李昪的生父全溪大院君李瓁、高宗李熙的生父兴宣大院君李昰应。前三位均是在死后获得"大院君"称号，惟有李昰应在生前获得该称号。

[②] 《朝鲜宣祖实录》卷一，宣祖即位年十月二十三日。

[③] 《朝鲜宣祖实录》卷二，宣祖元年四月十一日；《朝鲜宣祖实录》卷四，宣祖三年五月六日。

颁行全国。[①] 得益于这样的政治气氛，士林派大举登上政治舞台。然而，逐步掌握政权的士林派内部开始出现分裂的征兆。

1572 年七月，领议政李浚庆（1499—1572）去世，临终前给李昖上了一道遗疏，其中第四条建议是提醒李昖注意朋党问题。

> 四曰破朋党之私。今世之人，或有身无过举，事无违则，而一言不合则排斥不容。其于不事行检，不务读书，而高谈大言，结为朋友者，以为高致，遂成虚伪之风。君子则并立而勿疑，小人则任置而同其流可也。此乃殿下公听并观，务去此弊之时也。[②]

该遗疏随即引发轩然大波。李昖召见大臣询问："朝廷孰为朋党？"但大臣们也没能回答清楚。三司认为李浚庆意在谋害士林，建议追夺其官爵。但修纂柳成龙（1542—1607）表示反对。他认为李浚庆的言论若有不对之处，那辩明一下即可，没必要追夺官爵。[③] 但士林派的代表人物李珥（1536—1584）对李浚庆的遗札颇为不满，认为这是离间君臣的言论。在李珥看来，"古人将死，其言也善；今人将死，其言也恶"，李浚庆这是故意发"恶言"来诋毁近来总是批评他无能的清议。[④] 事实不幸被李浚庆言中，三年之后士林派自身发生分裂，即"东西分党"。

---

① 李廷馨：《本朝璿源宝录》，《东阁杂记》坤卷，《知退堂集》卷十一。

② 《朝鲜宣祖实录》卷六，宣祖五年七月初七日。

③ 李肯翊：《宣祖朝故事本末》，《燃藜室记述》卷十二。

④ 李珥：《论朋党疏》，《栗谷全书》卷四。

"东西分党"的导火索金孝元（1542—1590）与沈义谦因铨郎任命一事产生的矛盾。在朝鲜的政治结构中，吏曹与兵曹的正郎（正五品）与佐郎（正六品）拥有极其重要的地位，二者被合称为铨郎。铨郎的品级不高，但掌握文武两班官职的荐举权，同时还拥有推荐自己后继者的"铨郎自代权"。此外，铨郎还拥有推荐三司等清职的人选的"铨郎通清权"。言官系统的"清职"和六曹这样掌握实权的"要职"是朝鲜官场最令人向往的职位，二者被合称为"清要职"。这两种官职不仅是名誉与权力的象征，也是将来步步高升的保障。当然，这样的权力极容易被特定党派所利用，成为党争的温床，并可能威胁到王权。[①] 不过在该时期，士林派利用铨郎的权力还是在一定程度上牵制住了外戚、勋旧大臣们的权力扩张。

金孝元在未登第之时，曾留宿于"小尹"——尹元衡家。恰好沈义谦因公事拜访尹元衡，在书房中见到金孝元的寝具。沈义谦很鄙视这种行为，批评道："安有自好之士从权门无识子弟同栖乎？"[②] 后来金孝元考上状元，但沈义谦仍称他是"尹相家训导人"。这句话传遍了朝鲜政坛，导致金孝元中举后两三年都未被重用。虽然后来沈义谦得知金孝元与尹元衡的女婿李肇敏是老友，自己误会了金孝元，但二人的嫌隙已然生成。当沈义谦的弟弟沈忠谦登第后被推荐为铨郎时，时为吏曹铨郎的金孝元激烈反对，认为不应着急任命沈忠谦这些外戚。朝廷中支持沈义谦的人

---

① 1741 年，英祖李昑颁布了《吏曹郎选釐革节目》，废止了铨郎们的"通清权"等权力。《朝鲜英祖实录》卷五十三，英祖十七年四月二十二日。

② 宋时烈删定：《松江年谱上》，收入郑澈：《松江集》别集卷二。

认为沈忠谦的资质适合当铨郎，金孝元是公报私仇。支持金孝元的人认为金孝元是出于为国之心，非有他意。^①当时士林中老壮派多支持曾帮助过士林的沈义谦，而新进派多支持金孝元。因沈义谦居汉阳西部的贞洞，其支持者朴淳（1523—1589）、郑澈（1536—1593）、尹斗寿（1533—1601）、尹根寿、具思孟（1531—1604）等人被称为"西人"。金孝元居汉阳东部的乾川洞，其支持者柳成龙、金宇顒（1540—1603）、李山海（1539—1609）、禹性传（1542—1593）、许篈（1551—1588）、李泼（1544—1589）等人也被称为"东人"。^②从学统来看，西人党多为李珥与成浑的弟子，而东人党多为李滉与曹植的门人。1575 年这次分党事件也被称为"己亥分党"。

在李珥与右议政卢守慎的调停下，宣祖李昖把金孝元与沈义谦调离汉阳，分别任命为富宁（今属咸镜北道富宁郡）府使与开城留守，^③让这两人远离党争中心。但东西党争并没有因此而降温，反而愈演愈烈。有无名诗讽刺时局："东人尽据要津地，西客多迁岭外州。不有圣明能镇定，士林鱼肉兔无由。"^④可见东人党在党争占据了上风，且东西党争愈演愈烈，已经到了难以控制的地步。

士林派的分裂并没有到此为止，1590 年前后，东人党又分裂为"南人"与"北人"，是为"南北分党"。1589 年，原属西人党后又投靠东人党的前修纂郑汝立（1546—1589）被人告发谋反，

---

① 《朝鲜宣祖修正实录》卷九，宣祖八年七月初一日。
② 李圭景：《四色缘起辨证说》，《五洲衍文长笺散稿》。
③ 《朝鲜宣祖实录》卷九，宣祖八年十月二十四日。
④ 《朝鲜宣祖实录》卷十四，宣祖十三年七月初一日。

138

李山海肖像，韩国国立中央博物馆藏品

西人领袖郑澈被任命为右议政兼专门负责审理此案的委官。郑澈利用调查此案的机会，大规模打击东人党，将案件扩大化。该案延绵近三年，千余人被牵连至死。[1] 此次事件也被称为"己丑狱案"。此后西人党的势力得到空前扩张，但东西党人之间从此结下"血仇"，郑澈本人也成为东人党的"眼中钉"。

郑澈虽一时风头无二，但在1591年的建储问题上，他陷入东人党领袖领议政李山海的计谋中，遭到巨大政治打击。李昖的正妻懿仁王后朴氏（1555—1600）无子，恭嫔金氏（1553—1577）生下了庶长子临海君李珒（1574—1609）与次子光海君李珲（1608—1623年在位）。李珲才干出众，是郑澈等官员们心目中合适的世子人选。恭嫔去世后，李昖又宠爱仁嫔金氏（1555—1613），金氏生有信城君李珝（1579—1592），母子二人颇得李昖的青睐。原本郑澈与柳成龙（时为吏曹判书）约定与李山海一起向李昖提议建储，李山海答应了此事，但入宫之时却又称病不至。[2] 李山海与仁嫔的哥哥金公谅私交甚好，早知李昖想立信城君李珝为世子，于是在郑澈提出建储之议后，将此消息告知金公谅。金公谅唆使仁嫔向李昖哭诉此事。李昖一开始不相信，但果如仁嫔所说，郑澈等人入宫后提议立李珲为世子。李昖大怒，罢免郑澈，将他流配江界（今慈江道江界市）。[3] 西人党因此遭到清算，东人党从而得势。

---

① 南夏正：《桐巢漫录》卷一。

② 《朝鲜宣祖实录》卷二十五，宣祖二十四年二月初一日。

③ 宋时烈删定：《松江年谱下》，收入郑澈：《松江集》别集卷三；著者不详：《牛溪先生年谱》，收入成浑：《牛溪集》。

　　针对如何处理郑澈等西人党一事，东人党内部分化成两派。李泼、李山海、郑仁弘（1535—1623）等强硬派认为应尽可能报复西人，而禹性传、柳成龙、金诚一（1538—1593）等稳健派认为不应过度扩大打击范围。前者的核心人物——李泼的家在汉阳北岳山附近，所以这一系被称为"北人"，后者的核心人物——禹性传住在汉阳南山附近，所以这一系被称为"南人"。从学统上看，北人党多为徐敬德（1489—1546）、曹植的弟子，南人党多为李滉的门徒。

　　信城君李珤未能当上世子。翌年壬辰战争爆发，李昖仓皇逃向义州避难，离开汉阳之前，册封光海君李珲为世子，让其率领部分官员与军队抗击日军。[①] 然而明朝自始至终都不同意册封李珲，因为当时万历帝朱翊钧宠爱第三子朱常洵，不愿立长子朱常洛为太子。明朝礼部担心如果同意朝鲜的世子册封，会扰乱嫡长子继承制，给朱翊钧立朱常洵为太子创造先例。从 1594 年到 1604 年，礼部先后五次拒绝朝鲜。[②] 1608 年初，李昖去世，李珲成为事实上的朝鲜国王。明朝消极接受了既成事实，在 1609 年初正式册封李珲为朝鲜国王。[③] 李珲因此对明朝颇有不满，这也是他消极对待明朝提出的助兵合攻后金的要求，反而积极谋求与后金接触的重要原因之一。

---

① 《朝鲜宣祖实录》卷二十六，宣祖二十五年四月二十九日；《朝鲜宣祖实录》卷二十七，宣祖二十五年六月初二日。

② 胡忻：《纠朝鲜请封疏》，《欲焚草》卷二；杨天民：《朝鲜国王请易嗣》，《杨全甫谏草》卷四。

③ 《明神宗实录》卷四百五十五，万历三十七年二月初三日。

韩剧韩影指南：《大长今》《女人天下》

在朝鲜王朝建立之前，半岛民间普遍流行"男归女家"的婚俗，即成年男子婚后居住在丈人家的习俗。在这样的习俗下，子女往往由外祖家抚养成人。在祭祀方面，实行子女轮流祭祀的制度，因此也会出现"外孙奉祀"的场景。这样不够"儒教"的风俗在朝鲜建国后遭到儒士们的极力反对，成为士林派的主要改革对象之一。在士林派的鼓吹下，婚姻风俗逐渐向《朱子家礼》中规定的"亲迎礼"转变。韩国学界一般认为，半岛彻底完成儒教化大约是在16世纪末壬辰战争结束之后。随着"女归男家"的"亲迎礼"制度的逐步确立，婆媳矛盾逐渐成为朝鲜后期社会生活中的常见现象。朝鲜后期的女诗人金浩然斋（1681—1722）曾作诗"平生自无适俗韵，颇与高门多不悦"，感叹自己无法与婆家相处的情况。有趣的是，现代韩语中仍然保留了较多以描述婆媳矛盾来说明"道理"的俗语，比如"打我的婆婆虽可恨，劝架的小姑子更可恨"（暗指旁边劝架的人更会使坏）；"红豆粥留给亲女儿，豆芽汤留给儿媳妇"（暗指儿媳毕竟是外人），可见婆媳矛盾的普遍。

第七章　再造藩邦

壬辰战争的爆发与明鲜关系的变化

随着16世纪明鲜关系的发展与巩固，到壬辰战争爆发前，朝鲜人已将两国关系看成不仅是君臣更是父子的关系。在朝鲜人看来，明太祖朱元璋赐予国号"朝鲜"，是对朝鲜的"大造之恩"，而万历帝朱翊钧发兵援助朝鲜，击退了日本的入侵，保存了朝鲜的江山社稷，可谓"再造之恩"。

一、战争爆发与明军入援朝鲜

16世纪晚期到17世纪前期，东北亚的政治格局逐渐发生巨变。1585年前后，丰臣秀吉开始谋划旨在入侵明朝的战争。1591年上半年，福建出身的琉球长史郑迥（日本名：谢名利山）通过琉球朝贡船，向明朝送去了告知日本侵略计划的信件。同时，明朝海商陈申也将日本即将大举入侵的消息告知福建方面。接到消息的明廷警觉起来，开始讨论如何强化沿海的防御。大学士许国在奏章中列举了当时面临的外部危机，明确提到"日本倭奴招诱琉球入犯"。这样的表述也暗示明廷高层并不相信琉球的忠诚。^①随后，琉球王尚宁派遣使臣将同样的消息告知福建方面。福建巡抚赵参鲁判断将要侵扰明朝的不是日本军队而应是规模较小的倭寇，其进攻也不可能如琉球使臣所言道经朝鲜，而必定从闽、浙等沿海地区登陆。不过明廷并不认可该判断，很快将赵参鲁调离福建，另派"温文爽练"的张汝济担任福建巡抚。^②此时在日明人许仪后也向明朝报告了日本即将借路朝鲜，入侵明朝的消息。^③许仪后在揭帖中提到朝鲜将与日本合谋，充当先锋入侵明朝。为弄清事情真相，该年八月，辽东都司向朝鲜发去了要求朝鲜探察倭情的咨文。为洗清自身的嫌疑，朝鲜决定派专使向明朝说明情况。^④因朝鲜报告的倭情与琉球的报告一致，明朝暂时放下了对朝鲜的疑虑，并奖赏了朝鲜。^⑤可以说，在壬辰战争爆发前，明朝已经通过多种渠道了解到战争即将爆发的情况。

实际上，朝鲜早就知道日本即将入侵明朝的消息，但朝鲜君臣担心明朝追问本国与日本通信之事，采取了对明廷继续瞒报和

① 《明神宗实录》卷二百三十八，万历十九年七月二十日；[韩] 车惠媛：《明朝与琉球间册封朝贡外交的实体：以万历年间（1573—1620）明朝的琉球政策为中心》，《中国史研究》（首尔）2008 年第 54 期，第 136 页。

② 陈志刚：《明朝在朝鲜之役前后的军事情报活动论析》《学习与探索》，2011 年第 4 期，第 241—242 页。

③ 许仪后：《许仪后陈机密事情》，收入侯继高：《全浙兵制考》附录。

④ 《朝鲜宣祖修正实录》卷二十五，宣祖二十四年八月初一日；《朝鲜宣祖实录》卷二十七，宣祖二十五年六月十八日。

⑤ 《明神宗实录》卷二百三十九，万历十九年八月十一日；《明神宗实录》卷二百四十二，万历十九年十一月初四日。

尽量遮掩的处理办法，埋下明鲜信任危机的祸根。[①] 该年年初，赴日通信使黄允吉（1536—？）、金诚一（1538—1593）、许筬（1548—1612）回到朝鲜。宣祖李昖向他们询问日本的情况，西人党的黄允吉认为日本会入侵，东人党的金诚一判断丰臣秀吉只是口出狂言，不会真的入侵，而与金诚一同属东人的许筬则持稍微偏向黄允吉的中间立场。右议政柳成龙与金诚一关系亲厚且同是东人，考虑到党派利益和私人感情，支持了金诚一。[②] 不过柳成龙也不是百分百相信金诚一的话，私下又问金诚一万一日本真的出兵怎么办。金诚一表示自己也不是认为日军绝对不来，只是黄允吉的看法太过于严重，会在朝鲜引发恐慌，所以才故意安抚大家。[③] 最终李昖选择相信金诚一，因而未能及时下令加强军事防备。

147

1592 年四月十三日，丰臣秀吉派遣小西行长、宗义智率领先遣部队进攻釜山，壬辰战争打响。当时釜山金使郑拨正在绝影岛打猎，没有作出任何防御。釜山随即陷没，郑拨也死于乱军之中。十四日，日军占领东莱府，东莱府使宋象贤战死。日军接连占领金海、密阳等地，庆尚左兵使李珏率军逃亡，只有密阳府使朴晋与庆尚右兵使金诚一与日军一战。[④] 十七日，李昖任命申砬为三道巡边使，率领朝鲜精兵迎战日军。[⑤] 二十二日，李昖下令捉拿金诚

① 孙卫国、解祥伟：《明抗倭援朝战争初期中朝宗藩间之"信任危机"及其根源》，《古代文明》2017 年第 1 期，第 106—107 页。
② 朴东亮：《辛卯史草》，《寄斋史草》卷上。
③ 柳成龙：《书壬辰事始末示儿辈》，《西厓集》卷十六。
④ 《朝鲜宣祖实录》卷二十六，宣祖二十五年四月十三日。
⑤ 《朝鲜宣祖实录》卷二十六，宣祖二十五年四月十七日。

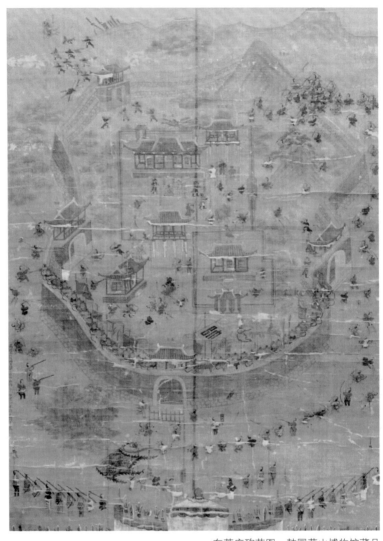

东莱府殉节图，韩国蔚山博物馆藏品

一，追究他之前的误报责任，另外任命曹大坤担任庆尚右兵使。[1]
但李昖很快收回捉拿金诚一的命令，让他继续领军抗日，1593 年
四月，金诚一战死于全罗道。[2] 虽然金诚一战死殉国之举值得肯定，
但不可否认的是，他在战前的误判是造成朝鲜军队疏于防守，在
战争初期节节失利的重要原因之一。

　　李昖的一系列紧急措施并没有改变朝鲜军队连续失利的局面。
四月二十八日，申砬战死于忠州（今忠清北道忠州市）。日军北上
京畿的消息传到汉阳后，李昖大惊失色，召见大臣们商议北逃的
计划，遭到激烈反对。但李昖心意已定，决意北行，并派李元翼
（1547—1634）等大臣巡查平安、黄海等道，又匆忙册立光海君李
珲为世子。[3] 国王北行的消息传出后，汉阳城中一片混乱。虽然
李昖下令关闭城门，禁止出入，但民众已经不相信朝廷，昼夜不
停地翻越城墙逃出。三十日清晨，李昖率领众臣离开汉阳，傍晚
渡过临津江，奔向开城。愤怒的民众放火烧掉了掌隶院与刑曹藏
有的公私奴婢文籍，又入内帑库抢劫金银，并焚毁景福宫、昌德
宫、昌庆宫，弘文馆所藏书籍与《承政院日记》等文献也在这次
暴乱中化为灰烬。[4]

　　五月初一日，日军到达京畿道，并占领汉江以南的龙仁、水
原等地。初三日，留守大臣李阳元（1526—1592）与都元帅金命
元（1534—1602）不战而退，日军占领汉阳。入城后，日军挖掘了

① 赵庆男：《乱中杂录》卷一，壬辰上。

② 《朝鲜宣祖实录》卷三十八，宣祖二十六年五月二十二日。

③ 《朝鲜宣祖实录》卷二十六，宣祖二十五年四月二十八日。

④ 柳成龙：《记乱后事》，《西厓集》卷十六。

李昖曾祖成宗李娎的宣陵与祖父李怿的靖陵。此时李昖君臣一路向北，途经开城时，李昖将战争责任归于东人党，将领议政李山海等东人官员罢职，解除了对郑澈等西人的流放，开始大举启用西人。[①]同时，李昖又将釜山等地陷落的消息发送给辽东巡抚郝杰，并遣使赴北京告知明廷自己已避难于平壤。万历帝朱翊钧随即下令辽东、山东等沿海加强防备。[②]此时朝鲜的陆军虽一溃千里，但水军尚能一战。在庆尚右水使元均（1540—1591）与全罗左水使李舜臣（1545—1598）的指挥下，水军在闲山岛（今属庆尚南道统营市）附近洋面歼灭了大量日军。[③]然而水军的胜利，尚不足扭转整个战局。

六月，陆地战场的局势愈发恶化。初六日，朝鲜三道的勤王军队战败于龙仁。十一日，李昖派大臣李德馨（1561—1613）赴辽东告急，派临海君李珒与顺和君李玵赴咸镜道，又令世子李珲率领部分朝臣赴江原道募集军队。十五日，平壤陷落，李昖君臣奔向义州，途中向辽东发送咨文，请求内附明朝。[④]但该请求没有得到明朝的同意，万历帝朱翊钧要求朝鲜君臣集兵固守，不得"坐视亡国"。[⑤]实际上该月初朱翊钧已经下令让辽东发两支精兵支援朝鲜，并下发二万两白银的军饷。[⑥]六月中旬，李昖到达义州，行色极为惨淡，仅有数十人陪同。他认为政局落到这步田地主要是因为东西党争，作诗批判道："恸哭关山月，伤心鸭水风。朝臣

150

---

① 赵庆男：《乱中杂录》卷一，壬辰上。

② 《万历邸抄》，万历二十年五月；《明神宗实录》卷二百四十八，万历二十年五月初十日。

③ 《朝鲜宣祖实录》卷二十七，宣祖二十五年六月二十一日。

④ 赵庆男：《乱中杂录》卷一，壬辰上。

⑤ 谈迁：《国榷》卷七十七，万历二十年七月初二日。

⑥ 《明神宗实录》卷二百四十九，万历二十年六月初二日。

今日后，尚可更西东？"^①事与愿违，党争并没有因壬辰战争爆发而宣告终结，而是贯穿了战后数百年的朝鲜政治史。

这时明朝内部流言纷纷，说是朝鲜引来日军，并给日军充当入侵明朝的向导。颇生疑虑的明廷派差官黄应旸等人到义州调查实际情况，见到了李昖。李昖把日军致朝鲜礼曹的书信出示黄应旸，这才打消了他们的疑惑。^②明廷高层对李昖逃跑一事非常不满，如兵科都给事中许弘纲就批评李昖是"望风逃窜，弃国授人"，但考虑到日军若占领朝鲜，必然会给明朝产生威胁，所以明廷最终还是同意派军援助朝鲜。一开始，明廷派出副总兵祖承训、游击史儒率三千辽兵进入朝鲜，然而这支孤军深入的明军却大败于平壤。^③接到败报的明廷决定扩大援兵规模。八月中旬，万历帝朱翊钧任命宋应昌为兵部右侍郎、经略蓟辽山东保定等处防海御倭军务，率大军正式入援朝鲜。^④

二、和谈与交战的反复

明军进入朝鲜后，战局发生了显著变化。1593 年正月，明军接连取得平壤、开城大捷，重挫了日军的锐气。但李如松率领的辽东军兵在碧蹄馆（今属京畿道高阳市）遭遇失败之后，士气转向低落。经略宋应昌希望能尽早结束战争，启用市井之人沈惟敬

---

① 赵庆男：《乱中杂录》卷二，壬辰下。

② 《朝鲜宣祖实录》卷二十八，宣祖二十五年七月初一日。

③ 《明神宗实录》卷二百五十，万历二十年七月初三日；《明神宗实录》卷二百五十一，万历二十年八月初五日。

④ 《明神宗实录》卷二百五十一，万历二十年八月十八日。

谋求对日和谈。同时日军也因平壤战役的失败及粮食补给困难，产生了撤军的念头。沈惟敬等人通过谈判与日军达成了停战协议。四月中旬，日军从汉阳撤出，退屯釜山一带，并同意返还之前俘虏的李珒、李珦两位王子。[①] 至此，朝鲜大部分领土得以收复。

战争伊始，宋应昌贯彻兵部尚书石星的意见，战、和两策并用。石星是幕后指挥，宋应昌是主要执行者。[②] 与石星、宋应昌等人战和并用，企图以代价最小的和谈手段来结束战争不同，朝鲜君臣希望将日军完全逐出朝鲜。[③] 即朝鲜朝廷与明军指挥部、明朝兵部的立场并不完全一致。碧蹄馆战役失败之后，宋应昌受到来自中枢与战场上多方面的掣肘，宋应昌所能做的事，只有力图留兵驻守，保留已有战争胜利果实。[④] 在宋应昌看来，最关键的部分在于守住朝鲜，绝不能在日军没有完全撤离，朝鲜尚未做好防御准备之前就轻言撤军。[⑤] 此时明廷高层出现大量支持撤军的声音。五月二十三日，大学士王锡爵上疏表示支持撤军。他认为日军在汉阳至釜山之间创建土城寨栅等事，以及日军与朝鲜人的矛盾与中国无关。[⑥] 他还写信给宋应昌，建议以撤兵让朝鲜君臣领会应该依靠自身力量对抗日军的道理。[⑦] 六月初一日，兵科给事中侯庆远

---

① 谷应泰：《援朝鲜》，《明史纪事本末》卷六十二。

② 孙卫国：《万历援朝战争初期明经略宋应昌之东征及其对东征历史的书写》，《史学月刊》2016 年第 2 期，第 45 页。

③ 《朝鲜宣祖实录》卷三十六，宣祖二十六年三月二十五日。

④ 万明：《万历援朝之战与明后期政治态势》，《中国史研究》2001 年第 2 期，第128—129 页。

⑤ 宋应昌：《慎留撤酌经权疏》，收入陈子龙等编：《皇明经世文编》卷四百二。

⑥ 《明神宗实录》卷二百六十，万历二十一年五月二十三日。

⑦ 王锡爵：《与宋桐冈论撤兵》，收入陈子龙等编：《皇明经世文编》卷三百九十五。

上题本建议部分撤军。他认为"我之为朝鲜亦足矣",提出"朝鲜不可轻动,亦不可中弃,则莫若少留锐师,以为之声援"的主张。此观点得到万历帝朱翊钧的支持。朱翊钧决定暂且留兵,待日军退尽之后让朝鲜自守。[①]也就是说,在朝鲜战场暂且留兵以待最终撤兵的方案在讨论中占据了上风。

六月底,沈惟敬与日使小西飞弹守(即内藤如安)从釜山出发,赴北京商讨封贡事宜。[②]然而留守釜山一带的日军又借机进攻晋州(今庆尚南道晋州市)、南原(今全罗北道南原市)等地。在明鲜联军的反击下,日军于七月中旬退出晋州,退回釜山一带。[③]兵科给事中张辅之、辽东都御史赵燿认为日军进犯晋州已经暴露了退屯釜山、遣使请贡不过是缓兵之计的真面目,建议继续进剿日军,拒绝和谈。但兵部尚书石星仍坚持和谈。他令沈惟敬再入日营,让日本尽快完成表文,请求册封。[④]这样的举措引发了朝鲜方面的不满,李昖认为朝鲜会因沈惟敬而亡国,整个战局也会因沈惟敬而崩溃。[⑤]以石星为首的和谈派与朝鲜君臣的矛盾开始加剧。

晋州之役后,在石星的主导下,朝鲜战局往和谈方面发展,陆地战场的大规模战斗减少。见识到明军,尤其是来自浙江一带的"南兵"的战斗力之后,李昖感觉有必要仿照明军进行军事改革。该年八月,李昖下令设置训炼都监,按戚继光所著的《纪效

① 《明神宗实录》卷二百六十一,万历二十一年六月初一日;《明神宗实录》卷二百六十一,万历二十一年六月二十三日。

② 《朝鲜宣祖实录》卷四十,宣祖二十六年七月初五日。

③ 赵庆男:《乱中杂录》卷三,癸巳下。

④ 谷应泰:《援朝鲜》,《明史纪事本末》卷六十二。

⑤ 《朝鲜宣祖实录》卷四十,宣祖二十六年七月初五日。

新书》来训练朝鲜军队。① 他又任命全罗左水使李舜臣兼任三道水军统制使，修造龟船，结镇闲山岛，加强沿海的军事防备。② 随着局势的稳定，十月初，李昖君臣还都汉阳。但经过战乱，已经没有可供居住的宫殿，李昖只得暂居月山大君李婷的旧宅。③

　　1593 年底，石星的朝鲜战场代理人宋应昌遭到科道官员的弹劾，被革去经略一职，由支持和谈的蓟辽总督顾养谦负责接手朝鲜事务。④ 礼部郎中何乔远、科道官赵完璧等人及蓟辽都御史韩取善均反对在倭情未定的情况下与日本商谈封贡一事，但石星仍坚持和谈。⑤ 1594 年二月底，石星与九卿科道官召开会议商讨对策。在会议开始之前，兵科给事中王德完读到了李昖的奏疏。奏中称日军屯聚釜山，绝无撤军之意，只不过是用和谈来迷惑明朝。王德完向石星询问日本是否只求"封（册封）"，而不涉及"贡（进贡）"与"市（商业交易）"，石星表示不一定。王德完又问釜山的日人会不会尽数撤走，石星表示也不一定。王德完由此认为石星提出的册封丰臣秀吉即可结束战争的主张极为荒唐，立刻上本批判石星，建议马上停止对日和谈。⑥ 参加会议的通政司使吕鸣珂赞成王德完的看法。他通过与朝鲜使臣金晬（1547—1615）交

---

① 《朝鲜宣祖实录》卷四十一，宣祖二十六年八月十九日；《朝鲜宣祖实录》卷四十三，宣祖二十六年十月初六日。

② 赵庆男：《乱中杂录》卷三，癸巳下。

③ 《朝鲜宣祖修正实录》卷二十七，宣祖二十六年十月初一日。

④ 《明神宗实录》卷二百六十八，万历二十一年十二月初七日；《明神宗实录》卷二百七十，万历二十二年二月二十二日。

⑤ 谷应泰：《援朝鲜》，《明史纪事本末》卷六十二。

⑥ 王德完：《目击东倭衅隙专修备御疏》，收入陈子龙等编：《皇明经世文编》卷四百四十四。

谈得知，日军仍屯聚在朝鲜沿海。吕鸣珂认为，"倭情出国王之口最真"，石星等人所谓的"朝鲜国王所奏倭情，未足尽凭，止因畏倭，故请留兵"的观点过于荒谬。他进一步主张，册封日本原为结恩朝鲜，如果朝鲜不愿意，那就应该停止。[①]最终朱翊钧命令顾养谦，一边谕令日军撤军，一边查验小西飞弹守带来的表文是否为真，这两件事落实后再等候下一步旨意。[②]此时明廷对"和"或"战"，尚无定论。

考虑到明廷内部批评对日和谈的一大理由是朝鲜的反对，顾养谦便从该处入手，施压让朝鲜上本请求册封日本。1594年五月，顾养谦派遣参将胡泽会见宣祖李昖，建议李昖上题本请封。李昖表示可以上本，但内容只能是："小邦只陈危迫之情，[③]恭竦天朝之处置指挥而已。"[④]在顾养谦的一再催促之下，朝鲜无奈遣使上奏。该奏本虽未明示"和议"二字，但又隐含支持和议的意思。可见对主和派来说，朝鲜的支持是值得争取的重要政治资源。

朝鲜的奏本到达明廷后，万历帝朱翊钧的立场迅速倒向和议一侧，追究起之前反对议和的官员们的责任。[⑤]此后明廷全力推进和议，之前滞留辽东的日使小西飞弹守也在该年年底进入北京。小西飞弹守在接受明朝兵部的审问时表示，如果得到册封，日军会全数撤离朝鲜，不再另求"贡"与"市"。[⑥]于是明廷任命李宗

155

---

① 　吕鸣珂：《特伸盈廷公议以佐攘倭疏（万历）二十二年》，《万历疏钞》卷四十三。
② 　《万历邸钞》，万历二十二年四月。
③ 　《朝鲜宣祖实录》卷五十一，宣祖二十七年五月十一日。
④ 　《朝鲜宣祖实录》卷五十三，宣祖二十七年七月二十日。
⑤ 　《明神宗实录》卷二百七十七，万历二十二年九月十四日。
⑥ 　《万历邸钞》，万历二十二年十二月。

诚为正使，杨方亨为副使，又令沈惟敬与二使一道赴日册封丰臣秀吉为日本国王。[①]

1595 年四月底，李宗诚一行抵达汉阳。小西行长为表示诚意，接连撤除熊川、巨济等地的军营。八月，副使杨方亨首先抵达釜山，但日军并没有立即撤走。世人纷纷怀疑起日军的诚意，但石星偏信沈惟敬，认为日军没有异常，并屡次催促李宗诚南下完成册封任务。九月，李宗诚抵达日营，但小西行长不仅不愿立刻会见李宗诚，反而借口要向丰臣秀吉汇报而返回日本。直到 1596 年正月，他才返回釜山，但仍不明言撤军。沈惟敬借口要准备迎使礼节，决定单独与小西行长提前渡海赴日。当时流言纷纷，传闻日军想扣留李宗诚当人质，实际上并不愿接受明朝的册封。李宗诚听闻流言后，丢掉行李与印信，半夜微服逃出日营。[②]接到报告的万历帝朱翊钧下令将李宗诚押送北京进行审讯，改任杨方亨为正使，沈惟敬为副使。[③]到了六月，滞留釜山长达大半年的杨方亨一行才与朝鲜使臣黄慎（1562—1617）等人一道渡海赴日，并见到了丰臣秀吉。但和议并没能按计划顺利进行。实际上丰臣秀吉早就开出了包括和亲、割地、求婚、封王、准贡、蟒龙衣、赐予印信在内的七项讲和条件。朝鲜在几年前就清楚此事，但未敢及时报告明廷。[④]沈惟敬等人出于自身利益的考虑，只言"封（封王）""贡（准贡）""印（赐印）"三事，而向明廷隐瞒了其余

---

① 《明神宗实录》卷二百八十，万历二十二年十二月三十日。

② 柳成龙：《记壬辰以后请兵事》，《西厓集》卷十六。

③ 《万历邸钞》，万历二十四年三月；《明神宗实录》卷二百九十七，万历二十四年五月初四日。

④ 《朝鲜宣祖实录》卷四十四，宣祖二十六年十一月二十一日。

四项要求。待丰臣秀吉发现被中间人沈惟敬蒙骗后，和议必然走向破局。

九月初，杨方亨与黄慎等人乘船返回朝鲜。黄慎提前派人向宣祖李昖报告了册封之事未成，局势突变，日军即将再次入侵的消息。接到报告的朝鲜君臣决定派遣奏闻使报告明朝。[①]1597 年正月，朝鲜使臣郑期远（1559—1597）到达北京，将战局的变化告知明朝。而石星仍坚持说朝鲜报告的是去年十一月之前的情况，现在册封已经顺利完成。[②]此时，战局已变的消息通过其他渠道接连传到明廷，如辽东副总兵马栋报告日军军船二百多艘，士兵上万人已于正月十四日抵达朝鲜沿海。[③]万历帝朱翊钧大怒之下决定革去石星的职务，任命邢玠为蓟辽总督，杨镐为经略，再次举兵援朝。[④]后来石星死于狱中，沈惟敬被处死。

壬辰战争爆发以来，朝鲜内部的党争并没有因为外敌入侵而消失，反而愈演愈烈。战争初期立下战功的元均与李舜臣的背后各有支持势力，西人党支持元均，东人党支持李舜臣。1596 年年底，釜山的日营发生火灾，李舜臣手下的部将把此事报告给李舜臣，并将功劳归于自身，李舜臣未做详细调查就报告给朝廷，后被指责为故意瞒报朝廷。这成为日后李舜臣被革去统制使一职的重要原因。[⑤]日军将领小西行长与加藤清正非常忌惮李舜臣，试图用反间计除掉这个强劲对手。当时朝鲜通过间谍对马人要时罗

---

① 　《朝鲜宣祖实录》卷八十二，宣祖二十九年十一月初六日。
② 　《明神宗实录》卷三百六，万历二十五年正月十八日、二十五日。
③ 　《万历邸钞》，万历二十五年二月。
④ 　《万历邸钞》，万历二十五年三月。
⑤ 　《朝鲜宣祖实录》卷八十四，宣祖三十年正月初二日。

（日本名：梯七太夫）得知加藤清正即将渡海，柳成龙与李舜臣怀疑这是日军散布的流言，并未及时出战。西人尹斗寿认为李舜臣是厌恶出战，以此为借口攻击李舜臣及其背后的东人党。偏听偏信的李昖决定将李舜臣下狱，将元均任命为统制使。[①]1597 年七月，闲山海战爆发，朝鲜水军惨败，元均死于战中。消息传到汉阳后，君臣震骇，李昖不得不再次启用李舜臣担任统制使。[②]东西党人互相攻讦，置战争大局于事外的情况由此可见一斑。

1597 年八月，日军集合大量兵力进攻南原。守卫南原的明鲜联军寡不敌众，遭遇惨败。南原失守之后，全罗道门户大开，日军得以长驱直入，直达忠清道稷山。消息传到汉阳，人心汹汹。流言称后宫女眷与世子已经偷偷离开汉阳，国王很快也会弃城离去。[③]经略杨镐驻扎在平壤，听闻情况有变后立刻赶到汉阳，并派骑兵赴稷山打败了日军。随后总督邢玠抵达汉阳，镇守城中。杨镐的军队趁势南下，将加藤清正率领的日军包围在蔚山。然而日军坚守蔚山，不与明军交战，战局陷入僵持。时值冬日，雨雪纷纷，人畜多有冻死。在粮饷不继的情况下，杨镐只得撤军。

蔚山战役后，杨镐与邢玠假传捷报，少报伤亡人数，万历帝朱翊钧信以为真，下令重赏。[④]兵部赞画主事丁应泰得知此事后，上疏弹劾。丁应泰在疏中称，杨镐等人在蔚山之败后不仅瞒报伤亡人数，还与内阁大学士张位和沈一贯勾结，偷偷与加藤清正讲

---

① 《朝鲜宣祖实录》卷八十四，宣祖三十年正月二十三日；《朝鲜宣祖修正实录》卷三十一，宣祖三十年二月初一日。

② 《朝鲜宣祖修正实录》卷三十一，宣祖三十年七月初一日。

③ 《朝鲜宣祖实录》卷九十二，宣祖三十年九月十一日。

④ 《万历邸钞》，万历二十五年十二月。

尹斗寿肖像，韩国国立中央博物馆藏品

和。朱翊钧大怒之下，革去杨镐的经略职务，让邢玠暂理军务，暂时保留张位和沈一贯的大学士职位。[1]后来天津巡抚万世德代替杨镐出任经略一职。

因杨镐曾解救汉阳，朝鲜君臣对杨镐感恩戴德，又因丁应泰在弹劾杨镐的疏文中建议明廷"兵不必加调，粮不必增运"，所以朝鲜君臣大为焦虑，连续派遣陈奏使前往北京为杨镐辩白。同时，明军将官吴惟忠、茅国器等人亦上书为杨镐辩白，希望朝廷以东征大局为重，收回成命。于是丁应泰迁怒于朝鲜，并以《海东诸国纪》为据，批判朝鲜与日本私通往来，大书日本年号，小书明朝年号以尊奉日本，并僭越地为故去的朝鲜国王上庙号以藐视明朝。接到奏疏的朱翊钧一边下旨调查此事，一边令东征诸位将官务必以东征大局为重，不得相互攻讦。实际上明廷高层此时也存在党争。赵志皋和丁应泰都欲以罢兵议和结束战争。而主战派沈一贯、张位又因其与赵志皋的斗争及与邢玠、杨镐的结好而被丁应泰弹劾。由此明朝复杂的党争进一步延伸到朝鲜战场上，朝鲜也因此卷入其中。在一系列政治操作下，朱翊钧最终下旨将丁应泰革职回籍听勘，派徐观澜前往王京会勘明军功罪，并下敕安抚朝鲜君臣。[2]

与此同时，朝鲜战场的战斗仍在进行中。1598 年七月，李舜臣率军在古今岛（今属全罗南道莞岛郡）大破日军。此战烧毁日军五十余艘军船，斩杀百余名日军，李舜臣本人因此也得到明将

① 《明神宗实录》卷三百二十三，万历二十五年六月初四日。

② 黄修志：《万历朝鲜之役后期的中朝党争与外交》，《韩国研究论丛》2013 年第 1 期，第 173—174、179—181 页。

陈璘的高度评价。^①这时丰臣秀吉的死讯陆续传至朝鲜。全罗水使李纯信在八月底秘密上告李昖，称据从日本逃回的朝鲜人言，丰臣秀吉已经在七月初病死，日军即将撤军。^②虽然该消息相当准确，但朝鲜君臣仍是半信半疑。十一月中旬，明鲜联军在露梁岛（今属庆尚南道南海郡）大破日本水军，明军副总兵邓子龙与李舜臣战死殉国。原留在南海（今庆尚南道南海郡）的日军听说露梁败报之后，开始撤退，明将刘綎趁势率军占领日军阵营。^③明朝方面也接到丰臣秀吉死讯。福建巡抚金学曾将丰臣秀吉的死讯上告明廷，并建议乘此机会剿灭日军。^④十二月，日军开始陆续撤离朝鲜。^⑤至此，延绵七载的壬辰战争大致结束。

战争收尾之时，朝鲜内部的党争进一步加剧并发生分化。丁应泰弹劾朝鲜之时，李昖本打算让南人柳成龙前去北京辩诬，但柳成龙以老病为由拒绝了。当时北人党李尔瞻（1560—1623）担任持平，因此弹劾柳成龙。但大司宪李宪国（1525—1602）等人反对弹劾，袒护柳成龙。最终李昖支持李尔瞻，将李宪国等人罢职。^⑥1599年，南以恭（1565—1640）与金荩国（1572—1657）等人弹劾同属北人党的大司宪洪汝谆（1547—1609），北人党内部开始发生分裂。支持洪汝谆的李山海、李尔瞻、郑仁弘、许筠

161

① 赵庆男：《乱中杂录》卷三，戊戌。
② 《朝鲜宣祖实录》卷一百三，宣祖三十一年八月二十日。
③ 《朝鲜宣祖实录》卷一百六，宣祖三十一年十二月二十一日；赵庆男：《乱中杂录》卷三，戊戌。
④ 《明神宗实录》卷三百二十八，万历二十六年十一月十二日。
⑤ 《明神宗实录》卷三百二十九，万历二十六年十二月二十九日。
⑥ 金时让：《荷潭破寂录》。

（1569—1618）等人被称为"大北"，支持南以恭与金荩国的柳永庆（1550—1608）、朴承宗（1562—1623）被称为"小北"。后大北派内部又发生分裂，分为李山海为首的"肉北"以及洪汝谆为首的"骨北"；而小北派又分化成南以恭与金荩国为首的"清北"与柳永庆为首的"浊北"。① 从政治立场来看，大北普遍支持世子李珲，而小北与西人、南人则支持李昖继妻金氏（仁穆王后，1584—1632）所生的嫡子永昌大君李㼁（1606—1614）。这样的政治分裂在李珲继位后加剧，并成为李珲被废下台的重要原因之一。

三、战争的终结与东亚局势的变化

以丰臣秀吉政权的朝鲜侵略为起点的壬辰战争，是将整个16世纪前半期世界史上的变化浓缩在一起的东亚的世界战争。因来自明朝白银经济的兴隆而实力增强的日本军队，其侵略目标是明朝。日本对明朝朝贡国——朝鲜的侵略，亦是对基于朝贡册封基础上的明朝礼制秩序本身的挑战。明朝不顾国内的困难条件，派出大规模军队帮助朝鲜。尽管明军在与日军的战斗中无法始终确保军事优势，但它的存在，实际上已经蕴含着抑制朝鲜崩溃的效果。在战争期间，朝鲜虽与明军围绕对日和议问题存在矛盾，但即便经过了明清鼎革，朝鲜仍然将"再造之恩"的名分与观念作为立国的根本理念，并长期维持。但在另一方面，"与日本勾结自招侵略的羸弱的朝鲜"，"觊觎辽东土地的厚颜无耻的朝鲜"，这样

---

① 李肯翊：《宣祖朝故事本末》，《燃藜室记述》卷十八。

的朝鲜形象在战后的中国内部不断扩散。之前朝鲜与明朝因长期维持的友好关系而产生的善意的相互认识，经过这场战争，事实上已遭到了巨大打击。[①] 也有学者认为，以壬辰战争为起点，朝鲜逐渐对本民族进行重新叙述。这场战争与1636年的"丙子之役"一起，促进了朝鲜民族国家的诞生。[②]

由于战争带来的创伤与仇恨情绪，朝鲜与日本间的国交并没有随着壬辰战争的结束而在短时间内得以恢复。围绕重建国交这一悬案，朝鲜与日本之间展开了数年的政治角力与谈判。德川家康在1603年就任征夷大将军，正式宣告德川幕府的成立后，朝日国交重建的速度加快。1607年初，朝鲜派出名为"回答兼刷还使"的使行团赴日。翌年，因壬辰战争而中断的朝日国交正式重建。

从明朝的立场来看，派遣军队入援朝鲜，帮助朝鲜击退了日本的入侵，不仅成功阻止了日本侵入明朝本土的计划，也巩固了明鲜之间的政治合作关系。然而在"战不成战，我无必胜之气。款不成款，敌无必解之势"的战争过程中，[③] 交战与和谈不断反复，明朝的人力、物力、财力等均遭到了巨大削弱，这也为努尔哈赤为首的女真势力乘势兴起创造了条件。壬辰战争之后，阻止女真势力的膨胀便成为明朝与朝鲜不得不面对的共同挑战。

---

① ［韩］车惠媛《16世纪国际秩序的变化与韩中关系》，《东洋史学研究》2017年第140期，第152—153页。

② JaHyun Kim Haboush, *The Great East Asian War and the Birth of the Korean Nation*, Columbia University Press, 2016, pp.4—5.

③ 徐光启：《海防迂说》，收入陈子龙等编：《皇明经世文编》卷四百九十一。

韩剧韩影指南:《代立军》《鸣梁》《惩毖录》，中国中央电视台（CCTV）与韩国广播公司（KBS）合拍纪录片《万历朝鲜战争》(《壬辰倭乱 1592》)

　　壬辰战争结束后，明军分批撤军回国。但有部分明军将士因负伤难行，或已在朝鲜娶妻生子等诸多原因，并没有再回到国内，而是从此永远居于朝鲜。其中最著名的人物当属李如松麾下的调兵领粮使千万里（1543—? ），他被宣祖李昖封为花山君，也是韩国颍阳千氏的中兴祖。此外还有留居在庆尚道星州的施文用、徐鹤等浙江出身的明军将士。因明军将士的留居，朝鲜后期出现了一大批名为"大明村""大明洞"的地名。18世纪的朝鲜文人崔兴璧曾作《徐鹤传》记录徐鹤后人转述的先祖事迹，并作诗曰："万历山河徐壮士，朝鲜天地大明村。风烟百越思乡土，冠带三韩长子孙。"施文用、徐鹤居住的"大明村"地名至今仍然保留。地址是庆尚北道星州郡龙岩面文明里大明洞，该地附近还有名为"大明池"的小型湖泊。

第八章 改天换地

明清鼎革与清鲜封贡关系的成立

16世纪晚期开始，努尔哈赤领导的女真势力逐渐膨胀。1616年，后金建国。1627年，皇太极继承了努尔哈赤之位，并于1636年建立大清国。皇太极通过"丁卯之役"与"丙子之役"逐步控制了朝鲜，将其纳入清朝为中心的封贡体制。对于将明朝视为"君父之国"的朝鲜来说，册封国由明朝变为清朝，是一场近似于"改天换地"的巨变。

一、"癸亥政变"前后的政局变动

17世纪初的朝鲜政坛，再次出现因军事政变而导致王统更迭的情况。1608年初，宣祖李昖逝世，世子李珲即位。即位成功的李珲仍不得不面对国内外对其王位正统性的质疑。首先，明朝长期不愿册封李珲为世子，只是消极承认了他成为朝鲜国王的既成事实。其次，1606年李昖的嫡子永昌大君李㼁出生。按继承次序来说，李㼁与李珲的亲兄临海君李珒都比庶次子李珲更具合法性。再次，西人党、南人党以及小北派明里暗里支持的都是李㼁，仅有大北派支持李珲，李珲的国内统治基盘较为薄弱。为解决这些问题，李珲一边使用各种手段努力获得明朝的国王册封，一边以谋反为由，除掉了李肆。[①]李珲为提高自身的正统性，又追尊生母恭嫔金氏为恭圣王后，并请明朝册封。明朝担心朝鲜国力羸弱，"怀二心"倒向日本，勉强同意了册封。但明廷一开始只同意册封金氏为"朝鲜国王次妃"，只赐诰命不赐冠服。[②]后在李珲的多次请求下，到1617年才正式赐下冠服。[③]

但李璹的存在仍然让李珲极为头疼。李璹不过是几岁的孩童，从他本人的行动中抓到整治借口并不容易。李珲上台后重用大北派，但西人党、小北等派系仍在朝中拥有不小的影响力，他们都是李璹的支持者。1613年的"七庶之狱"给李珲提供了一网打尽的机会。所谓"七庶"，即以西人领袖朴淳庶子朴应犀为首的，包括徐羊甲、沈友英等在内的两班家的七位庶子，他们自称是"江边七友"。朝鲜极重嫡庶，早在李芳远之时就制定过旨在限制庶子（良妾所生）和孽子（贱妾所生）出仕的"庶孽禁锢法"。[④]所谓"禁锢"，指的是禁止两班的庶孽子孙出任重要官职，尤其是官职系统中最为荣显的"清要职"。尽管16世纪中晚期李珥提出"纳粟赴举"的办法，让部分庶孽得到参加文科科举的机会，[⑤]但他们受到的差别对待并没有得到根本改善。17世纪初，嫡庶的差别进一步加大，这也是庶孽无法施展才华，对社会愈发不满的根本

---

① 《朝鲜光海君日记》（中草本）卷六，光海元年四月二十九日。

② 孙慎行：《朝鲜请赠生母记》，《玄晏斋集》卷二；《明神宗实录》卷五百二十三，万历四十二年八月初七日。

③ 《朝鲜光海君日记》（中草本）卷四十二，光海九年十一月初九日。

④ 《朝鲜太宗实录》卷二十九，太宗十五年五月二十六日。

⑤ 著者不详：《通塞撮要》卷一，宣祖。

原因之一。朴应犀等庶子出身的人便是如此。他们眼见科举无望，只好以商贩为务。

1613 年，徐羊甲等人打劫商人的事情败露，被捕入狱，朴应犀也被牵连入狱。大北派巨头李尔瞻时为礼曹判书，伙同捕盗大将韩希吉劝朴应犀按自己的吩咐招供。朴应犀入狱后，得知徐羊甲等人已经服罪，便听从了李尔瞻的吩咐。按朴应犀的供词，这些庶子们不是单纯的强盗，而是一群想通过聚集钱财来"交结武士，将行大逆"的反贼。他们的最终目的是拥戴李瑃为王。[①] 受此事的牵连，李瑃的外祖父金悌男被革职，后被处死。李瑃本人被降封为庶人，次年被诛杀于江华岛。李瑃的生母，即仁穆王后金氏被废，幽禁于庆运宫（今德寿宫）。[②]

李珲借"七庶之狱"成功除掉制约其王权正统性的李瑃，大北一派也借此大肆打击西人党、小北派等对立势力。但李珲对王室内部存在的可能挑战王权的势力仍不敢掉以轻心。1615 年夏季，益山生员苏鸣国告变，称李尔瞻一党的申景禧等人谋反，试图拥戴绫昌君李佺（1599—1615）为王。李佺是宣祖李昖第五子定远君李琈（后被追尊为元宗，1580—1619）的第三子，也就是李珲的侄子。李珲素闻李佺仪表非凡，又听说李琈的宅邸与李琈生母仁嫔金氏的墓地有"王气"，早已开始怀疑李琈一家。所以他接到苏鸣国的告变后，立即下令让申景禧等人与苏鸣国对质，并任命小北派的朴承宗审理此案。朴承宗借此机会打击李尔瞻一党。尽管朴承宗等人反对制裁没有明显谋反痕迹的李佺，但李珲仍下令

① 《朝鲜光海君日记》（中草本）卷二十二，光海五年四月二十五日。
② 李肯翊：《废主光海朝故事本末》，《燃藜室记述》卷二十。

将其流放乔桐。[①] 不久，李佺在流放地自杀身亡。

李佺死后不久，李珒也郁郁而终。李珒的长子绫阳君李倧（仁祖，1623—1649 年在位）对李珲恨之入骨，开始结交可用之人，谋划推翻伯父李珲。聚集在李倧周围的人主要是西人党，骨干有金鎏（1571—1648）、金自点（1588—1651）、申景禛（1575—1643）、崔鸣吉（1586—1647）、李贵（1557—1633）等人。李贵为人不谨，泄露了相关计划。言官们得知此事后，迅速弹劾李贵等人。但金自点贿赂了李珲的嬖姬——尚宫金介屎，在金介屎的劝说下，李珲没有听从弹劾。[②]

李倧一派决定迅速采取行动夺取王位。1623 年三月十二日夜，准备起兵的军士们汇集在弘济院，并按计划推举金鎏为大将，但金鎏并没有按时出现。沈器远（？—1644）、元斗杓（1593—1664）等人连忙赶去金家催促，金鎏这才出发。但此时留在弘济院的李贵、金自点在无奈之下已推举李适（1587—1624）为大将。金鎏到达后，让李适让出大将一职，李适不同意。在李贵的劝说下，金鎏与李适才勉强和解。随后李倧率领亲兵与金鎏等人汇合，直接奔昌德宫。早已准备好的内应哨官打开敦化门，让李倧率军直入宫中。慌乱之中，李珲从后苑逃至医官安国臣家，后因安国臣的告发而被捕。李倧占领昌德宫后，立刻派人向幽居在庆运宫的仁穆王后金氏告知政变之事，并准备仪仗接大妃出宫，但金氏一开始并没有同意。李倧撤去自身仪仗，骑马拴着李珲，以这样

---

① 《朝鲜光海君日记》（中草本）卷三十三，光海七年闰八月十四日；《朝鲜光海君日记》（中草本）卷三十四，光海七年十一月初十日。

② 金时让：《荷潭破寂录》。

李贵肖像，韩国国立中央博物馆藏品

的形式入见金氏。极度憎恨李珲的金氏这才同意下令让李倧入承大统。李倧以奉大妃之命的名义在庆运宫即位，将废王李珲流放江华岛，并诛杀李尔瞻等大北派官员。[①] 这场政变就是"癸亥政变"，亦称"仁祖反正"。

政变之时，为颁布敕书而赴朝鲜的明朝推官孟养志正停留在凤山（今黄海北道凤山郡），他通过各种途径打听到了政变消息。按孟养志向天津巡抚毕自严的报告，李倧趁李珲生病之时，与心腹李贵等人以救火为名率军入宫，将李珲本人及子女、后宫妃嫔、亲信全部诛杀。李倧逼大妃下教旨，立自己为王，并历数李珲废母杀弟、搜刮百姓修建宫阙的罪恶。李倧还批判在 1619 年萨尔浒之战时，李珲让朝鲜将领观望胜败，最后投降后金的行为。接到报告的毕自严并不认为李珲背叛明朝，在他看来，李珲对待明朝是"殚心竭力"，朝鲜大妃的教令不过是"欲加之罪，何患无辞"。毕自严既不同意讨伐朝鲜，也不同意立刻册封李倧，而是主张要等李倧派兵帮助明军剿杀后金取得战果后，才能正式册封他为朝鲜国王。[②] 此时李倧也派人向驻守在皮岛的明将毛文龙示好，拉拢他为自己辩护。毛文龙向明廷递交奏本，声称这场政变是对明朝忠心耿耿的李倧取代了私通后金的李珲。两种截然不同的说法点燃了明廷内部的论争火焰。御史田唯嘉认为必须讨伐李倧，而登莱巡抚袁可立与礼科都给事中成明枢赞同讨伐，但又强调不能立刻讨伐。南京御史王允成等人认为此事的关键在于搞清楚李珲是不是私通后金，若李珲确实私通后金，那李倧只要讨伐后金即可

---

① 《朝鲜仁祖实录》卷一，仁祖元年三月十三日。

② 毕自严：《朝鲜情形疏》，《石隐园藏稿》卷五。

洗去"擅立"的罪名。最后明廷决定让礼部、兵部会同毛文龙调查清楚情况，再做定夺。[①]与此同时，李倧也接连派使臣赴北京请封。明廷考虑到需要拉拢朝鲜抵抗后金的实际需要，加上毛文龙的后续报告与朝鲜上下推戴李倧为君的公文等礼法上的装饰文件均已到达北京，便同意正式册封李倧。[②]从册封恭圣王后时担心朝鲜倒向日本，到册封李倧时担心朝鲜私通后金，这样的变化也暗示后金在这数十年中一跃成为明朝的首要外部威胁。

　　李倧即位后，西人党人士大举登上政治舞台，部分小北派、南人党人士也获得了进入仕途的机会。西人党为长久把持政权，定下了"无失国婚，崇用山林"的方针。[③]即抓住与王室联姻的机会，重用山林宿德之士的策略。保持外戚身份，从而得以持续掌握权力自不必说，重用山林实际上表明当时士林政治已成为朝鲜政治运转的主要模式。西人党为长久执政，也试图将山林纳为己用。这是因为山林常常是特定地区或特定学派的领袖，他们可以通过门人学脉在地方上形成极强的政治势力，影响士林公论，进而影响中央政坛。此时，西人内部也因官职任命等政治路线的不同，产生功西与清西的分裂。所谓"功西"，即参与了政变，被册封功臣的西人，这以李贵、金鎏、元斗杓等人为首，是当时掌握政权的主要势力。所谓"清西"，即未参与政变的西人，他们以清论为武器，批判"功西"的跋扈专横，其代表人物有金尚宪

173

① 刘康祉：《议处朝鲜疏》，《识匡斋全集》卷九；《明熹宗实录》卷三十七，天启三年八月十九日。
② 《明熹宗实录》卷四十一，天启四年四月二十八日。
③ 李建昌：《党议通略》，仁祖朝，汉城：朝鲜光文会，1912年，第18页。山林指的是隐居在山谷林下的学德兼备、被朝廷征召的儒士。

（1570—1652）、金尚容（1561—1637）、尹煌（1571—1639）等人。

二、"丁卯之役"的爆发与后金·朝鲜关系的变化

执政的功西派人士因权臣间的矛盾爆发分裂，导火索是李适
与金鎏的冲突。此二人在"癸亥政变"当天就因由谁担任大将之
事产生了矛盾，政变后李适又因仅被册封为二等功臣，居于金鎏
之下而更加不满。1623 年夏季，为防备后金入侵，李倧任命李适
为副元帅兼平安兵使，这让他更加不快。李适认为该任命是明升
暗降，是金鎏唆使国王故意将自己调离首都，以削弱自己在中央
政坛的影响力。1624 年正月，李适与龟城巡边使韩明琏（？—
1624）等人举兵反叛。二月初，他们率军攻入汉阳。李倧提前获
知了进攻消息，离城逃亡。然而数日后李适的军队内部就发生叛
乱，李适与韩明琏在逃到利川（今京畿道利川市）时被手下叛将
杀死。[①] 这场变乱随即宣告终结。

韩明琏之子韩润及族人趁乱逃向后金，把朝鲜内乱的始末告
知努尔哈赤。韩润等人表示，李倧即位以来，朝鲜人心不服，李
适仅率三千人就攻破汉阳，建议努尔哈赤尽快出兵朝鲜，但努尔
哈赤未作明确表态。[②] 此时明廷也通过毛文龙的揭帖获知这场变乱
以及韩润入金的消息。[③] 韩氏一族投金后再未回到朝鲜，后随清军

---

① 金时让：《荷潭破寂录》；《朝鲜仁祖实录》卷四，仁祖二年正月二十九日。
② 中国第一历史档案馆编：《内阁藏本满文老档·太祖朝》第八函第六十四册，天命十
　年正月至三月，沈阳：辽宁出版社，2010 年。
③ 《明熹宗实录》卷六十六，天启五年十二月初四日。

174

入关。按后世清朝宗室昭梿（1776—1833）的记录，其府中就有韩明琏的后人。当时朝鲜已向清朝辩诬成功，抹去了《明史》中关于李倧篡位的记录。韩明琏后人明确告诉昭梿，李倧确实是篡位，他还把李珲囚禁在海岛中，用石灰毁去双眼。昭梿认为，明人所撰的《十六朝广汇纪》等书中关于朝鲜情况的记载并非没有根据。① 实际上，李珲确实被弄瞎双眼，并被移居济州岛。

17世纪20年代，大量辽民从后金控制的辽沈地区逃向毛文龙驻扎的皮岛以及朝鲜边境，对后金产生了严重威胁。② 后金与朝鲜因逃人等问题逐渐产生大量摩擦。皇太极即位后，对毛文龙与朝鲜接纳这些逃人极为不满，开始着手解决这一问题。不过皇太极的首要打击目标不是朝鲜而是毛文龙，其计划是"若朝鲜可取，顺便取之"。③ 这就构成了皇太极迅速发动"丁卯之役"的重要背景。

1627年正月初八日，阿敏、济尔哈朗、岳托等人率军南下。朝鲜军队一路溃散，纷纷弃城逃跑。二十六日，后金军占领空无一人的平壤城。听闻后金军入侵的消息后，李倧逃离汉阳，率领亲族及朝臣们躲入江华岛，派出晋昌君姜絪（1555—1634）带上礼物与金人和谈。④ 当时阿敏等人开出的条件是，朝鲜永绝明朝，与后金结成兄弟关系才能停战。后金方面派出萨尔浒战争时投降后金的朝鲜将领姜弘立（1560—1627）带着和议条件进入江华岛

----

① 昭梿：《啸亭杂录》卷十。
② 李孟衡：《从朝鲜、满洲间的逃人刷还问题看十七世纪东北亚国际秩序变迁》，台湾大学硕士学位论文，2015年，第82—83页。
③ 《内阁藏本满文老档·太宗朝》第一函第三册，天聪元年四月。
④ 《朝鲜仁祖实录》卷十五，仁祖五年二月初五日。

与李倧和谈。一直将明朝视为"君父之国"，视后金为"夷狄之国"的朝鲜显然无法轻易接受这样的条件。反对声浪在朝鲜内部不断蔓延，如司谏尹煌力主斥和，建议斩杀姜弘立等人。[1] 但李倧内心倾向以和议的形式迅速结束战争，便按后金方面的要求派宗室原昌君李玖赴金营和谈。金将岳托等人考虑到孤军深入朝鲜，万一蒙古或明朝来袭，留守军队难以应付，便同意尽快达成和议。但阿敏以未见朝鲜王城为由，执意继续进军。[2] 正如岳托的估计，听闻后金入侵朝鲜后，袁崇焕亲率军队行至义州，又派人马直捣沈阳附近。[3] 这给后金造成较大压力。三月初三日，岳托等人与李倧盟誓，讲定和议。[4] 而阿敏以未参与盟誓为由，令大军纵掠数日后才与朝鲜达成和议。按和议规定，朝鲜须按时向后金进贡，按对明使的礼节对待金使，刷还逃人等。[5] 从此，后金与朝鲜结为兄弟之国。

"丁卯之役"后，朝鲜对外危机意识高涨。李倧开始大量启用有外交经验，但因"癸亥政变"而失势的大北派人士，如多次赴金营谈判的朴兰英（？—1636），以及写下《建州闻见录》的李民寏（1573—1649）等人。但对后金来说，这次战争展示了自身的实力。以此为契机，后金加快了将朝鲜纳入自身封贡体系的步伐，并试图改变朝鲜君臣将明朝视为"君父之国"的意识。此外，后

[1] 《朝鲜仁祖实录》卷十五，仁祖五年二月十六日。
[2] 《内阁藏本满文老档·太宗朝》第一函第四册，天聪元年四月。
[3] 《兵部题督师袁崇焕塘报》，"中研院"史语所编：《明清史料》乙编第一本，南京：商务印书馆，1936年。
[4] 《朝鲜仁祖实录》卷十五，仁祖五年三月初三日。
[5] 《清太宗实录》卷二，天聪元年三月十八日。

金还因此次战役获得大量物资，并利用与朝鲜的定期开市，确保了持续的物资供应。① 不过，"丁卯之役"只是暂时缓和了朝鲜与后金之间的矛盾。随着后金势力的膨胀与明军在对金作战的节节败退，夹在中间的朝鲜则愈来愈难以在维持与明朝的"君父—臣子"关系的同时，平衡好与后金的"兄弟"关系。

三、丙子之役与清鲜封贡关系的建立

1636 年，皇太极正式称帝，改国号为"大清"。为了夸示自己是统合满、蒙、汉的"帝国之君"，皇太极迫切需要得到明朝最忠顺的属国——朝鲜的承认。同时，皇太极此时也需要让朝鲜彻底臣服，这样才能为日后征伐明朝解除后顾之忧。该年二月，英俄尔岱（朝鲜史料记为"龙骨大"）等人以吊李倧之妻韩氏（仁烈王后，1594—1635）丧事为名，带着满蒙王公提议与李倧一起拥戴皇太极为帝并上尊号的书信到达朝鲜。然而李倧拒绝接见英俄尔岱等人，还令士兵严格看守他们居所。英俄尔岱等人感到情况有变后夺马逃出汉阳，并在归途中夺取了李倧派人送给边境将领的书信。书信的内容是要求边将们强化边境守备，严防外敌入侵，并坦陈丁卯年是不得已才与后金达成和议。见到书信的皇太极得知朝鲜心意已变。虽然其他大臣建议立刻发兵进攻朝鲜，但尚未准备充足的皇太极并不同意立刻出兵。②

四月，皇太极举行称帝朝贺仪式，但朝鲜春信使罗德宪与回

---

① ［韩］韩明基：《丁卯・丙子胡乱与东亚》，首尔：蓝色历史，2009 年，第 58—81 页。
② 《内阁藏本满文老档・太宗朝》第十一函第二册，崇德元年二月；第六册崇德元年三月。

答使李廓拒绝向皇太极叩头行礼，惹怒了皇太极。但皇太极最终赦免了他们，让他们带着清朝国书返回朝鲜。罗德宪与李廓到达边境通远堡时向驻守清人表示，该国书是对朝鲜的侮辱，所以无法接受，只得将国书留在借宿人家。[①]之后数月，朝鲜又因人参贸易之事与清朝多次产生矛盾。在清朝看来，朝鲜的这些行为违背了"丁卯之役"后两国订立的盟约。

十二月初一日，皇太极正式下令进攻朝鲜，令多尔衮、豪格率领满洲、蒙古大军南下，又遣马福塔等率领三百人的先遣部队直赴汉阳，"丙子之役"爆发。清军在朝鲜境内势如破竹，主力军在十四日已过平壤，马福塔等人于同日抵达汉阳。马福塔等人在城外见到了吏曹判书崔鸣吉与都承旨李景稷（1577—1640）。崔李二人以需要时间转告国王为由敷衍清军，为李倧逃难争取时间。[②]此日李倧定下逃难之计，并任命金鎏之子金庆徵（1589—1637）为检察使护送宫廷女眷等人前去江华岛。傍晚，李倧从南大门仓皇出逃，半夜抵达南汉山城（今属京畿道广州市）。[③]他原计划逃入江华岛，但因冰路难行，且清人已经切断前往江华岛的去路，只得避入南汉山城。而后崔鸣吉带回了清人的讲和条件，即"以王弟及大臣为质"。李倧不愿真的派遣亲弟，但又不敢得罪清人，只好派出宗室绫封守李俌假冒王弟与刑曹判书沈諿（1569—1644）前往清营谈判。但清人识破假冒王弟之事，并更改了谈判条件，要求朝鲜"出送世子，然后方可议和"。[④]

---

① 《内阁藏本满文老档·太宗朝》第十二函第八册，崇德元年四月。

② 《内阁藏本满文老档·太宗朝》第十六函第三十八册，崇德元年十二月。

③ 《朝鲜仁祖实录》卷三十三，仁祖十四年十二月十四日。

④ 《朝鲜仁祖实录》卷三十三，仁祖十四年十二月十五日、十六日。

南汉山城行宫正门，笔者摄

　　李倧令大臣们商议对策，金鎏、洪瑞凤（1572—1645）、金荩国（1572—1657）、崔鸣吉等备边司堂上表示可以考虑送世子为质，礼曹判书金尚宪与言官们反对议和，认为送世子为质是"亡国之言"。主和派与斥和派尖锐对立，一时之间李倧也难以做出决定。面对清人的大军围城，金鎏等人再次强调："事已急矣，不可不请和。"李倧哭泣道："三百年血诚事大，受恩深重，而一朝将为臣妾于雠虏，岂不痛哉？"①明朝与朝鲜的关系，不仅是君臣关系，更是父子关系。壬辰战争期间明朝对朝鲜的援助，即所谓的"再造之恩"，更进一步加强化了朝鲜王权正统性对明朝的依存度。且李倧推翻李珲政权的一大名分就是李珲背弃明朝而与后金

---

① 《朝鲜仁祖实录》卷三十三，仁祖十四年十二月十七日。

私相往来，如果李倧断绝与明的关系而奉清朝为正朔，这实际就是否定自身的合法性。十二月二十四日，正逢崇祯帝朱由检生日，李倧依然按惯例率百官在南汉山城行圣节望阙礼。[①]但守城不出也不是长久之计，时值冬日，城中积粮很快耗尽，人马相继冻死饿死。[②]面对如此困境，对朝鲜君臣来说，与清人议和才是最现实选择。

十二月二十九日，百余名清军骑兵进攻山城北门。负责朝鲜军事防卫的都体察使金鎏下令追击清军，并令裨将柳瑚斩杀后退的士兵。他本人却一直待在城楼上，坚决不肯下城。在金鎏的指挥下，朝鲜军队不得放炮发箭，瞬息之间就被清军击败。最后朝鲜死亡近二百人，而清兵只死亡两人。[③]到该月月底，清军已数次击败其他地方前来勤王的朝鲜援兵，将南汉山城围成一座孤城。同时皇太极本人也率军抵达南汉山城附近，督促李倧尽快投降。[④]此时的朝鲜君臣，已经外无援兵，内无存粮。

1637年正月中旬，南汉山城中的情况愈加恶化。既然已无外援的希望，城内之人为死里求生，相继逃亡。此前气势腾腾的主战派官员们，现在也无话可说。[⑤]曾在"丁卯之役"时坚决斥和的尹煌也改变了立场，上疏说自己是"妄陈斥和之说"。[⑥]他因病无法出门，每天傍晚问儿子尹文举："今日和事何如？"尹文举以清

---

① 《朝鲜仁祖实录》卷三十三，仁祖十四年十二月二十四日。

② 南礵：《丙丁日记》，十二月二十二日。

③ 南礵：《丙丁日记》，十二月二十九日。

④ 《内阁藏本满文老档·太宗朝》第十六函第三十八册，崇德元年十二月。

⑤ 南礵：《丙丁日记》，正月十二日。

⑥ 《朝鲜仁祖实录》卷三十四，仁祖十五年正月二十三日。

人不肯和议回答，尹煌叹道："人将尽死矣。"[①]尹煌的事例也说明，在当时的情况下，向皇太极求和才是唯一出路。

与此同时，清军占领了江华岛，俘虏了在此避难的后宫妃嫔及世子嫔、大君、宗室、官员等。[②]自从耿仲明、尚可喜等明军将领带领水军以及红衣大炮投降清军后，清军的水战能力有了显著提高，江华岛已无法防备清军。此外，负责防御的检察使金庆徵、李敏求（1589—1670）等人的失职也是清军得以迅速登岛的原因之一。金庆徵等人到江华岛后，认为清军不可能飞渡上岛，每天喝酒取乐。金庆徵作诗自夸："父为体察使，儿为检察使。为国办事者，非我谁家欤？"战争结束后，金庆徵被赐死。[③]

正月十八日，朝鲜已然决定撰写正式国书向清求和。金尚宪在备边司见到崔鸣吉改写的称皇太极为"陛下"的国书后，撕裂国书并大声痛哭，质问崔鸣吉为何要做这种事。崔鸣吉以"盖出于不得已"回答。兵曹判书李圣求（1584—1644）嘲笑金尚宪："台鉴虽得后世重名，奈吾君宗社何？"金尚宪表示："我有一死而已，台鉴何不缚我出给耶？"当时清人向朝鲜索要斥和派大臣，金尚宪这是在讥讽崔鸣吉等人，让他们干脆将自己绑送清营。崔鸣吉嘲笑道："台鉴裂之，吾辈拾之。"便将撕裂的国书再次拾起，重新补缀好。[④]金尚宪求见李倧，反对送这样的国书求和。李倧表示理解金尚宪的心情，但仍坚持和议。[⑤]金尚宪是朝鲜有名的斥

---

① 南礏：《丙丁日记》，正月十九日。

② 《清太宗实录》卷三十三，崇德二年正月二十三日。

③ 《朝鲜仁祖实录》卷三十五，仁祖十五年九月二十一日；南礏：《丙丁日记》，附录。

④ 南礏：《丙丁日记》，正月十八日。

⑤ 《承政院日记》第55册，仁祖十五年正月十八日。

和派，强调崇明义理，对明朝可以说是心悦诚服。他曾于1626年出使明朝，在登州时听到明军中的击柝声音而作诗云："击柝复击柝，夜长不得息。何人寒无衣，何卒饥不食？万家各安室，独向城上宿。岂是亲与爱，亦非相知识。自然同袍义，使我心肝恻。"[1]诗中可见其将明朝兵卒视为同胞一家的心情。

李倧在国书里表示接受清朝提出的要求，但希望能免去出城受降这一项。在他看来，如果让朝鲜百官与民众目睹自己投降清朝的模样，那必然不愿意再推戴自己为国王，所以希望皇太极能理解这一点。[2]然而皇太极拒绝了该请求。正月三十日，李倧身着蓝衣（表示臣子身份，以示臣服之意），尽去仪仗，从西门出城投降。皇太极在麻田浦（又名三田渡，今属首尔市松坡区）接受了李倧率世子与百官所行的三跪九叩头礼。完成各项仪式后，皇太极允许李倧乘船回城。被清军俘虏的上万名朝鲜人目睹这一切后大哭："吾君！吾君！舍我而去乎？"[3]按两国达成的协议，朝鲜从此停止使用明朝年号，断绝与明朝的往来，并上缴明朝赐予的诰命册印；以世子、王子及重臣子弟为质，送去沈阳；奉清朝为正朔，使用清朝年号；逢年过节按明时旧例派遣使臣前往沈阳；派遣军队支援清朝攻打明朝；禁止朝鲜擅自筑城；刷还逃人；按原样维持与日本的贸易等。[4]至此，明朝与朝鲜之间二百多年的封贡关系正式结束，清朝成为朝鲜新的册封国。

182

---

① 金尚宪：《登州夜坐闻击柝》，《清阴集》卷九。
② 《清太宗实录》卷三十三，崇德二年正月二十日。
③ 《承政院日记》第55册，仁祖十五年正月三十日。
④ 《清太宗实录》卷三十三，崇德二年正月二十八日。

但朝鲜内部斥和反清势力依然强大。如金尚宪试图上吊自杀，而被儿子救下，免于一死。吏曹参判郑蕴（1569—1641）用佩刀刺腹，血流满衣衾而不至于死。[①] 金尚宪也没有参加投降仪式，而是偷偷溜出南汉山城，躲避向皇太极行礼。清朝方面意识到了这个问题，在谈判之时就要求朝鲜将斥和官员缚送清营。朝鲜方面只得交出后世所谓的"斥和三学士"，即平壤庶尹洪翼汉（1624年出使明朝）、弘文馆校理尹集、吴达济三人。这三人后被押送沈阳处斩。[②] 其实这三人的官职并不高，远非朝鲜的决策层，朝鲜只不过是用低阶官员来搪塞清朝。

"丙子之役"爆发的消息传到北京后，崇祯帝朱由检指示总兵陈洪范等人相机援助朝鲜，但明军尚未出发，李倧已经出城投降清朝。[③] 当时朝鲜人并不知道朱由检打算援助朝鲜，直到英祖李昑时，通过从北京购入的《明史》，朝鲜君臣才知道了所谓的"东援之恩"。李昑感慨道："试思崇祯时景象，清兵满辽阳，流贼遍中原。然犹欲涉海出师，远救属国。中夜念此，不觉泪下。"[④] 然而这一切已是"丙子之役"百余年后的1749年的事情了。

四、"丙子之役"后清鲜关系的变化

"丙子之役"后，朝鲜在清朝的强烈要求下建造了大清皇帝功

---

① 《朝鲜仁祖实录》卷三十四，仁祖十五年正月二十八日。
② 《朝鲜仁祖实录》卷三十四，仁祖十五年三月初五日。
③ 《崇祯实录》，崇祯十年三月十二日。
④ 《朝鲜英祖实录》卷六十九，英祖二十五年三月初二日。

德碑（又名三田渡碑，现立于首尔市蚕室站附近），其碑文以感恩清朝保存朝鲜宗社的立场记载了整场战争与和议的始末。碑文末尾云："有石巍然，大江之头。万载三韩，皇帝之赐。"[1] 即强调朝鲜宗社能保存下来都是皇太极的恩赐。皇太极本人也多次向李倧强调这一点，甚至以"再造之恩"一词来形容自己对朝鲜的举动。[2] 这个词本来是朝鲜用来表达在壬辰战争中受到明朝援助的感恩之情，清朝方面使用"再造之恩"来提醒朝鲜，实际上也暗含了清朝急于取代明朝，成为让朝鲜心服口服的册封国的心情。

然而，朝鲜内部的反清情绪反而愈演愈烈。正如李倧之前担心的一样，"丙子之役"后，他的王权正统性遭到极大打击，出现了"朝廷以士夫之退在山野者，谓之耻事污君；儒臣之不肯赴举者，谓之耻入小朝"的情况。[3] 在当时人眼中，李倧是背叛了明朝的"污君"，而他的朝廷不过是受清人操控的傀儡"小朝"。李倧以"背明通金"为由来推翻李珲政权的名分，到此时已完全丧失。愤怒的李倧迁怒于斥和派，认为都是斥和派的"节节误国"导致了这样的局面。[4] 与之同时，清朝还以令李倧前往沈阳的"入朝论"与让昭显世子李浧（1623—1645）继位的"王位交替论"来逼迫李倧按清朝的要求行事。为保存王位，李倧采取了用积极的"亲清"行动来解决国内外政治危机的办法。在李倧的主导下，崔鸣吉等主和派在战后得到重用，而斥和派则多被贬斥。[5] 李倧本人

---

① 《清太宗实录》卷四十九，崇德四年十二月二十八日。

② 《清太宗实录》卷三十三，崇德二年正月二十八日。

③ 《承政院日记》第 60 册，仁祖十五年八月十二日。

④ 《朝鲜仁祖实录》卷三十八，仁祖十七年二月初七日。

⑤ [韩] 韩明基：《丁卯·丙子胡乱与东亚》，首尔：蓝色历史，2009 年，第 193—206 页。

大清皇帝功德碑，笔者摄

亦迎合清朝的说法，上表文称正是皇太极的"再造之恩"使自己"无身而有身"，使朝鲜"无国而有国"。①

虽然金尚宪与崔鸣吉之间存在"斥和"与"主和"的路线之争，但在内心奉明朝为正朔这一点上，二人并无显著差异，只不过在政治实践方法上有所不同。金尚宪在"丙子之役"后仍坚持"斥和"与"崇明"，断绝出仕之意，被清人得知斥和事迹后押送沈阳。②崔鸣吉与平安兵使林庆业（1594—1646）等人谋划，派遣僧人独步偷偷给明朝送信，将朝鲜不得已臣服于清朝的始末告知明廷。③接到报告的明廷派出副总兵王武纬前去朝鲜沿海海岛等地调查情况。回国后的王武纬上奏建议明廷屯田于朝鲜沿海，并与朝鲜联合攻打清朝。④此事还未得实行，清朝方面就已获知消息。李倧闻之大惧，向皇太极报告称崔鸣吉等人自作主张与明朝私书往来。崔鸣吉等人被押送沈阳，但林庆业在中途逃走。⑤皇太极此前已对林庆业非常不满。1640年锦州之战前，李倧令林庆业派出水军援助清朝，但朝鲜水军与明军作战时，消极迎战，退避不前。这引得皇太极拿出李倧的话指责林庆业是故意作战不力，因为当年李倧在麻田浦投降时曾向皇太极表示："本国舟楫坚固，利于对敌。明人之船柔脆，不能当也。"⑥到了1645年，清军在明朝军营

① 《清太宗实录》卷五十，崇德五年正月三十日。
② 《朝鲜仁祖实录》卷四十二，仁祖十九年正月十二日。
③ 《朝鲜仁祖实录》卷四十二，仁祖十九年八月二十五日。
④ 《宣谕朝鲜副总兵王武纬塘报》，《兵部题行御前发下宣谕朝鲜副总兵王武纬奏稿》，中研院史语所编：《明清史料》乙编第四本。
⑤ 《清太宗实录》卷六十三，崇德七年十月十六日。
⑥ 《清太宗实录》卷五十二，崇德五年六月十八日。

林庆业肖像，韩国国立中央博物馆藏品

内抓获了林庆业，后应朝鲜的要求将其送回朝鲜。林庆业回国后于 1646 年死于杖杀。

李倧露骨的亲清行为在朝鲜内部引发了强烈反弹。1643 年秋，大司谏俞伯曾（1587—1646）上疏批判李倧称："天灾时变，比光海尤多。年岁凶歉，比光海尤甚。人心怨侮，比光海尤极。三度兵祸，光海之所无。"俞伯曾接着反问："如此则初何用举义为哉？"[①]全面质疑李倧政权的合法性。连当初参与癸亥政变，后一直追随李倧的沈器远此时也发生了动摇。1644 年春，沈器远被人告发与前水使李一元（1575—1644）等人谋划推翻李倧，推戴宗室怀恩君李德仁为王。按沈器远的供述，他推翻李倧政权的目的在于扶植纲常。[②]所谓的"纲常"，即"尊明"。也就是说不向明朝尽忠的李倧，已经不配再担任朝鲜国王。亲清行为对李倧政权合法性产生的冲击由此可见一斑。

1643 年，顺治帝福临即位，不久清军入关占领北京城。占领中原的清朝无需再依靠朝鲜获取战略物资，也无需考虑朝鲜这个后顾之忧，于是改变了对朝鲜的高压政策，而改用怀柔方针。福临下令减免朝鲜贡物，放昭显世子李浧与凤林大君李淏（孝宗，1649—1659 年在位），以及金尚宪、崔鸣吉等人归国，也不再要求朝鲜刷还逃人等。[③]如何重建政权的合法性，并应对清人的柔性攻势，成为接下来的朝鲜国王们需要直面的难题。

---

① 《承政院日记》第 86 册，仁祖二十一年九月二十六日。

② 《承政院日记》第 87 册，仁祖二十二年三月二十一日。

③ 《清世祖实录》卷二，崇德八年九月十五日。

韩剧韩影指南：《华政》《双面君王》《南汉山城》《宫中残酷史：花的战争》《三剑客》《推奴》

　　"丁卯之役"前后，主动归附后金或被掳至后金的朝鲜人并不少。其中较为出名的有义州金氏一族。按清朝方面的记录，金氏的祖先辛达礼（也作"新达理"）在后金进攻义州时主动归附后金，但后世朝鲜的记录则说辛达礼是被掳去后金。无论实际情况到底如何，辛达礼的入金，开启了金氏一族的飞黄腾达之路。辛达礼后来被编入正黄旗包衣旗下，其后人世代管理正黄旗中的第二高丽佐领。金氏一族在康雍乾三代的政坛上尤其活跃，如官至总管内务府大臣的金常明，曾任工部尚书并参与《四库全书》编纂工作的金简以及担任过兵部侍郎的金辉。该族的著名人物还有金简的妹妹（1713—1755），她是乾隆帝的淑嘉皇贵妃，也是永珹、永璇、永瑆三位皇子的生母。因与皇室的婚姻关系，嘉庆帝即位后将金氏一族从包衣旗抬旗为正黄旗满洲旗，并赐姓"金佳"。

第九章 换局的时代

孝宗至肃宗时期的政局分裂

所谓"换局"，指的是短时间内政局发生交替，执政势力为之一改的政治现象。进入 17 世纪下半期后，西人与南人间的政治斗争日益尖锐化，互相视对方为仇敌。试图强化王权的国王们利用党派间的矛盾，采用"换局"的手段迫使党派们为国王所用，从而压制臣权。肃宗李焞在位期间，就出现了四次换局。

一、山林的政界进出与"北伐论"

李倧在昭显世子李淐入质沈阳的这八年间，与他的父子之情越来越淡。李淐夹在清朝与本国之间，动辄得咎。清人又时常威胁将以李淐取代李倧，这进一步加剧了李倧对李淐的不满。李淐在沈阳时已常常生病，回到朝鲜后，疾病加重，没几天就去世了。根据参与敛衾的人所见，李淐尸体全黑，七窍流血。[①] 而李倧并未表现出伤心，也未立李淐之子为世孙，反而将次子李淏立为世子。不久李倧又以（李淐的正妻）姜氏（愍怀嫔，1611—1646）"埋凶

---

① 《朝鲜仁祖实录》卷四十六，仁祖二十三年六月二十七日。

诅咒"自己，在沈阳时"潜图易位"为由，赐死姜氏及其大部分子女。① 李倧的这些反常举动，为坊间传出昭显世子李淐是被人故意毒死的流言留下了话柄。

1649 年，李倧去世，世子李淏即位，是为孝宗。李淏即位之时，功西派因迎合李倧后期的亲清路线，权力大增，成为李淏强化王权的障碍。"亲清"虽是朝鲜维持宗社的无奈选择，但在朝鲜内部，这样的行为含有极高的政治风险。抛弃"君父之国"的明朝，而臣服于"夷狄之国"的清朝，做出这样选择的国王在已高度儒教化的朝鲜国内很可能沦为一个"不忠不孝"的存在，成为唾弃的对象。对于即位初期权力基础薄弱的李淏来说，想要强化王权的话，必须要证明自己忠孝兼备，是合适的国王人选。当时朝鲜朝野普遍厌恶清朝，李淏亦曾随长兄李淐人质沈阳，数年艰苦的人质生活造成他在私人感情上也极其反感清朝。而高举"崇明反清"旗帜有利于扩大自己的支持层，从而有效牵制功西派。于是李淏迎合西人派标榜的"崇用山林"路线，开始大举启用鼓吹"北伐"，并在朝野拥有巨大影响力的山林，如金集（1574—1656）、宋时烈（1607—1689）、宋浚吉（1606—1672）等人。② 宋时烈与宋浚吉同在朝鲜理学大师金长生（1548—1631）与金集父子门下受学，被合称为"两宋"。

山林们入朝后，西人党再次发生分裂。此时功西派分为以金自点（洛兴府院君）为首的洛党与元斗杓（原平府院君）为首的原党；而清西派则分为汉党与山党。汉党以世居汉阳的京华世族

---

① 《朝鲜仁祖实录》卷五十，《仁祖大王行状》。
② 《朝鲜孝宗实录》卷一，孝宗即位年五月十四日。

宋时烈肖像，韩国国立中央博物馆藏品

们组成，领袖是金堉（1580—1658）；山党以地方出身的儒士组成，代表人物是金集与"两宋"。山党们以营私贪腐为由弹劾金自点、元斗杓，二人未几都被罢职。[①]金自点被罢免后，暗暗与清朝通信，告知清朝李淏斥退旧臣，启用山林是为了进攻清朝。清朝立刻派人前赴朝鲜调查情况。[②]在领议政李景奭（1595—1671）的斡旋下，清朝并未进一步追责朝鲜。[③]金自点因此被李淏清算，洛党自此没落。

山党入朝后，与汉党也产生了冲突，争论的焦点之一是"大同法"的推广问题。朝鲜的租税制度与隋唐的租庸调制类似，除田租与徭役外，还向各地征收一定量的特产当作贡物。但随着时间流逝，出现了贡物可能并非当地所产，需要从他地购入的情况，即"防纳"[④]现象越来越普遍，并出现了以此为业的"防纳人"。为减少防纳给民众造成的负担，早在16世纪60年代，忠清道部分地区曾采取以米缴纳贡物的办法，即"贡物作米"。[⑤]1608年，光海君李珲下令在京畿道地区实行贡物作米，并设置宣惠厅管理该事，[⑥]这就是大同法的前身。所谓"大同"，即统一用米或布缴纳贡物。李淏即位伊始，金堉就建议在全国推广大同法，但遭到金集等山党的坚决反对。金集等人认为不应改变祖宗朝以来的成例。

---

① 《朝鲜孝宗实录》卷一，孝宗即位年六月十六日；《朝鲜孝宗实录》卷二，孝宗即位年九月十三日。

② 《朝鲜孝宗实录》卷一，孝宗即位年六月二十二日。

③ 《朝鲜孝宗实录》卷三，孝宗元年三月初四日。

④ 防纳：指替人缴纳贡物，并获得多余利润的行为。

⑤ 《朝鲜明宗实录》卷二十八，明宗十七年七月二十八日。

⑥ 《朝鲜光海君日记》（中草本）卷二，光海即位年五月初七日。

李淏采取了折中方式，即先在忠清道地区实行大同法。① 与金堉的政争失败后，宋时烈等人离开汉阳，重回山野。后来大同法的实施范围不断扩大，到18世纪初的时候扩展到整个朝鲜八道。

李淏在位期间最重要的政治口号即"北伐"，讨伐的目标就是清朝。他曾作诗表达自己的理想，诗云："我愿长驱百万兵，秋风雄阵九连城。指挥蹴踏天骄子，歌舞归来白玉京。"② 九连城在今丹东附近，是进攻清朝的必经之地。为实现北伐，李淏暗暗扩大军备、训练士兵，并重用武将李浣（1602—1674）。一时间，朝野上下都在呼喊"北伐"，仿佛"北伐"从口号变成事实不过是时间问题。但哪怕是与宋时烈同属西人党的领议政郑太和（1602—1673），内心也很清楚北伐只是口号罢了。郑太和认为，宋时烈明知北伐是不可能之事，但他"只为高名发此虚声"，自己如果不赞同的话，会被他反将一军，说成是"我欲伸大义，首相持难不能为也"，所以不得不迎合宋时烈。③ 可见"北伐"虽然没有实际操作性，但在当时的朝鲜朝廷却是不能质疑的"政治正确"。宋时烈等人可以利用"北伐"口号，强化自身在中央政坛的立足基础。

然而李淏训练的军队尚未北伐，就被清朝两次征召，投入到征伐俄国的战争中。这两次战斗即所谓的"罗禅征伐"。第一次是在1654年，朝鲜派出主要由鸟铳手组成的150余人。第二次是在1659年，共派出260余人。与之前强烈抵制助兵攻明的清朝命

---

① 《朝鲜孝宗实录》卷三，孝宗元年正月十三日；《朝鲜孝宗实录》卷七，孝宗二年八月二十四日。

② 李淏：《失题》，收入列圣御制撰集厅编：《列圣御制》卷八。

③ 罗良佐：《明村杂录》。

令不同，朝鲜内部几乎未有多少反对之声就即刻同意了清朝的这两次要求。在朝鲜看来，出征的对象并非明朝，而是另一个"夷狄之国"——俄国，所以心理负担相对较低，且俄国的势力不断东扩，亦可能对朝鲜产生威胁。此外，在清朝主导的封贡体制下，朝鲜在现实上也没有多少跟清朝讨价还价的余地。但在北伐尚未成功的情况下，接受清朝的指挥，帮助清朝出征对当时朝鲜人来说并非一件值得广而告之的事情。值得注意的是，到了 18 世纪之后，朝鲜开始大书特书"罗禅征伐"中本国的作用。"罗禅征伐"从此成为朝鲜消除自身臣服于清朝的羞耻感，以及因现实中无法实现北伐而产生的自愧感的绝好素材。①

1658 年九月初，金堉去世。同月中旬，宋时烈重归中央政坛，任吏曹判书。回归后的宋时烈颇为李淏所器重，建议亦多被采纳。1659 年三月十一日，李淏斥退其他官员，与宋时烈在熙政堂进行了一场单独谈话，这就是所谓的"幄对说话"。按惯例，朝鲜国王身边随时都有承旨或注书等史官跟随，话语与举动都会被记录下来，撇开史官单独召见大臣的情况极为罕见，这也暗示这场"幄对说话"的内容不便被当时人所知。按宋时烈次日的回忆，他们谈论的主要是"北伐"问题。李淏向宋时烈表示，顺治帝福临沉湎酒色，清朝的国运即将耗尽。朝鲜应该扩充军队，然后伺机进攻清朝，并与中原的反清人士形成里应外合的局势。李淏希望宋时烈能助其北伐，并计划以十年为期达成这个目标。但宋时烈对李淏的计划表现出消极态度，他以养兵与养民会有矛盾为由，

---

① ［韩］桂胜范：《朝鲜时代海外派兵与韩中关系：朝鲜支配层的中国认识》，首尔：蓝色历史，2009 年，第 255—275 页。

劝说李淏先做到"一切勿为浪用"与"立纲纪"。[①] "幄对说话"后的第二年春天，李淏突然去世，北伐计划亦随之化作梦幻泡影。纵观李淏一朝，"北伐"口号虽然响彻朝鲜朝廷，但从未付诸实施。从战后政权重建的角度来看，该口号的出现，也是朝鲜被迫臣服清朝后，重建执政名分的必要尝试。李淏通过这一口号，向朝臣与民众展现出这样的姿态，即本政权仍然忠于明朝，自己是忠孝兼备的朝鲜国王。无论北伐计划是否实现，但他利用这样的口号足以获得让朝鲜官员、民众继续向自己效忠的名分。

二、西南对立与两次"礼讼"

17 世纪以来，朝鲜的儒教化程度逐渐加深，对于儒教礼制也愈发看重。在这样的历史背景下，出现了两次因礼制论争而引发的政局变动。对此时的朝鲜来说，礼制问题绝不是孤立的学术问题，而是与党争密切相关的政治问题。李淏去世后，世子李棩即位，是为显宗（1659—1674 年在位）。李棩在 1641 年出生于沈阳，也是朝鲜王朝历史上唯一一位出生于外国的国王。李棩即位之时，李倧的继妻赵氏（庄烈王后，1624—1688），即李棩法统上的祖母尚在人世，朝中官员就庄烈王后该为李淏穿怎样的丧服展开论争，这就是"己亥礼讼"。

宋时烈据中国的礼书判断："以为庶子承重，则不服三年。以古礼言之，次适亦庶子也。"即李淏以次子即位，嫡母庄烈王后不

---

① 宋时烈：《幄对说话》，《宋子大全》拾遗卷七。

应为非长子的李淏穿三年的丧服，而应穿一年服。汉党系的领议政郑太和赞同一年服，但他的理由是朝鲜的国制，即"父母为子，不分长次，皆服朞者"。宋时烈表示赞同，并补充："《大明律》服制条亦载此制"。所以最终确定下来庄烈王后为李淏穿一年的丧服。①

南人党的尹鑴（1617—1680）与许穆（1595—1682）反对宋时烈的主张，理由是汉朝郑玄所注的《仪礼》，即"第一子死也，则取嫡妻所生第二长者立之，亦名长子"。南人党就此认为李淏既然继承了大统，那就是嫡长子，庄烈王后应按嫡长子的规格为李淏穿三年的丧服。接到许穆上疏后，李棩下令礼曹再议礼制。②宋时烈与宋浚吉仍坚持齐衰说，并表示礼书中所谓的庶子是指除嫡长子以外的众子，并非许穆所谓的"妾子"。如果按许穆的说法，那嫡子相继死亡，父母就需不断服三年丧，这显然不是先贤制定礼法的本意。他们还进一步补充，昭显世子李溰去世时，李景奭等人建议仁祖李倧与庄烈王后赵氏为嫡长子李溰穿三年的丧服，但李倧以"我朝无行三年之服者"为由拒绝了该建议。宋时烈与宋浚吉就此认为，庄烈王后应为李溰穿三年丧服，而非李淏。③总之，西人党与南人党的争论焦点是，古礼中的"庶子"指的是"众子"还是"妾子"，以及李淏能不能算作李倧的嫡长子。南人党的尹善道（1587—1671）继续上疏支持许穆等人，导致争论进一步白热化，并引发西人党的强烈反弹。郑太和也表示自己当初

---

① 《朝鲜显宗实录》卷一，显宗即位年五月初五日。

② 《朝鲜显宗实录》卷二，显宗元年三月十六日。

③ 《朝鲜显宗实录》卷二，显宗元年四月十二日；四月十六日。

是按国制定下一年服，并未多考虑古礼。① 在西人党掌握国政的情况下，刚刚即位的李棩下令流放尹善道，"己亥礼讼"以西人党的胜利而告终。

虽然汉党与山党在"己亥礼讼"时均反对南人党的立场，但在 1663 年接待清使问题上，双方也存在矛盾。事情的起因是山党系的修撰金万均（金长生的曾孙）以祖母在"丙子之役"时殉节于江华岛为由，拒绝参与接待清使，请求辞职。汉党系的右承旨徐必远（1614—1671）认为，按之前的惯例，如果父母死于与清人的战争中，可以允许辞职。但如果同意金万均为祖母辞职，那就是把"私情"放在"公义"之上，如此一来满朝文武就没有几人会为国家办事了。李棩赞同徐必远的意见，并令义禁府拷问金万均。② 此事引发了宋时烈的强烈不满，他上疏引用朱熹的"复仇者可尽五世"之说来支持金万均，并表示自己无法在这样的朝廷继续任职，向李棩请求辞职。③ 然而李棩支持徐必远。李棩认为，"公义"高于"私情"，在与清朝的交涉中，朝鲜并不能任意行动。如果清朝要求朝鲜派遣使节，那么"若不得已，则虽两宋，亦可往矣"。④ 即就算是宋时烈与宋浚吉也一样该为国家的"公义"服务。朝鲜国王虽标榜"崇明反清"的尊周大义，但在实际的外交操作中，现实利益仍是第一考量。

1674 年七月，李棩之母，也就是李淏正妻张氏（仁宣王后，

---

① 《朝鲜显宗实录》卷二，显宗元年四月十八日；四月二十三日。

② 《朝鲜显宗实录》卷七，显宗四年十一月初六日；初九日。

③ 《朝鲜显宗实录》卷七，显宗五年正月二十日。

④ 《朝鲜显宗实录》卷八，显宗五年六月初三日。

1618—1674）去世。庄烈王后该为儿媳穿怎样的丧服再次引发争论，即"甲寅礼讼"。礼曹按之前"己亥礼讼"的结果，给庄烈王后定下了大功服（九个月）。[①] 然而五个月后，大邱儒生都慎徵上疏称，按古代礼制，庄烈王后应该为长媳服齐衰（一年）而非大功服。[②] 都慎徵实际支持的是"己亥礼讼"时南人党的观点，将李淏夫妇看作是李倧的长子与长媳。这封上疏立刻引发西人党的反弹，西人系的领议政金寿兴（1626—1690）、户曹判书闵维重（1620—1687）、兵曹判书金万基（1633—1687）等人表示虽然为长子穿三年丧服，为众子穿一年的丧服是古礼，但不分长、众，都穿一年丧服是朝鲜的国制，"己亥礼讼"时定下一年服的时候，考虑的不是长庶问题，而是根据国制。李棩不满这个解释，要求众臣重新商议丧服问题。[③] 此时的李棩已不是"己亥礼讼"时刚刚即位，权力基础薄弱的君王了。金寿兴等人的主张其实暗含李淏并非嫡长继承人之意，这显然也会对李棩的正统性产生冲击。汉党系的金锡胄（1634—1684）进一步向李棩表示，宋时烈是想把李淏认定为李倧的庶子，这让李棩大为光火。在李棩的直接介入下，庄烈王后的丧服由大功服改为齐衰服。随后李棩罢免了金寿兴等西人，并任命南人许积（1610—1680）为领议政。[④] 于是南人党上台掌握了政权。

金锡胄是金堉之孙，其父是金佐明。金锡胄所在的清风金氏

---

① 《朝鲜显宗实录》卷二十二，显宗十五年二月二十七日。

② 《朝鲜显宗实录》卷二十二，显宗十五年七月初六日。

③ 《朝鲜显宗实录》卷二十二，显宗十五年七月十三日。

④ 《朝鲜显宗实录》卷二十二，显宗十五年七月十七日；七月二十日；七月二十六日。

一族在金堉时代就与宋时烈等山党人士不睦。金锡胄的堂妹金氏（明圣王后，1642—1683）嫁给李棩为妻后，清风金氏成为外戚。宋时烈等人以防范外戚为由，阻挠清风金氏一族担任清要职，进一步加剧了双方的矛盾。金锡胄在礼讼时反对宋时烈的意见，也有对宋时烈的素来不满的因素。在金锡胄、金佑明（金氏之父）的主导下，宋时烈一系的人士因"甲寅礼讼"遭到巨大政治打击。

三、换局政治的展开

"甲寅礼讼"结束后没多久，李棩去世，世子李焞即位，是为肃宗（1674—1720 年在位）。李焞即位后，重用舅舅金锡胄，大举启用南人党人士，并将宋时烈等西人党人士逐出朝廷。这次政治变动亦被称为"甲寅换局"。

"甲寅换局"后，南人党独掌大权。但南人党内部也存在"清南"与"浊南"之分。"清南"以许穆、尹镌、尹善道等人为首；"浊南"则包括许积、权大运（1612—1699）、闵黯（1636—1694）、吴挺昌（1634—1680）等人。吴挺昌是李倧第三子麟坪大君李㴭（1622—1658，李焞的叔祖）的小舅子，也是当时与李焞血缘关系最近的三位宗亲，即"三福（福昌君李桢、福平君李㮓、福善君李柟）"的舅舅。明圣王后与清风金氏一族非常忌惮"三福"。因为李焞是独子，即位时不过十四岁，万一发生变故，王位就会落入"三福"手中。1675 年三月，金佑明告发福昌君李桢与宫女金常业有私情，而福平君李㮓又强奸了宫女贵礼。这就是

所谓的"红袖①之变"。许积、权大运等人一开始站在福昌君李桢
与福平君李棩一边，认为需与金佑明对质，调查清楚后才能处罚。
李焞下令召见金佑明，但金佑明不来，反而是明圣王后出现在李
焞召见许积等大臣的殿外。明圣王后边哭边讲述福昌君李桢等人
亵渎宫闱的事情，弄得许积等人极为尴尬。听完明圣王后的陈述
后，许积等人觉得没必要再召金佑明对质，建议李焞直接处罚李
桢等人。李焞决定将李桢等关联人士全部流放，但几个月后仍赦
免了他们。②清风金氏一族通过这次事件，打击了同为外戚的吴氏
一族，并部分削弱了南人党的势力。

  "庶孽禁锢法"的习俗到李焞一朝愈发严重。许积的庶子许坚
因为身份的限制，无法出任"清要职"，但又渴望出人头地，所以
结交福昌君李桢、福善君李枏等王室成员。这样一来，许坚与金
锡胄的关系开始出现裂痕。金锡胄令门客郑元老盯住许坚的动静，
希望能抓到他的把柄。郑元老发现许坚与李桢等人偷偷商议李焞
发生变故后该如何处理的事情，便告诉了金锡胄。③1680年三月
二十八日，金锡胄告变称许坚秘密推戴福善君李枏为王。④李焞接
到报告后大惊，深夜任命自己的岳父金万基担任训炼大将，以备
紧急事态。⑤随后郑元老等人又告变称许坚谋反，并附上许坚与李
枏的往来书信。⑥经过审问，许坚与李枏承认了谋反嫌疑，于是李

---

①　红袖：代指宫女。

②　《朝鲜肃宗实录》卷三，肃宗元年三月十四日；十五日。

③　李圭景：《四色缘起辨证说》，《五洲衍文长笺散稿》。

④　柳赫然：《庚申颠末大略》，《野堂遗稿》卷三。

⑤　《朝鲜肃宗实录》卷九，肃宗六年三月二十八日。

⑥　《朝鲜肃宗实录》卷九，肃宗六年四月初五日。

焞下令处死许坚、李桢、李柟等人，许积、尹镌、吴挺昌亦被牵连致死。经过这场事件，南人党遭到清洗，西人党得以重掌大权，这就是"庚申换局"。

"庚申换局"之后，西人党试图将南人党斩尽杀绝的政治动作仍在继续。1681 年的科举考试出现了空皮试卷，里面写的是十三个南人党家族的谋反事迹。李焞令金锡胄偷偷调查此事，于是金锡胄用重金资助武士金焕，让其与南人许玺、许瑛结交，以共同谋反试探他们，许玺与许瑛果然中计。金锡胄又命金焕密察南人柳命坚，于是金焕又与柳命坚的朋友全翊戴结交。恰好此时金锡胄被任命为使臣派往北京，便让同属西人党的金益勋（金长生之孙，1619—1689）负责与金焕接头。正当金益勋让金焕尽快找出柳命坚谋反的证据之时，坊间反而纷纷传言金焕谋反。惊慌失措的金焕约全翊戴先发制人告发柳命坚，但全翊戴认为柳没有谋反，自己不能诬告。金焕便把全翊戴囚禁起来，自己单独告发南人党谋反。许玺与许瑛在被捉拿后承认了谋反事实。

此时金锡胄回到朝鲜，招全翊戴令其告发柳命坚，全翊戴不得已诬告了柳命坚，但其口供始终与柳命坚存在出入。经过审理，诬告的事实浮出水面。此事引得朝中舆论哗然，连西人党内部的少壮派都觉得金益勋的做法有些过分，便以"诱致人叛"的罪名弹劾金益勋。正当朝廷上下考虑怎样惩处金益勋的时候，宋时烈正从京外赶往汉阳。前去迎接的承旨赵持谦（1639—1685）把金益勋诬告他人的事情告知宋时烈，宋时烈表示金益勋"死不足惜"。但宋时烈到达汉阳与西人几位巨头交流后，态度发生了变化。他认为如果是为了打击南人、稳定政局，那就不必对金益勋处以重刑。西人少壮派对宋时烈的态度变化感到震惊，认为宋时烈是在"偏私"，开始与宋时烈为首的西人党老壮派划清界限。[1]后来宋时烈又向李焞表示，金益勋是自己老师金长生的孙子，自己没有尽到规劝的责任，是师门的罪人，[2]这是委婉地向李焞要求轻罚金益勋。

宋时烈的弟子尹拯（1629—1714）很不满老师的态度变化。他认为金锡胄滥杀官员，是士林之祸，宋时烈应该斥退这样的外戚，为许积、尹镌伸冤才符合其一贯标榜的"至公"之心。但宋时烈却认为现在王室能安如磐石，都是金锡胄的功劳，这让尹拯大为吃惊。[3]实际上，怀德（今属大田广域市）出身的宋时烈与尼山（今忠清南道论山市）出身的尹宣举（1610—1669）、尹拯（1629—1714）父子间早有所谓"怀尼是非"的矛盾，金益勋事件在此基础上进一步加剧了双方的分裂。"怀尼是非"的最初由来是"丙子之役"时，宋时烈身处远离战争中心的忠清道，而尹宣举却在汉阳。但尹宣举未能做到与父亲约定好的自杀殉国，遭到宋时烈的强烈鄙视。宋时烈曾引用朱熹"莫向清流浣衣袂，恐君衣袂浣清流"的诗句来讽刺尹宣举这一贪生怕死的行为。[4]之后两人又因学问分歧加深了矛盾。宋时烈与尹宣举曾同在金长生门下受学，但两人对朱熹的态度存在差异。宋时烈将朱熹的学问视为绝对真理，极为痛恨南人党的尹镌无视朱熹的注释，按自己想法给《中

206

---

① 尹光绍：《黄江问答辨》，《素谷遗稿》卷十四。

② 著者不详：《年谱》八，收入宋时烈：《宋子大全》附录卷九。

③ 权尚夏：《答李同甫》，《寒水斋集》卷六。

④ 宋时烈：《答或人》，《宋子大全》拾遗卷五。

庸》加注的行为，但尹宣举承认尹镌的学问有可取之处，这让宋时烈非常不满。尹宣举去世后，尹拯拜托宋时烈给父亲写墓志铭，宋时烈写了一篇《尹吉甫墓碣铭并序》交差，文章末尾云"允矣玄石，极其摹状。我述不作，揭此铭章"，[①] 极尽讽刺尹宣举之能事。此事过后，宋时烈与尹拯这对师徒算是结下了梁子。尹拯在少壮派间颇有声望，金益勋事件后，西人的老壮派与少壮派彻底分道扬镳。老论以持对南人党强硬态度的金锡胄、金万基、宋时烈等人为首，而少论包括对南人党持温和态度的尹拯、赵持谦、南九万（1629—1711）、崔锡鼎（崔鸣吉之孙，1646—1715）等人。

"庚申换局"之后数月，李焞的正妻仁敬王后金氏（1661—1680）去世。李焞又续娶了西人闵维重的女儿，即仁显王后闵氏（1667—1701）。李焞畏惧性格强硬的金氏，在金氏在世时，不敢宠幸任何宫人。金氏一无所出，所以此时李焞没有任何子嗣。金氏去世后，李焞开始宠爱一位名为张玉贞（1659—1701）的宫女。[②] 张玉贞是译官张炫的堂侄女，在政治上属南人党。执政的西人党非常担心张氏的得宠会使南人党东山再起，便以近来的天灾是外戚和内宠引发的天怒为由，建议李焞逐出张玉贞。李焞闻言大怒，将参与批判张氏的李徵明（1648—1699）、南九万等西人官员全部罢职。[③]1688 年，张玉贞生下王子李昀（景宗，1720—1724年在位），这是李焞的长子。终于得子的李焞十分欣喜，在李昀刚满百日之时就将他立为世子，但这遭到领议政金寿兴、吏曹判书

①　宋时烈：《尹吉甫墓碣铭并序》，《宋子大全》卷一百七十九。
②　闵镇远：《丹岩漫录》。
③　《朝鲜肃宗实录》卷十七，肃宗十二年七月初六日。

南九万肖像，韩国国立中央博物馆藏品

南龙翼（1628—1692）等西人官员的一致反对。西人党认为，闵氏年纪尚轻，以后也可能生下嫡子，所以不必着急册立世子。李焞严厉处罚了南龙翼等人，并强行推进册立事宜。[①]十多天后，宋时烈上疏强烈反对册立世子。接到上疏的李焞大为恼火，下令革去宋时烈的职务并逐出汉阳，后将其赐死。[②]宋时烈上疏后，李焞开始大规模罢免西人党官员，启用权大运等南人党人士。这就是"己巳换局"。1689年四月，仁显王后闵氏被废送回本家，张氏被立为王妃。虽然康熙帝玄烨认为李焞请封奏文中称张氏"德冠后宫"一词实属僭越，但考虑到怀柔朝鲜的需要，仍然批准了李焞的请求。[③]

　　"己巳换局"后，闵黯为首的南人党得势。西人党以金春泽（金万基长孙，1670—1717）等人为首，秘密谋划闵氏复位。在此期间，崔淑嫔（1670—1718）获得李焞的宠爱，并生下延礽君李昑（英祖，1724—1776年在位）。崔氏平日颇得仁显王后闵氏的照顾，极为同情她的遭遇，在政治上站在西人党一方。[④]李焞一朝的内廷争斗与外朝权斗紧密相连，互为对方的延长战场。如果南人党支持的世子李昀继承王位，西人党很有可能失去政治控制权。

---

① 《朝鲜肃宗实录》卷二十，肃宗十五年正月初十日。

② 《朝鲜肃宗实录》卷二十，肃宗十五年二月初一日。

③ 《清圣祖实录》卷一百四十八，康熙二十九年八月二十四日。

④ 朴弼成：《淑嫔崔氏神道碑铭》，韩国学中央研究院藏品。对于崔氏的出身，后世有多种传言。有说崔氏是宫中的汲水婢，也有说是针房宫女。但汲水婢有出入宫时间，不可能长时间待在宫内，崔氏若是汲水婢的话，很难遇见李焞。针房宫女的话，也是有一定品阶的女官，女官得宠生下王子王女也不罕见，其子女也不必像李昑一样有强烈的自卑感。所以崔氏最可能的身份是针房宫女的使女，这样的使女多为贱民出身。参见［韩］郑炳说：《权力与人：思悼世子之死与朝鲜王室》，首尔：文学社区，2012年，第34—35页。

西人党暗暗支持崔淑嫔，围绕王位继承问题与南人党展开斗争。然而李昀毕竟是获得清朝的正式册封的世子，平日行动也无大错，想将其逐下世子之位并非简单之事。在政局未明朗前，西人党只能伺机而动。

1694 年三月，金春泽等人的计划被人告发，李焞令右议政闵黯审理此事。[①]正当闵黯试图乘此机会将西人党一网打尽时，突然金寅为首的三位儒生告变，称王妃张氏的哥哥张希载用金钱收买人脉，计划毒死崔氏。又称闵黯等南人勾结地方官员与武将，准备谋反。李焞惊讶之余立刻下令拷问闵黯等人，之后下令肃清闵黯等南人党官员。与南人党的没落同步，南九万等西人党人士开始重归朝廷。[②]这就是"甲戌换局"。不久仁显王后闵氏复位，张玉贞被贬回原来的位分——禧嫔。

1701 年，仁显王后闵氏去世，世间纷纷传闻是张禧嫔诅咒所致。闵氏病重之时，张氏既不问安，反而多次派侍女去她的寝殿打探情况，行踪诡秘。这样的情况被崔淑嫔告知李焞。南九万等少论大臣认为处死张氏一族对世子李昀不利，但李焞还是下令赐死张氏等人。[③]在经历多次政治打击之后，南人党一蹶不振，失去了重掌朝政的能力，此后的党争主要在老论与少论之间展开。到此为止，朝鲜政坛的分裂过程如下："东西分党"与"南北分党"后，东人党分为南人党与北人党；北人党分为"大北""小北"；"大北"又分为"骨北"与"肉北"。大北派在光海君李珲时期执

---

① 《朝鲜肃宗实录》卷二十六，肃宗二十年三月二十三日。
② 《朝鲜肃宗实录》卷二十六，肃宗二十年三月二十九日；四月初一日。
③ 《朝鲜肃宗实录》卷三十五，肃宗二十七年九月二十三日。

政，而北人党又随着李珲的倒台逐渐消失在中央政界。"癸亥政变"后，西人党与部分南人党上台。此后南人党分为"清南""浊南"；西人党分为原党、洛党、山党、汉党，原党没落后西人党又再分成老论、少论。"四色党争"中的"四色"指的是老论、少论、南人、北人。

总体来说，李焞统治末期的党争里，老论比少论更占上风。随着张玉贞及其身后南人势力的没落，世子李昀失去了最能依靠的支持势力。南九万、崔锡鼎等少论大臣以保护世子为党论，抵制李颐命（1658—1722）等老论大臣可能采取的对世子不利的行动。1717年七月十九日，李焞单独召见李颐命。在这次所谓的"丁酉独对"上，李焞将后事托付给李颐命。实录中未记载独对的内容，但从李颐命等老论大臣在李昀即位后不久就建议立李昑为世弟的情况来看，他们极有可能听从的是李焞的吩咐。[1] 此前李焞更倾向让延龄君李昍（1699—1719）继承王位，[2] 而李昍早夭，老论的选项只剩下了李昑。即李昑的即位有老论"择君"的嫌疑。这成为李昑难以洗去的王权正统性瑕疵，也是接下来大半个世纪的政争焦点之一。

四、译官世家仁同张氏

朝鲜时代的外语教育与翻译工作由司译院负责。司译院承袭高丽王朝的通文馆而来，在15世纪初先后设置了汉学、蒙学、倭

211

① 《朝鲜英祖实录》卷五十二，英祖十六年十一月初五日。
② 闵镇远：《丹岩漫录》。

延礽君时期的李昑，韩国国立古宫博物馆藏品

学、女真学（后改名为"清学"）这四种语言教育课程。15 世纪中期，世宗李祹曾下令"搜访通解琉球国文者"，并令倭学生兼学琉球国的语言文字，[1]但该命令并未能被有效执行。司译院的最高负责人是从正一品官中选出的都提调，但实际负责司译院日常运作的是司译院正（正三品堂下官）。在司译院正之下，还有副正、金正、主薄教授、训导等负责管理并教授外语的职位。按《通文馆志》的记载，司译院生徒定额是 80 人（汉学 15 人、蒙学 10人、倭学 15 人、清学 20 人），预差生徒定额是 124 人（汉学 40人、蒙学 25 人、倭学 25 人、清学 34 人）。[2]这些生徒们经过长期学习，通过定期考试才能获得参与赴清使团的机会，或出任译学相关职位。

　　明清鼎革之后，朝鲜高级官员们对学习汉语的态度发生了显著转变。在这之前，高级官员们相对来说比较积极，如壬辰战争中负责与明朝交涉的李德馨等高官还会说一口流利的汉语。明清鼎革后，他们普遍逃避与清人打交道，更不用说学习汉语了。在这样的风气下，出使清朝的高官们会将外交事务尽量委派给通晓汉语或清语（即满语）的译官负责，而自身仅履行不得不出面的部分职责。因此，译官在两国外交中发挥的作用愈发重大。朝鲜译官们不仅是外交实务人员，亦是两国贸易的中间商。

　　张禧嫔所属的仁同（今属庆尚北道龟尾市）张氏一族在译官世家中颇具代表性。该家族出身的译官们在 17 世纪两国交涉中扮演了重要角色，并通过跨国贸易积蓄了大量财富。仁同张氏一族

---

① 　《朝鲜世宗实录》卷七十九，世宗十九年十一月二十七日。
② 　金指南、金庆门：《通文馆志》卷一。

虽是当时数一数二的富豪之家，但社会地位并不高。译官们在身份上属于中人，在阶级上仍低两班一等，因此富裕的译官们有着强烈的阶级上升的欲望。他们试图通过结交达官贵人、进行政治投资来改变身份。对他们来说，利用自身的财富与王室成员或高官们结成政治联盟，既可保证跨国贸易的顺利进行，也可为阶级上升创造条件。

仁同张氏一族的发迹要从活跃在明清鼎革期东亚外交舞台上的译官张敬仁与张应仁兄弟开始说起。张敬仁是张氏家族中首位担任译官之人，曾多次作为朝鲜使团的随行译官赴北京，并借此大举开展跨国贸易。张应仁曾出任义州译学训导，多次接待赴朝鲜颁诏的明使。张敬仁之子张炫在"丙子之役"前曾随朝鲜使团赴北京，后又陪侍昭显世子留驻沈阳六年。他一共出使北京 30 多次，跨越了明清鼎革期，在朝鲜对明朝、清朝的交涉中发挥了重要作用，[①] 并积攒了大量贸易利润，成为朝鲜的"巨富"。由于多次出使北京，张炫在北京建立了庞大的交友网络，并依靠这样的网络获取清朝的情报。如 1674 年，也就是"三藩之乱"爆发后不久，因使事滞留北京的张炫就从杨姓熟人处听闻了吴三桂起兵并占领南方三省的消息。后来汉人曲科又告诉张炫，康熙帝已派蒙古军队赴南方战场。此外，相熟的清朝通官（翻译官）金德之偷偷告知张炫，清朝兵部准备向朝鲜征索鸟铳。[②] 张炫曾这样多次探知清朝的情报，从而获得升职与赏赐。

张氏家族并不满足于此，他们希望能获得更多的权力来提高

---

① 金指南、金庆门：《通文馆志》卷七。

② 《朝鲜肃宗实录》卷一，肃宗即位年十一月初七日。

自身的地位，而企图掌握大权的南人党也希望利用张家的财富来培植本党派的势力，所以二者一拍即合。张炫与福昌君李桢等宗亲及许积等南人党官员往来频繁，在政治上站在南人党一方。他的堂侄女张玉贞（张应仁孙女）进宫后，深受肃宗李焞的宠爱，获封"禧嫔"并生下世子李昀，张氏一族的地位得以进一步升高。如张玉贞的哥哥张希载因妹妹得宠，被任命为捕盗大将（从二品）、总戎使（从二品），这一般是两班出身之人才能担任的武官要职。但张氏一族也为其亲南人的政治立场付出了惨重代价。1680 年"庚申换局"发生后，西人党执政，福昌君李桢等人被处死，张炫被牵连而流放外地。[①] 1689 年"己巳换局"后，张氏一族随南人党的再次执政而东山再起，但又因 1694 年"甲戌换局"与张禧嫔的死亡而走向没落。

　　朝鲜官场比起能力，更看重门阀与出身，这是既有外语能力、也有外交手腕的中人译官们大多无法实现阶级上升愿望的根本原因。两班不愿与中人联姻，而中人也不愿与常民联姻，各阶层的通婚往往只限于本阶层内部，阶层之间的流动性进一步丧失，造成了极为严重的阶层固化现象。在北京与朝鲜使团有过多次交流的清人吴昆田（1807—1882），曾因其朝鲜好友译官李惠吉（即李尚迪）得不到重用，而发出这样的感叹：

　　　　（朝鲜）但专尚世阀，名分截然，等级极多。士夫世世为士夫，庶人世世为庶人。庶人虽有才德，无以进用。其中各

---

① 《朝鲜肃宗实录》卷九，肃宗六年五月初七日。

有等级，有两班焉，士夫出入东西班之称。有庶孽焉，士夫
之贱生。有中人焉，医官译官之类。有吏胥焉，有徒隶焉，
阶级一定，十世不得免。如李惠吉者，文才实可进用，乃拘
于门阀，屈于象译，是可恨也！①

中人阶层的不满情绪到 18 世纪英祖李昑执政期间进一步爆
发，促使他出台了一系列政策来解决这一问题。李昑宣布允许庶
孽出身的中人出任"清要职"，但这次改革的尺度十分有限，并没
改变朝鲜根深蒂固的身份差别意识与阶级秩序。吴昆田的评论即
是当时朝鲜身份世袭现象依然严重的生动写照。

五、朝鲜对清认识的变化

李焞统治期间，朝鲜人的对清认识渐渐发生了变化。在李焞
执政初期，正逢"三藩之乱"爆发，朝鲜君臣判断清朝可能就此
崩溃，于是期待明朝再起，并暗暗为此提早谋划。这样的事情被
清朝察觉，索额图批评朝鲜是"因中国有事，意欲生端"，认为朝
鲜的行为"其情可恶"。②清朝礼部也多次抓住朝鲜的表文中的文
辞问题，以罚银等手段敲打朝鲜。③但随着叛乱的平定，清朝对朝
鲜的政策也回归怀柔路线。康熙帝不仅不断下令削减的朝鲜贡品

---

① 吴昆田：《朝鲜使者金永爵笔谈记》，《漱六山房全集》卷六，清代诗文集汇编编纂
　委员会编：《清代诗文集汇编》第 629 册，上海：上海古籍出版社，2010 年。
② 《清代起居注册·康熙朝》，康熙十九年七月十九日。
③ ［日］夫马进：《朝鲜燕行使と朝鲜通信使》，名古屋：名古屋大学出版会，2015 年，
　第 68—77 页。

数量，而且还积极在朝鲜需要时进行援助。17 世纪晚期，朝鲜发生饥荒，康熙帝下令运送三万石粮食给朝鲜，其中一万石是无偿送给朝鲜的援助，剩余的二万石则平价卖给朝鲜。按康熙帝的说法，运粮一事"非独一时救灾拯患，实所以普泽藩封而光昭先德也"，即怀柔朝鲜才是他的最终目的。到了 18 世纪初，他还称赞李焞"凡事极其敬慎"，并高度评价朝鲜在明朝末年始终没有背叛明朝的做法，说朝鲜不愧为"礼仪之邦"。这也表明，清朝越来越希望得到朝鲜对其心服口服的认同，就像当年朝鲜对明朝所做的一样。

清朝的怀柔政策收到了一定的效果。早在李焞执政之初，金尚宪的侄孙金寿弘（1598—1681）就曾在致宋时烈的书信中故意使用清朝年号，以讽刺其"复仇雪耻"的"北伐"口号只不过是一纸虚文。到了李焞执政晚期，世居汉阳的京华世族内部反对"崇明反清"路线，斥责宋时烈的声音越来越多。在部分京华世族的年轻子弟看来，宋时烈简直大逆不道，他们的理由是："我国之服事清国，固非本心。然既奉表称臣，则君臣之分已定矣。某以么么陪臣，乃欲谋害天王，言言称复仇雪耻，不但言之于家，乃敢言之于君父，天下岂有如此悖逆之陪臣哉？"也就是说，到了 18 世纪初，部分朝鲜人已然接受了清朝为册封国的现实，认为应该按君臣之分严格落实对清朝的事大之礼，而不该像宋时烈那样

217

①　《清圣祖实录》卷一百八十七，康熙三十七年正月二十六日；《清圣祖实录》卷一百八十九，康熙三十七年七月初十日。
②　《清圣祖实录》卷二百二十七，康熙四十五年十月二十三日。
③　《朝鲜肃宗实录》卷一，肃宗即位年十一月初六日。
④　李宜显：《陶峡丛说》，《陶谷集》卷二十八。

偷偷在国内搞"复仇雪耻"的把戏。换句话说，随着清朝对朝鲜的逐步施恩，朝鲜对清观逐渐改变。到 18 世纪中期，朝鲜开始接受清朝所据之中原，乃中华故地，而清朝所行之制亦为"周公旧制"的现实。[1]

不过对于想强化王权的李焞来说，崇明义理仍是不能抛弃的意识形态与政治口号。这是与王权正统性紧密相连的关键问题，也是衡量国王忠孝和实践儒教义理的核心标准之一。同时，李焞还面临与臣子们争夺崇明义理解释权的问题。[2]1703 年，宋时烈的门人们遵照其遗言，取"万折必东"之意建立了"万东庙"，用以祭祀万历帝与崇祯帝。崇明义理一直是宋时烈一派赖以立足的最重要的政治资源。正如李明徵批判宋时烈时所说，宋时烈的"出处始终、声名禄位，无一不归藉于皇明"。[3]宋时烈一派非常清楚，只有紧紧抓住崇明义理，才能始终占据政治名分高地，为长久掌权创造有利条件。

从李焞的立场来看，特定党派可以利用万东庙同国王争夺"崇明"的主导权，以强化自派的政治基盘，这对王权可能造成严重威胁。明朝亡国一周甲的 1704 年，李焞下令修建大报坛来祭祀壬辰战争中向朝鲜派遣援军的万历帝朱翊钧。原本李焞想建造可常年供奉神位的庙宇，后来考虑到庙宇容易被清人发觉而引发麻

---

① 孙卫国：《从"尊明"到"奉清"：朝鲜王朝对清意识之嬗变，1627—1910》，台北：台大出版中心，2018 年，第 261 页。

② [韩] 桂胜范：《被停止的时间：朝鲜的大报坛与近代的门槛》，首尔：西江大学校出版部，2011 年，第 83—98 页。

③ 《朝鲜正祖实录》卷一，正祖即位年四月十八日。

烦，所以决定建立更为简便的祭坛，根据需要举行祭祀。[1] 大报坛建立后，朝鲜国王们可以利用大报坛祭祀明朝皇帝的礼仪行为，来展示自己才是"崇明义理"的最坚定实践者与守护者。

总之，大报坛建立的背后，既有朝鲜君臣"崇明反清"的主观情感的作用，也有李焞试图利用尊明义理强化内部认同，以巩固统治的现实需要。在李焞之前的李淏、李棩两朝，国王与多数官员都经历了"丙子之役"与明清鼎革，所以主张替本国和明朝报仇而讨伐清朝的"北伐论"几乎成了朝廷上下的公论。但考虑到现实国力，明眼人都能明白所谓的"北伐论"无异于痴人说梦。到了李焞一朝，"北伐论"在现实上已然破产。李焞将"北伐论"的思想基础——"崇明义理"以建立大报坛的方式付诸实践，一方面消除了臣下以标榜崇明义理来主导朝廷舆论的可能性，将舆论的主导权牢牢把握在自己手中，从而强化了王权对臣权的控制；另一方面，他可以通过在大报坛祭祀明朝皇帝这样的礼仪行动来强化国内的认同，维护自身的统治稳定。

---

[1] 《朝鲜肃宗实录》卷四十，肃宗三十年九月十六日。

韩剧韩影指南:《茶母》《仁显王后的男人》《张玉贞，为爱而生》《同伊》

因母亲低贱的出身，英祖李昑一生都活在巨大的自卑中。韩国已故宫廷史学家金用淑在《朝鲜朝宫中风俗研究》一书中介绍了宫中流传的一则故事。1704 年，尚是延礽君的李昑与正妻徐氏（贞圣王后，1693—1757）成婚时问徐氏，手为何如此美。出身名门的徐氏回答："妾十指不沾阳春水故耳。"李昑顿时大怒，认为徐氏在影射讽刺淑嫔崔氏，从此与徐氏老死不相往来。虽然这则故事的真实性尚待考证，但李昑与徐氏不合确是事实。如果李昑不是出生在王家，按朝鲜时代身份制度上的从母法，他的身份很可能是贱民，所以李昑内心深处怀有自卑感也是情理之中。李昑对旁人的视线与举动确实异常敏感，即位九年后的 1733 年，还曾回忆过 13 年前父亲李焞去世时遭到其他大臣无视的情形。他自述道："曾于庚子大丧后，无前导而赴阙，路遇大臣，在前终不让路，故予不欲随后而行，避从他路。予以王子，犹为如此矣。"不知道大臣是故意不给他让路还是无意之中发生的事故，但在他看来，这就是大臣们对自己的彻底无视。李昑敏感多疑的性格，也是他无法与儿子——思悼世子李愃和平相处的重要原因之一。

第十章　荡平之世

英祖时期的"荡平策"与王室内部的悲剧

党派间无休止的争斗给朝鲜的国政运营带来了灾难，也给英祖李昑王位的正统性蒙上了阴影。李昑即位后，试图用"荡平策"来平衡牵制各党派，从而达到强化王权的目的。"荡平"一词源于《尚书》中"无偏无党，王道荡荡；无党无偏，王道平平"之句。"荡平策"被李昑的继承者——正祖李祘所延续，也是把握18世纪朝鲜政治走向的关键词之一。

一、"辛壬狱事"与英祖李昑的即位

1720年，李焞去世，世子李昀即位，是为景宗。经过李焞一朝的数次换局，朝中的党派对立已经到了难以调和的地步。李焞坦陈："今日朝廷所为者何事？日夜经营，专在党论。"[①] 尖锐的党派对立在李昀一朝愈演愈烈，对立的焦点是李昀的后嗣问题。李昀体弱多病，与宣懿王后鱼氏（1705—1730）没有生下任何子女。在这样的情况下，支持延礽君李昑的老论在李昀即位伊始就抛出

---

① 《朝鲜肃宗实录》卷四十九，肃宗三十六年闰七月初五日。

了立李昑为王世弟的建储论。

1721 年八月二十日，正言李廷熽（1647—1736）首先上疏建议立储。当天深夜，老论重臣金昌集（1648—1722）、李健命（1662—1722）等十余人入宫，少论领袖崔锡恒（1654—1724）等人缺席。在老论大臣们的数次请求下，李昀勉强同意立李昑为储君。但老论仍不放心，希望得到王大妃（肃宗李焞的继妃仁元王后金氏，1687—1757）的手札作为保证。直到天明时分，李昀才给老论大臣们展示了从宫内取得的仁元王后的手札，手札共有两张，"一以楷书，写延礽君三字；一以谚札教曰：孝宗大王血脉，先大王骨肉，只主上与延礽君而已，有何他意？予意如此，下教大臣宜矣。"李健命请求让史官把谚教翻译成汉文，然后颁示承政院，李昀表示同意。① 即在老论与仁元王后的推动下，李昑被立为王世弟。但这样仅有老论大臣参加，且在深夜决定的立储难逃匆忙轻率的嫌疑，所以立刻遭到少论的反对。少论官员柳凤辉（1659—1727）上疏批评这次立储是"猝遽忙急"。金昌集等人称柳凤辉的上疏是"妄言"，建议处罚柳凤辉。此时的李昀站在老论的一方，下令处罚少论。②

朝鲜内部暂时达成立储的决议后，下一步需要的是获得清朝对世弟的正式册封。该年十月底，朝鲜派出了以李健命为首的使团赴北京请封。康熙帝玄烨对壮年的国王着急请封世弟之事非常怀疑，派出满汉大臣十一人询问朝鲜使臣，让朝鲜使臣说明李昀的身体情况以及册封世弟的必要性。但该次册封的名分极为薄弱，

① 《朝鲜景宗实录》卷四，景宗元年八月二十日。
② 《朝鲜景宗实录》卷四，景宗元年八月二十三日。

朝鲜使臣也无法说服清朝礼部。1722 年二月，礼部向康熙帝递交了反对册封朝鲜王世弟的题本。与此同时，朝鲜使臣秘密联系原是朝鲜出身的内务府侍卫金常明，通过金常明联系上了大学士马齐。在马齐的斡旋下，康熙帝表示"父子相传，有国之常经。兄弟继及，一时之权道"，但还是勉强同意册封李昑为朝鲜王世弟。[①]康熙帝的许可也自有目的，他希望通过这样的册封，让朝鲜接受清朝主导的礼制秩序，且在礼治上提高清朝的权威。[②]

　　李健命等人在北京展开外交活动的同时，朝鲜内部的党争仍在继续。老论派的执义赵圣复（1681—1723）进一步抛出了让王世弟代理听政的建议，得到李昑的许可。[③]少论与老论随即就该事展开攻防战，但在少论派的右议政赵泰耈（1660—1723）的恳请下，李昑最终撤回了命令。[④]少论派的金一镜（1662—1724）等七人顺势联名弹劾赵圣复，以及所谓的"老论四大臣"，即金昌集、李颐命、李健命、赵泰采（1660—1722），罪名是对李昑不忠。[⑤]金一镜还唆使南人党的睦虎龙（1684—1724）上告变书，称老论世家子弟李器之（李颐命之子，1690—1722）等人及其追随者白望（李昑之妾的兄弟）等人早就制定了所谓"三急手"的计划，准备谋害李昑。"三急手"中的"大急手"指的是在肃宗李焞去世时刺杀李昑；"小急手"是与宫中尚宫勾结、毒死李昑；"平地手"

① 　《清圣祖实录》卷二百九十七，康熙六十一年四月初十日。
② 　[韩]孙成旭：《清鲜关系中清朝礼制的张力——以康熙年间清朝册封朝鲜王世弟为中心》，《文史哲》2018 年第 5 期，第 121—125 页。
③ 　《朝鲜景宗实录》卷五，景宗元年十月初十日。
④ 　《朝鲜景宗实录》卷五，景宗元年十月十七日。
⑤ 　《朝鲜景宗实录》卷五，景宗元年十二月初六日。

是在李焞丧事时矫诏，废掉李昀。^①告变一出，舆论哗然。"老论四大臣"被赐死，其他大量老论官员也被牵连处罚。李昀把对老论的处罚定性为"谋逆伏诛"，并将始末报知清朝。^②李昑虽与该事件有微妙的联系，但在肃宗继妃仁元王后金氏与李昀的袒护下，最终保全性命。这场发生在辛丑年（1721）与壬寅年（1722）的对老论的肃清事件也被称为"辛壬狱事"。此后，老论元气大伤，少论掌握了政权。也正因为此事，老论与少论结下了血海深仇。

少论的风光日子并没有持续多久，1725 年春，李昀去世，经历了重重政治波折的李昑终于登上王位，是为英祖。即位伊始的李昑并没有立刻提拔老论，而是继续维持少论政权，并任命少论中的稳健派，即"缓论"的领袖李光佐（1674—1740）为领议政。当时坊间纷纷传说李昀是因为食用了李昑呈上的蟹酱而死，李昑有"弑兄"的可能，^③加上老论"择君"的嫌疑，李昑从一开始就面临王权正统性先天不足的困境。显然李昑不会乐意有人拿他的正统性做文章，便在即位伊始尽可能地保持与老论的距离，任命少论人士执掌朝政的动机也是出于此。

老论对这样的情况非常不满。1724 年十一月，儒生李义渊（1692—1724）上疏，批判少论当年反对册立王世弟，并提议为"辛壬狱事"中遭到迫害的老论官员们平反。接到上疏的李昑极为恼怒，认为不必再提"辛壬狱事"，并判断李义渊的举动是出于党

---

① 《朝鲜景宗实录》卷六，景宗二年三月二十七日。
② 《清世宗实录》卷三，雍正元年三月二十五日。
③ 《朝鲜英祖实录》卷八十四，英祖三十一年五月二十一日。

英祖李昑御真，韩国国立古宫博物馆藏品

论，而"朋党甚而是非不明"正是当时朝廷最大的问题。[①] 不过老论并没有善罢甘休，而是接连弹劾金一镜、睦虎龙等人。李昑无奈之下采取了对老论、少论各打二十大板的"两治两解"的措施，即处死金一镜与睦虎龙，并杖杀李义渊。[②] 但老论、少论均不满此处理方案，尤其老论将李昑的即位视为自派的功劳，李昑不愿为"辛壬狱事"平反，事实上会给老论的执政名分造成冲击，老论因此加强了对少论的弹劾力度。李昑在内心深处还是认同老论对"辛壬狱事"的平反诉求，毕竟此事直接关系到王权的合法性。旁观一段时间的老少攻讦后，李昑下令任命老论的郑澔（1648—1736）、李观命（1661—1733）、闵镇远（1664—1736）为三议政，逐出少论人士。[③] 随后，他又下令恢复"老论四大臣"等人的官职，正式为"辛壬狱事"平反。[④] 这一次政局变动也被称为"乙巳处分"。

老论并不满足于"乙巳处分"的处理结果，他们希望能将少论一网打尽，于是抛出了针对少论的"讨逆论"。[⑤] 李昑部分听从了老论的建议，将柳凤辉流放，并剥夺了李光佐、赵泰亿（1675—1728）等少论人士的官职，[⑥] 但他并不愿将少论斩尽杀绝。因为这将坐实李昑是因老论"择君"才登上王位，并会造成老论一家独大的局面，这并不利于巩固王权。李昑向老论激进派，即

228

---

① 《朝鲜英祖实录》卷二，英祖即位年十一月初六日。
② 《朝鲜英祖实录》卷三，英祖元年正月十七日。
③ 《朝鲜英祖实录》卷三，英祖元年正月十三日。
④ 《朝鲜英祖实录》卷四，英祖元年三月初二日。
⑤ 《朝鲜英祖实录》卷六，英祖元年五月十六日。
⑥ 《朝鲜英祖实录》卷七，英祖元年七月初四日。

"峻论"的领袖闵镇远表示："向日锋刃，惨则惨矣。然诛之而不可胜诛，窜之而不可胜窜，在上之人，不思所以镇定之道乎？"即对少论的处罚已经足够，不可能将他们彻底除掉，自己作为国王，应该寻求解决朋党冲突、稳定朝政的根本办法。但闵镇远对李昑的表态不以为然，认为李昑鼓吹的破除朋党，施行所谓的"荡平策"听起来很美好，但"只言破朋党，而不言明是非，则难以有效"，得先弄明白过去的是是非非，才能施行"荡平策"。^①闵镇远所谓的"是非"，指的自然是世弟册封与"辛壬狱事"。然而如果将这两件事认定是少论的过错的话，那少论就会失去执政的名分，这显然对老论有利。感到王权遭到挑战的李昑罢免了闵镇远，任用老论稳健派，即"缓论"的领袖洪致中（1667—1732）为右议政来收拾局面。^②这样的政局一直持续到1727年。该年四月，流放中的柳凤辉死于谪所，老论又以此为借口展开对少论的弹劾。对老论感到厌倦的李昑罢免了大量老论官员，重新启用李光佐等少论人士，并推翻了"乙巳处分"的结论。这一次政局变动也被称为"丁未换局"。

此时，雍正帝对李昑也颇有不满，原因是"欠银"问题。朝鲜使团赴清所带的货物原由自己雇车运往北京，但在1689年后，由清朝官方许可的专门运送商人——"栏头"（亦作揽头）雇人送到北京。^③朝鲜使团之人与这些栏头经常进行私人贸易，多次往返之后，出现朝鲜方面欠下栏头胡嘉佩等人六万余两白银的情

229

① 《朝鲜英祖实录》卷八，英祖元年十月二十日。

② 《朝鲜英祖实录》卷九，英祖二年正月十六日。

③ 《朝鲜景宗实录》卷十三，景宗三年十月二十三日。

况。1727 年，胡嘉佩等人亏空帑银事发，提议以朝鲜的欠银抵债，这就是所谓的"清债"事件。雍正帝派人去两国边境调查此事，朝鲜也派人与胡嘉佩等人对质。但雍正帝对李昑报告给盛京礼部的咨文非常不满，认为李昑在此事上花言巧饰，作出了素闻李昑"柔懦无能，权移于下"的评价。[①] 虽然朝鲜的欠银最终被清朝宽免，但李昑的"无能"在雍正帝心中留下很深的印象。该年年底，雍正帝又因朝鲜未能及时抓获逃至朝鲜的清朝海贼而斥责李昑"柔懦无能"，并行文朝鲜。[②]1728 年三月，李昑解释"清债"的奏文到达北京，再次惹怒了雍正帝。雍正帝认为李昑即位以来，朝鲜的国事"益觉废弛，此中外所共知者"，而李昑在奏文中为兄长李昀所作的辩护，不过是"欲彰伊兄之过"，是"不识大体"之举。[③] 清朝方面如此叱责李昑的执政能力，对当时统治基础薄弱的李昑来说，显然是不小的冲击。

1728 年三月"戊申乱"爆发后，雍正帝开始对李昑改观。"戊申乱"是朴弼显（少论峻论）、李麟佐（南人）打着"为先王报仇"的旗号，发动的旨在推翻老论政权，逼李昑退位的军事行动。三月十日，李麟佐从全州起兵，十五日已占领清州（今忠北道清州市）。崔奎瑞（少论缓论，1650—1735）迅速将情况报告给朝廷，兵曹判书吴命恒（少论缓论，1673—1728）自请带兵前去剿抚。虽然老论认为少论没有资格前去剿灭少论引起的叛乱，

---

① 《清代起居注册·雍正朝》，雍正五年九月初五日。
② 《清代起居注册·雍正朝》，雍正五年十一月二十一日。
③ 《清代起居注册·雍正朝》，雍正六年三月二十七日。

但李昑依然任命吴命恒为四路都巡抚使带兵南下。[①] 该月月底，官军抓获了李麟佐，结束了叛乱。少论引发的叛乱，最终因少论得以终结。李昑随即将平定叛乱的情况报告给清廷。雍正帝认为，李昑能事先察觉叛乱，不使叛党漏网，值得嘉奖。于是下令加赏李昑，并赐白银一万两令李昑分赏参与平叛的士兵。[②] 此后雍正帝对李昑的态度愈加温和，称他是"虔修职贡"，下令朝鲜以后不必单独送谢恩表，由冬至、正旦、万寿三大节使团捎来即可，以减轻朝鲜的负担。[③]

"戊申乱"既是雍正帝对李昑改观的转折点，也是李昑自身得以全面反省即位以来施政模式的一大契机。李昑认为叛乱发生的根本原因在于党争，正是因为党争，朝廷没能做到"惟才是用"；在饥荒发生时，仍在党同伐异，所以丢掉了民心。[④] 李昑质问群臣："色目重乎？君父重乎？"要求群臣必须做出改变。[⑤] 为实现这样的改变，李昑开始寻找能替代之前朋党政治的施政方案，他的选择是"荡平策"。

二、荡平政局与思悼世子李愃之死

"荡平"一词来源于《尚书》，即《洪范篇》中的"无偏无党，王道荡荡；无党无偏，王道平平"之句。所谓"荡平策"，即不

231

---

① 《朝鲜英祖实录》卷十六，英祖四年三月十三日；十七日。
② 《清世宗实录》卷七十八，雍正七年二月二十四日。
③ 《清世宗实录》卷八十七，雍正七年十月十八日。
④ 《朝鲜英祖实录》卷十六，英祖四年三月二十五日。
⑤ 《朝鲜英祖实录》卷十八，英祖四年五月初七日。

拘党派启用人才的政策，国王可以通过该策略达到平衡牵制各党派，从而达到强化王权的目的。此前肃宗李焞深感党派斗争影响了国家用人，提出了"有其才则举之，以尽荡平之道"的方案。[①]但"荡平策"在当时并未能实施。李昑即位后，十分留意发掘能助其实现"荡平"的人才。在"戊申乱"前，李昑就提拔了赵文命（1680—1732）、宋寅明（1689—1746）、赵显命（1690—1752）等一批支持"荡平"的大臣，并让独子——孝章世子李緈（1719—1728）迎娶赵文命之女（贤嫔，1715—1751）为妻，[②]以增强"荡平派"的政治力量。

"戊申乱"后，一直致力于"荡平"的左议政洪致中提出，可以为老论四大臣中与王世弟册封相关的李健命、赵泰采平反，但不能改变与"三急手"牵连的李颐命、金昌集是"逆臣"的结论。[③]1729 年底，李昑正式下令恢复李健命、赵泰采的官爵。但大量老论人士对此结果仍然不满，或是辞官或是拒绝出仕。[④]这就是所谓的"己酉处分"。此后李昑主要依赖赵文命、宋寅明等少论出身的"荡平派"施政，这样的"荡平"也被称为"少论荡平"。

1735 年，暎嫔李氏（1696—1764）生下李愃（思悼世子，1735—1762），为接下来的政局变化埋下伏笔。"戊申乱"结束后不久，孝章世子李緈夭折，年仅十岁。他勤学好问，不喜玩乐，深得李昑的宠爱。[⑤]他夭折后，世子之位空悬，成为李昑王权的不

① 《朝鲜肃宗实录》卷三十二，肃宗二十四年正月十九日。
② 《朝鲜英祖实录》卷十二，英祖三年八月二十八日。
③ 《朝鲜英祖实录》卷二十一，英祖五年三月三十三日。
④ 《朝鲜英祖实录》卷二十三，英祖五年八月十八日。
⑤ 李昑：《有明朝鲜国孝章世子墓志》，韩国学中央研究院藏品。

稳因素之一，所以李昑很期待能再得一子。李愃出生后，李昑开心地声称："三宗血脉将绝而始续，今幸有归拜列祖之颜。"众臣们也提出抚养世子时需要注意的诸多事项，如节俭惜福，挑选谨厚的宫人照顾世子等。李昑接受了这些建议。[①]然而，他却决定召唤回曾经侍奉过景宗李昀的宫人来侍奉李愃。就当时的情况来看，李昑可能是为了展示自己与李昀之死无关，并怀柔少论。但对这些宫人来说，李愃仿佛就是景宗李昀的转世。[②]可以说李愃的成长环境，仍未脱离党派斗争的阴影。

　　"己酉处分"之后，李昑一边依靠"荡平派"推进"荡平策"，一边逐步推动"均役法"的改革，把民众需要交纳的两匹军布减为一匹。李昑希望将自己打造成一位符合儒教道德的君主，以增强王权的合法性。但事与愿违，王位继承过程中的瑕疵仍然是李昑挥之不去的阴影。1739 年，坊间出现了讽刺国王的歌曲。李昑亲自审问捕获的相关犯人，并将他们处以重刑。这次事件成为李昑改变对少论态度的契机，并让他意识到，自己必须阐明对继位过程中发生的种种事件，如"辛壬狱事"的立场，才能实现国家运营的长治久安。[③]1741 年底，李昑为"辛壬狱事"彻底翻案，宣布此案为诬狱，并颁布《御制大训》，禁止再讨论相关事件。[④]这样一来，少论大失执政名分，而老论中的"荡平派"获得赏识，开始形成"老论荡平"的局面。1746 年，李昑以自己不便出面

233

---

① 《朝鲜英祖实录》卷四十，英祖十一年正月二十一日。

② 惠庆宫洪氏著，[韩]郑炳说译：《恨中录》，首尔：文学社区，2010 年，第 29 页。

③ JaHyun Kim Haboush, *The Confucian Kingship in Korea*, Columbia University Press, 2001, pp.149—150.

④ 《朝鲜英祖实录》卷五十四，英祖十七年十月初一日。

为由，让老论中的"荡平派"元景夏（1698—1761）向李恒讲述
"辛壬狱事"的前因后果。[①] 这也暗示李昑实际支持的是老论的观
点。1755 年，李昑又颁布《阐义昭鉴》一书，系统阐明自己即位
的合法性。[②] 老论的执政名分因此得到进一步巩固。

也是在 1741 年，七岁的李恒开始参加书筵，学习儒教经典，
并于 1744 年迎娶老论名门丰山洪氏一族的洪凤汉（1713—1779）
之女（惠庆宫，1735—1815）为妻。[③] 一开始，李恒对读书表现
出较大兴趣，并作诗云："朝日晴明可读书，千金不贵读书贵。"[④]
但到 1747 年前后，李恒渐渐对读书感到厌恶，玩心日重。惠庆宫
洪氏认为，这是因为李恒由宫人抚养长大，缺乏亲生父母的关爱，
而宫人们没能给李恒合适的引导，反而助长了他的玩乐之心。[⑤] 对
儿子期待甚高的李昑逐渐不满，父子关系越来越糟糕。此外，父
子二人的性格差异又进一步激化了矛盾。洪氏这样写道："父子两
位性品有异，英庙（即李昑）英明仁孝，详察敏速；景慕宫（即
李恒）言语沉默，行动之间，不锐不敏，德器虽宏，凡事异诸父
王之性。父王下问之言语，常不能及时应对，而犹豫再三。问议
之际，即便当身所见，未知如是对答则如何，如彼对答则如何，
未能及时对答，每致英庙之郁郁。"[⑥] 李昑与李恒父子间的矛盾，随
着李恒日渐成长而日益尖锐化。

234

---

① 《承政院日记》第 1001 册，英祖二十二年四月二十六日。
② 《朝鲜英祖实录》卷八十六，英祖三十一年十一月二十六日。
③ 惠庆宫洪氏著，[韩]郑炳说译：《恨中录》，首尔：文学社区，2010 年，第 35 页。
④ 朴宗谦：《玄驹记》卷一。
⑤ 惠庆宫洪氏著，[韩]郑炳说译：《恨中录》，第 30—33 页。
⑥ 惠庆宫洪氏著，[韩]郑炳说译：《恨中录》，第 34 页。

洪凤汉肖像，韩国国立中央博物馆藏品

洪氏成为世子嫔之后，老论内部又因此发生分化。一派以外戚领袖——李愃丈人洪凤汉为首，其追随者被称为"扶洪派"；另一派以金尚鲁（1702—1766）为首的非外戚系老论人士组成，也被称为"攻洪派"。1749年，李愃开始代理听政。此时支持李愃的人物有祖母仁元王后、嫡母贞圣王后（1693—1757）等王室人物，以及"扶洪派"等外戚势力。少论重臣赵显命、李宗城（1692—1759）以及贤嫔之弟赵载浩（1702—1762）也支持李愃。[①]金尚鲁等人担心李愃掌权后会对老论不利，便带领"攻洪派"攻击洪凤汉一党乃至李愃。后来李昑的继妻贞纯王后金氏（1745—1805）的父亲金汉耉（1723—1769）、兄长金龟柱（1740—1786）也支持"攻洪派"，加入批判洪凤汉一党的行列。

李昑安排李愃代理听政自有目的。第一，景宗李昀在肃宗李焞晚年时曾代理听政，李昑本人也在李昀执政晚期代理听政过，代理听政可以说王室的传统之一。让李愃继续代理听政，可以延续王室传统的名义巩固王室的权威；第二，李昑可以借此表明自己对王位并无眷恋，从而委婉表明自己与李昀之死毫无干系；第三，也是最重要的一点，即李昑自己不便处罚少论，这会坐实其王位来路不正，而李愃可以打着为父"尽忠尽孝"的名义替父亲处罚少论。但李昑又不便对李愃明说自己的心事，只得不断向其强调"孝悌"，希望他能了解自身的意图，但李愃始终未能理解父亲的深意。[②]如1760年，在"辛壬狱事"中站在少论一侧的赵德邻之孙赵进道登科，老论一派建议削去赵进道的科名，但李愃拒

---

① 朴宗谦：《玄驹记》卷一。

② JaHyun Kim Haboush, *The Confucian Kingship in Korea*, pp.186—187.

绝了这一请求。此事惹得李昑大怒，立刻命令李愃更改决定。[1] 李昑尽管反感党争，但他更厌恶有人怀疑他的王位正统性。

李昑命李愃代理听政，却并未完全撒手不管政治。大小事情的处理，朝臣们还是得看李昑的眼色。加上父子二人性格不合，李愃承受的心理压力日渐增加，这些压力逐渐演导致他患上心理疾病——惠庆宫洪氏所称的"火症"。老论担心少论会借李愃听政而东山再起，便不断上疏建议李愃清算少论。巨大的政治压力导致李愃"自代理之后，疾发丧性"。李愃又借享乐逃避压力，"与阉寺妓女游嬉无度"。[2] 1757 年，历来袒护李愃的贞圣王后、仁元王后先后去世，李愃失去了最重要的政治支持力量。此后，李愃的行为愈发失常，患上了名为"衣襨症"的奇怪疾病。按洪氏的描述，李愃无法正常穿上衣服，穿一件衣服要毁掉十余件衣服，还会出现像是为了祭祀鬼神而烧掉衣服的举动。[3] 同时，受到李昑宠爱的昭仪文氏与李愃的亲妹妹和缓翁主（1738—1808）在两位王后去世后，得以毫无顾忌地将李愃的失常举动告知李昑，于是李昑常常下严令斥责李愃。李愃越发畏惧父亲，到了若是听闻父亲要来见他，前一夜都无法入睡的程度。[4]

1752 年，惠庆宫洪氏生下李祘（正祖，1776—1800 年在位），此后李昑与李愃之间的关系更加微妙。李昑本已对李愃相当不满，但他仅有李愃这一个儿子，所以就算想要改立世子，也无其他选

① 　《承政院日记》第 1177 册，英祖三十六年三月初五日；朴宗谦：《玄驹记》卷一。

② 　《朝鲜英祖实录》卷九十九，英祖三十八年闰五月十三日。

③ 　惠庆宫洪氏著，[韩] 郑炳说译：《恨中录》，首尔：文学社区，2010 年，第 87—88 页。

④ 　《朝鲜英祖实录》卷九十二，英祖三十四年七月初八日。

惠庆宫洪氏所著《闲中漫录（恨中录）》，韩国国立中央博物馆藏本

项。然而热爱学问、行事敏捷的世孙李祘给李昑提供了另一种可能。在李昑与众臣看来，优秀的世孙李祘是“吾东方亿万年无疆之庆”。[①]李愃也注意到了父亲对李祘的宠爱，让史官把每日的《承政院日记》誊抄一份给自己过目。《承政院日记》是国王的秘书机构——承政院记录下来的国王每日的言行举动。当时李昑常带着李祘进行会讲，考察他的学问进展，李愃可以通过《承政院日记》了解李昑、李祘祖孙间的对话。洪氏认为：“帝王父子间自古极难，况病中乎？”她判断如果李愃读到李昑夸奖李祘的话语，必然会惹出麻烦，所以特意嘱咐内侍在将《承政院日记》交给李愃时一定要删掉夸奖李祘的内容，并着手与父亲洪凤汉商讨保护李祘的方案。[②]原本支持李愃的洪凤汉一系，随着李愃乖戾行为的加剧，也渐渐持抛弃维护李愃的立场，而将精力用于保护世孙李祘上。

239

　　1762年五月二十二日，罗景彦向李昑告发李愃犯下的十余项罪行，李昑这才知道李愃的失行到了极为严重的地步。罗景彦是掖庭别监罗尚彦之兄，此前罗尚彦死于李愃之手。洪凤汉急忙将告变的消息告诉李愃，于是李愃匆匆赶往审问现场，要求与罗景彦对质。李昑拒绝了这一请求，并历数李愃的罪状。李愃哭泣道：“此果臣之本病火症也。”即“火症”才是导致失行的根本原因。最后，李昑让李愃戴罪于禁川桥，并下令处死罗景彦。[③]此事件过后，李昑承认朝廷之中形成了父党与子党，他叹道：“景彦岂是逆

---

① 《朝鲜英祖实录》卷九十九，英祖三十八年三月二十九日。
② 惠庆宫洪氏著，[韩]郑炳说译：《恨中录》，首尔：文学社区，2010年，第98—99页。
③ 《朝鲜英祖实录》卷九十九，英祖三十八年五月二十二日。

乎？今日朝臣之偏论，反为父党子党也。"① 此时对李昑来说，与其说李愃是王位的继承人，不如说是王权的潜在危害者。似乎预料到会大祸临头，李愃早已秘密送信给避居在春川（今江原道春川市）的赵载浩，以求得他的帮助。② 赵载浩没有立即答应请求，而是在事变发生后匆忙赶往汉阳。李愃向其求助这一行为已然昭示，在危机时刻，李愃内心倚重的是赵载浩一系的少论势力。

同年闰五月十三日，暎嫔李氏向李昑告发李愃的失行，并建议李昑降下"大处分"，即处死李愃。都承旨李彝章（1708—1764）反对这一主张，认为"殿下以一妇人之语有此无前之举"，拒绝奉诏。但李昑心意已定，先令李愃自尽，但李愃未从。后来李昑令人将大柜置于庭中，逼迫李愃进入柜中，并亲自钉下钉子。③ 一周后，李愃死于柜中。这场事件也被称为"壬午祸变"。

"壬午祸变"的导火索究竟是什么，暎嫔李氏向李昑说了什么？正史里语焉不详。按美国哥伦比亚大学 JaHyun Kim Haboush（金滋炫）教授的看法，思悼世子李愃试图杀掉父亲的举动是促使李昑下定决心废掉李愃，并将其处死的导火索。④ 罗景彦告变后，李昑已经动了废掉世子的心思，只是隐忍未发。突然宫中"忽有飞语，从中而起，上意惊动"，⑤ 李昑立刻令洪启禧等人严守宫门。但实录里并没有明确说明"飞语"的内容，不过根据惠庆宫洪氏的记录，李愃曾向她表示，自己计划带着武器经由水口门奔向父

---

① 《朝鲜英祖实录》卷九十九，英祖三十八年闰五月初六日。

② 朴宗谦：《玄驹记》卷一。

③ 李光铉：《壬午日记》。

④ JaHyun Kim Haboush, *The Confucian Kingship in Korea*, pp.208—210.

⑤ 《朝鲜英祖实录》卷九十九，英祖三十八年闰五月十三日。

亲所居的宫殿，而且他在五月十一日与十二日确实这么做了，只不过未能成功。[1] 于是金滋炫教授根据这些记载在 2001 年做出以上的推定。2012 年，首尔大学郑炳说教授进一步论证了该推定。他认为李愃的直接死因是他犯下了谋逆罪。主要依据是时人抄录的李昑御制的《废世子颁教》（官修史书中已将此洗草）。该文记录了暎嫔李氏向李昑告发的内容，即"近日御苑中造塚，欲埋不敢言之地，令侍人被髪，傍置利剑，欲行不测之事。"[2] 这实际上是在委婉暗示李愃试图弑父。[3]

李昑在为李愃撰写的墓志（1968 年出土）里也提到自己为何一定要处死李愃。

> 不学圣人，反学太甲欲败纵败之事！呜呼！训谕《自省编》《心鉴》，便作言教，狎昵群小，将至国亡。噫！自古无道之君何限？而于世子时若此者，予所未闻。其本生于丰豫，不能摄心流于狂也。夙夜所望，若太甲之悔悟，终至于万古所无之事，使白首之父作万古所无之事。[4]

在李昑看来，李愃已经不适合当一国的世子了。李愃不仅生活奢侈，狎昵群小，而且无法控制自己的情绪，有狂躁的毛病，最后又犯下"万古所无"的错误，即试图弑父，逼得自己不得不

---

[1] 惠庆宫洪氏著，[韩]郑炳说译：《恨中录》，首尔：文学社区，2010 年，第 122 页。

[2] 《废世子颁教》，收入朴宗谦：《玄驹记》卷二。

[3] [韩]郑炳说：《权力与人：思悼世子之死与朝鲜王室》，首尔：文学社区，2012 年，第 211—218 页。

[4] 李昑：《有明朝鲜国思悼世子墓志》，韩国国立中央博物馆藏品。

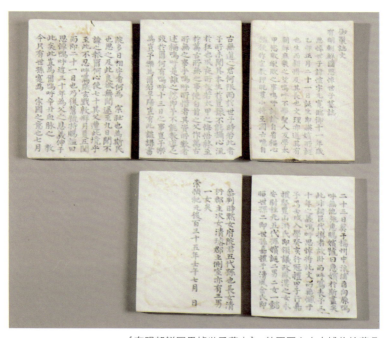

《有明朝鲜国思悼世子墓志》，韩国国立中央博物馆藏品

先下手为强，处死了他。

李愃死后，李昑以李愃"身故"为由，向清朝请求册封李祘为世孙，得到乾隆帝的许可。[1]乾隆帝派出敕使富宪赴朝鲜吊丧，但朝鲜极为担心富宪会探知到李愃的真正死因，于是禁止朝鲜人向敕使透露消息。[2]然而流言依然传入清朝，曾任凤凰城（今属丹东凤城市）权使的博明记载："传言愃嗜酒狂易幽死，故朝鲜之酒禁甚严。"[3]看来清人也听到了李愃非正常死亡的说法。不过早在李愃出生之前，李昑就已下令禁酒，并不断强化惩罚措施。李愃行为失常后，确有嗜酒的举动，也是他触怒李昑的原因之一。

243

三、"壬午祸变"后的政局变化

"壬午祸变"发生后两年，李昑将世孙李祘过继给他早逝的伯父——孝章世子李緈为子。他下令恢复思悼世子李愃的名号，设置垂恩庙祭祀李愃，但又严令禁止后世给"壬午祸变"一事翻案。[4]此时洪凤汉的政治地位也发生了变化，原本他是世子的丈人，但现在下降为世孙的外祖父，而同为外戚的金汉耇、金龟柱的地位获得提高。两派为争夺老论的领导权，展开了激烈的政治斗争。1769年，金汉耇去世，金龟柱成了金氏一系的领袖。1772年，金龟柱的族弟金观柱（1743—1806）上疏称洪凤汉对李昑不忠，理

---

①　《清高宗实录》卷六百八十六，乾隆二十八年五月初八日。

②　朴宗谦：《玄驹记》卷二。

③　博明：《凤城琐录·附朝鲜轶事》。

④　《朝鲜英祖实录》卷一百零三，英祖四十年二月二十日。

由是六年前李昑病重时，洪凤汉拒绝金汉耉提出的汤剂里的人参全用"罗参（品质最好的庆尚道人参）"的方案，还批评金汉耉是"干预国政"。李昑看破了"攻洪派"的计划，认为金龟柱与当时担任药房都提调的金致仁（1716—1790）才是指使金观柱上疏的背后人物。[①] 此前金致仁与大司成金钟秀（1728—1799）等人鼓吹清论，借以批判"扶洪派"的专权，形成了所谓"清党""名党""时体党"的数种新党派。[②] 李昑担心在金致仁等人的操纵下，几十年的"荡平"成果会毁于一旦，洪氏与金氏两家外戚也会因此覆亡。[③] 于是下令将金致仁降为闲职，流放金钟秀，并革去金龟柱的官职。从此洪氏与金氏的矛盾到了无可调和的地步，两家在接下来的李祘统治时期继续争斗。

1775 年前后，李昑的身体情况恶化，已无法正常处理国政，便建议让世孙李祘代理听政。但左议政洪麟汉（1772—1776），也就是洪凤汉之弟、李祘的叔外祖表示反对。他认为："东宫不必知老论、少论；不必知吏判、兵判；尤不必知朝事矣。"[④] 这就是所谓的"三不必知说"。洪氏一听到"代理"二字就感到心惊肉跳，在她看来，之前思悼世子李愃的代理听政就是一系列悲剧的开端，而且李昑这次很可能是在试探群臣的反应。虽然李昑钟爱李祘，但每有大臣夸赞李祘，李昑就会怀疑大臣们因国王衰老，而故意依附年少的世孙。洪麟汉是由于避免李昑怀疑世孙，而故意

---

① 《朝鲜英祖实录》卷一百十九，英祖四十八年七月二十一日。

② 《承政院日记》第 1328 册，英祖四十八年五月初七日。

③ 《朝鲜英祖实录》卷一百十九，英祖四十八年七月二十三日。

④ 《朝鲜英祖实录》卷一百二十五，英祖五十一年十一月二十日。

以"三不必知说"作答，[1] 然而李祘本人希望能代理听政，所以洪麟汉与丰山洪氏一族因此严重得罪了李祘，该事件也成为李祘即位后处罚洪氏一族的重要原因之一。

在李昑的坚持下，李祘最终得以代理听政。然而"壬午祸变"仍是可能对李祘执政名分产生冲击的最严重的不稳定因素。1776年初，李祘向祖父李昑请求删去《承政院日记》里有关"壬午祸变"的内容，得到了李昑的许可。[2] 朝鲜王朝编纂《承政院日记》的目的在于"该括事实、凭信掌考、以誊录之体、兼史策之用。"[3] 与编纂目的在于"录其时政得失、人物美恶"的《实录》不同，《承政院日记》仅仅是记录国王的日常行政，所以带有强烈褒贬意图的《实录》在原则上禁止"随事则考"，而《承政院日记》在当时就可以阅览。显然李祘不希望世人知道父亲李愃试图弑父的事情，他即位后替祖父修纂实录时亦特意将这一段隐去。这也是今日很难在朝鲜王朝官修史书中见到"壬午祸变"相关记载的原因所在。

---

① 　惠庆宫洪氏著，[韩] 郑炳说译：《恨中录》，首尔：文学社区，2010年，第376—379页。

② 　《朝鲜英祖实录》卷一百二十七，英祖五十二年二月初四日。

③ 　《承政院日记》第2074册，纯祖十六年八月二十四日。

246

韩剧韩影指南:《尚衣院》《思悼》

　　韩影《思悼》的叙事参考了首尔大学国文系郑炳说教授的学术研究著作——《权力与人：思悼世子之死与朝鲜王室》（권력과 인간: 사도세자의 죽음과 조선왕실）一书。郑教授通过翻译校注《恨中录》一书，并参考其他史料，重新考察了"壬午祸变"前后的历史，提出了这样的主张：思悼世子李愃的弑父之举，是英祖李昑不得不处死李愃的主要原因。电影的前半部分还原了事件的旁观者——时任承政院假注书的李光铉留下的《壬午日记》的记录。如李愃以头磕地出血，李昑扔剑逼迫李愃自尽等。该日记直到朝鲜末期才公诸于世，是研究"壬午祸变"不可多得的重要史料之一。此外电影还还原了《恨中录》中的大量场景来说明李昑的怪异性格，如李昑听闻不吉之事后要洗耳朵，并把晦气甩给李愃等举动。由于该书尚未有中文译本，暂将电影中出现的部分情节汉译如下：

　　英庙（即李昑）为其好事与不好事，出入之门皆异。所爱之人所居之室，使不爱之人不居焉。所爱之人所行之路，使不爱之人不行焉……于世子则不然，视政事于外而入来之时，衣其政事时所着衣褛而入，召东宫（即李愃）而问："饭乎？"对答毕，当席洗其闻所对之耳。所洗之水，弃于和协翁主（李愃的亲姐，也不受父王宠爱）所居之室广窗下……景慕宫（即李愃）谓和协翁主："吾之男妹，所洗之差备尔！"相视而笑。

第十一章　最后的荣光

正祖时期的政治、商业、读书文化

正祖李祘在政治上继续推行"荡平策",维持了政局的大致稳定。在他的治下,朝鲜的经济、社会、文化均有长足发展,并迎来王朝史上最后一个繁荣期。此时朝鲜人对清朝的认识也渐渐发生改变,出现了"北学"清朝的新思潮。在商业与文化的发展大潮中,小说受到两班与平民阶层的一致热捧。

一、正祖李祘的即位与政局变动

1776年初,执政长达半个多世纪的英祖李昑去世,世孙李祘即位,是为正祖。李祘即位伊始就宣布:"寡人,思悼世子之子也!"李祘不满祖父李昑将其过继给伯父李緈,但他很清楚这样的宗统变更是他能顺利即位掌权的前提。他只能在不改变李昑遗命的前提下,提高思悼世子李愃的祭祀规格与母亲惠庆宫的待遇标准,同时严禁有人借此提出追尊李愃为王的议论。[1]此时李祘的王位并不稳固,朝野流传着反对李祘为王的十六字"凶言",即

① 《朝鲜正祖实录》卷一,正祖即位年三月初十日。

"罪人之子，不可承统；太祖子孙，何人不可？"据说是贞纯王后金氏一族散布了这样的"凶言"。[①] 这也暗示，当时人很清楚李愃有弑父的嫌疑，把他称为"罪人"。李祘亟需巩固自己的王位，而非追崇自己的生父，于是他在明面上必须宣称会继承英祖李昑时代的政策。李祘向清朝请求追封孝章世子李緈为朝鲜国王，而非生父，这一请封也得到乾隆帝的许可。[②]

李祘即位后，重用世孙时期的心腹洪国荣（1748—1781）。洪国荣亦属丰山洪氏一族，但与惠庆宫洪氏一家矛盾颇深。同时，李祘迅速处理了曾阻挠自己代理听政与即位的人士。姑母和缓翁主的养子郑厚谦（1749—1776）、叔外祖洪麟汉等人被处死，和缓翁主本人亦被贬为"郑妻"，贞纯王后的兄长金龟柱被流放孤岛。[③] 朝鲜的政局变动消息亦传到清朝。按博明的记载，洪凤汉与洪麟汉兄弟颇为"专擅"，洪麟汉阻挠李昑"内禅"李祘，所以难逃一死；洪凤汉因为是李祘的外祖而免于一死；郑厚谦凭借母亲的势力干预政事，蓄意谋逆，在李祘即位后遭到诛杀。[④] 可以说，清朝比较准确地获知了朝鲜的消息。

1777年，爆发了针对李祘的暗杀事件。该年七月二十八日夜，李祘在尊贤阁读书，突然听到屋檐上有脚步声，瓦砾随之作响。恰好侍奉之人被派去查看守直的情况，李祘周围空无一人。

---

① 惠庆宫洪氏著，[韩]郑炳说译：《恨中录》，首尔：文学社区，2010年，第328页。
② 《清高宗实录》卷一千零十二，乾隆四十一年七月十四日。李祘把孝章世子追尊为"真宗"。
③ 《朝鲜正祖实录》卷一，正祖即位年三月二十五日；四月初三日；《朝鲜正祖实录》卷二，正祖即位年九月初九日。
④ 博明：《凤城琐录·附朝鲜轶事》。

李祘静听了一段时间后，判断有变，便呼唤太监与掖隶查看屋顶，发现瓦砾凌乱，还有数十枚铜钱。李祘随即下令禁卫大将洪国荣搜索可疑人物，并强化宫廷防卫。[1] 然而数天也没能抓到嫌犯，恼怒的李祘罢免了右捕盗大将李柱国，令具善复担任这一职位。换将后没两天，洪述海、洪相范、洪相简等一众嫌犯就被抓获。洪述海等南阳洪氏人士分别是英祖李昑时期重臣洪启禧（1703—1771）的儿子与孙子，洪启禧被认为是将思悼世子李愃的失行告知李昑，造成"壬午祸变"发生的罪人之一。经过审问，南阳洪氏诸人承认了试图谋杀李祘，拥立李祘庶弟恩全君李禶（1759—1778）为王的计划。最后，洪述海等人加上李禶全被处死。[2] 其实此案充满了疑点，如刺客行刺还带着铜钱，故意留下破绽；换将之后就立刻抓获嫌犯等等，难说此案不是李祘故意设计的。[3] 总之，经过此案，李祘的主要反对势力与潜在的王位竞争者李禶都已不复存在。此案审结后，李祘向清朝报告之前洪麟汉及本案件始末，并请求清朝帮忙捕抓可能逃到边境的嫌犯，获得乾隆帝的许可。[4] 不过流言也随之传入清朝，如"洪相简之死，率多互异之词"等，[5] 可见当时之人也对此案充满疑虑。

　　李祘即位初期的一系列政治操作里，都有心腹洪国荣的身

251

---

[1]　《朝鲜正祖实录》卷四，正祖元年七月二十八日；二十九日。

[2]　《朝鲜正祖实录》卷四，正祖元年八月初七日；十一日。

[3]　[韩]郑炳说：《权力与人：思悼世子之死与朝鲜王室》，首尔：文学社区，2010年，第302—303页。

[4]　《朝鲜正祖实录》卷四，正祖元年十月二十六日；《清高宗实录》卷一千零四十七，乾隆四十二年十二月二十九日。

[5]　博明：《凤城琐录·附朝鲜轶事》。

影。此时的洪国荣，可以说是一人之下万人之上。李祘与正妻孝懿王后金氏（1753—1821）关系疏远，无任何子嗣，挑选嫔媵的事情很快被提上日程。洪国荣为长久保持荣华富贵，把年仅十三岁的妹妹送入宫中，即元嫔。不过元嫔入宫一年后就去世了，没有生下任何子女。洪国荣没有死心，又将李祘庶弟恩彦君李裀（1754—1801）的儿子李湛（？—1786）过继给元嫔为子，号称"完丰君"。"完"指的是王室本贯全州，全州别称完山，而"丰"指的是洪国荣自己的本贯丰山。洪国荣想让李湛成为王位继承人的心思昭然若揭。然而这件事彻底惹怒了李祘，1779 年秋，洪国荣被逼致仕，不久死于流放之地。①

除掉洪国荣后，李祘为进一步培养近卫亲王势力，仿前代的集贤殿制度，于 1781 年建立了奎章阁抄启文臣制度。工曹参议李泽徵（1715—？）看破了国王的意图，上疏反对这一制度。他称奎章阁是"殿下之私阁，而非国中共公之阁也"，而阁中的抄启文臣是"殿下之私臣，而非朝廷邻哉之臣也"。②不过抄启文臣制度的设置，确实部分突破了朝鲜根深蒂固的嫡庶差别，选拔并培养出一大批人才。曾任抄启文臣的李德懋（1741—1793）、柳得恭（1748—1807）、朴齐家（1750—1805）等人还曾任燕行使臣或跟随使团赴北京，得以亲身接触清朝文化。

老论、少论、南人虽然也活跃在李祘时期的朝堂之上，但根据情况的变化，各党派之间还存在"时派"与"僻派"（也称"僻牌"）的差别。所谓"时派"，一般持同情思悼世子李愃的立场，

---

① 《朝鲜正祖实录》卷八，正祖三年九月二十六日。
② 《朝鲜正祖实录》卷十三，正祖六年五月二十六日。

配合李祘的政治运营，多出自之前的"扶洪派"，在学问上奉行鼓吹"人物性同论"的洛论。而"僻派"在政治、学问上的立场与"时派"均相反，并鼓吹"人物性异论"的湖论。当时士林界为"人"与"物"是本性相同还是不同展开论争，汉阳的学者们支持"性同论"，被称为"洛论"，"洛"即"洛阳"，代指首都。而忠清道一带，即湖西地区的学者们支持"性异论"，被称为"湖论"。[1]"洛论"承认人与物的本性一致，这就为朝鲜向一直以来被蔑视为"夷狄之国"的清朝学习，开启了部分思想上的可能性。

李祘在政治运营上大致继承了李昑时期的"荡平策"，并进行了一些调整。与李昑要求大臣们抛弃党派的义理，追随国王主张的义理不同，李祘认可大臣们坚守各自党派的义理，并在此之上推行"荡平策"，所以李祘要求大臣们明确发出自己的声音。这一点尤其反映在他对僻派的要求上，因为只有这样，他才能达到通过僻派牵制其他党派的目的。[2]李祘曾夸赞僻派："僻牌无他长，见人不是处，则力言痛斥。"[3]所以李昑时期的荡平被称为"缓论荡平"，而李祘时代的荡平又被称为"峻论荡平"。不过根据近年来新发现的李祘写给老论僻派沈焕之（1730—1802）、南人时派蔡济恭（1720—1799）等大臣的密札可知，时派与僻派也并不是绝对

253

---

① 一说以忠清北道堤川的义林池湖为界，以西地区被称为"湖西"，即忠清道；以全罗北道金堤的碧骨堤湖为界，以南地区被称为"湖南"，即全罗道；以鸟岭为界，以南地区被称为"岭南"，即庆尚道。这样的地区代称仍广泛用于当代韩国的选举等活动中。

② [韩]安大会：《正祖的秘密信件：国王的苦恼与统治的技术》，首尔：文学社区，2014年，第80—81页。

③ 李祘著，成均馆大学校东亚学术院编：《正祖御札帖》，首尔：成均馆大学校出版部，2009年，第167页。

泾渭分明，很可能都是受李祘操控的派别。李祘通过密札操控各派的上疏等政治举动，制造国王需要的对立或者妥协。[①]惠庆宫洪氏亦称李祘曾向她表明，僻派领袖金钟秀的主张不过都是听从自己的安排，其中也包括金钟秀针对丰山洪氏一族的批判言论。[②]李祘在统治晚期自号"万川明月主人翁"，称自己才是照亮世间的明月。[③]在他看来，国王才是所有臣民的老师，即"君师"。金钟秀支持李祘的看法，并吹捧道："吾君，圣人也。聪明有临，君而兼师。钟秀今至老白首，而仰弥高信弥笃，只知吾君之为吾师。"[④]本该由士林集体定义的"公论""道统"，到了李祘治下，都成了国王意志的产物。利用党派间的矛盾，不遗余力地强化王权，才是李祘的根本目标。

执政晚期的李祘对时派沉溺于"时俗"的状况非常不满。1795 年，他以"矫诬圣君"的罪名，逐出少论郑东浚（1753—1795）等人，随后依赖沈焕之为首的老论僻派进行统治，这一政局变动也被称为"僻牌换局"。此后僻派也被"时俗"侵染，李祘很恼火，批评金达淳（1760—1806）是"到处铜臭，人皆掩鼻"；而徐迈修（1731—1818）是"五脏呼不居半"。[⑤]到了 1800 年五月，情况并没有好转，出现了时派与僻派"多寡既不相敌，鲁愚亦可

---

① ［韩］安大会：《正祖的秘密信件：国王的苦恼与统治的技术》，首尔：文学社区，2014年，第 74—79 页。

② 惠庆宫洪氏著，［韩］郑炳说译：《恨中录》，首尔：文学社区，2010 年，第 451—452 页。

③ 李祘：《万川明月主人翁自序》，《弘斋全书》卷十。

④ 《朝鲜正祖实录》卷四十五，正祖二十年九月初六日。

⑤ 李祘著，成均馆大学校东亚学术院编：《正祖御札帖》，首尔：成均馆大学校出版部，2009 年，第 431 页。

沈焕之肖像，韩国京畿道博物馆藏品

相掩"的局面。李祘希望僻派能重振旗鼓，支持自己"丕新陋俗"的计划。① 五月底，李祘决定向全体朝臣重申自己的执政原则，尤其强调最重要的目标就是"矫俗"，颁布了所谓的"五晦筵教"，② 暗示自己准备大举启用僻派。③ 然而此后李祘的健康情况逐渐恶化，并于同年七月逝世，他的改革就此画上终止符。

二、水原华城的营建

1788 年，李祘构筑出所谓"三党保合"政局，即老论金致仁、少论李性源（1725—1790）、南人蔡济恭被分别任命为领议政、左议政、右议政，形成三党互相合作，互相牵制的体制，④ 这被认为是李祘推行"荡平策"以来的重大成果。随着王权的不断巩固，执政后期的李祘开始逐步提高生父思悼世子李愃的地位。1789 年，在锦城尉朴明源（1725—1790）的建议下，李祘决定将原位于京畿道杨州拜峰山的思悼世子李愃之墓移至水原花山，并命名为显隆园。⑤

1791 年开始，出现了蔡济恭一人担任领议政的"独相"体制。李祘对蔡济恭的重用，让长期被排斥在权力中枢之外的南

---

① 李祘著，成均馆大学校东亚学术院编：《正祖御札帖》，首尔：成均馆大学校出版部，2009 年，第 515 页。

② 《朝鲜正祖实录》卷五十四，正祖二十四年五月三十日。五晦筵教：正祖李祘在五月晦日（三十日）的经筵上颁布的教旨。

③ [韩]安大会：《正祖的秘密信件：国王的苦恼与统治的技术》，首尔：文学社区，2014 年，第 137 页。

④ 《朝鲜正祖实录》卷二十五，正祖十二年二月十九日。

⑤ 《朝鲜正祖实录》卷二十八，正祖十三年十月十七日。

人党，以及南人党的大本营——岭南一带的士人感到欢欣鼓舞。
1792年春，岭南士人们以思悼世子李愃逝世三十周年为契机，
两次联名向中央递上旨在呼吁为李愃洗刷冤恨的"万人疏"。南
人党认为李愃无罪，是奸臣挑拨英祖李昑，李昑被奸臣蒙蔽才处
死李愃。接到上疏的李祘表示很感动，但仍重申自己会延续即位
时宣布的政策，不会改变祖父李昑的决定。① 尽管"岭南万人疏"
没能达到目的，但此事过后，原本对臣民讨论"壬午祸变"的禁
令出现较大松动，朝野上下逐渐猜到李祘想进一步尊崇生父的
意图。

　　李祘若着手尊崇生父李愃，还需更多的政治准备。在此过程
中，蔡济恭迎合李祘，上疏讲述了李昑的密札——"金縢之词"
的往事。1793年夏，李祘召见众臣，给他们展示蔡济恭上疏中提
到的"金縢之词"中数句，即"血衫血衫，桐兮桐兮。谁是金藏
千秋？予怀归来望思。"按李祘的转述，英祖李昑晚年后悔处死思
悼世子李愃，曾偷偷留给蔡济恭一封密札，让他藏在徽宁殿牌位
下的褥席中，这就是"金縢之词"。李祘表示，他现在给众臣们展
示"金縢之词"的目的是"明义理、正伦纲"。② 换句话说，现在
追崇思悼世子李愃符合英祖李昑的遗命，也符合子女敬爱父亲的
人之常情。不过"金縢之词"不一定真是李昑的遗命，很可能是
李祘为了追崇生父而故意伪造的。总之，"金縢之词"出现后，尊
崇李愃不再有道义上的负担，尊崇事业在李祘的主导下也得以迅
速推进。其中的代表工程是水原华城（今属京畿道水原市）。朝鲜

257

---

① 《朝鲜正祖实录》卷三十四，正祖十六年闰四月二十七日；五月初七日。

② 《朝鲜正祖实录》卷三十八，正祖十七年八月初八日。

于 1794 年开始在显隆园附近营建这项工程，并于 1796 年前后完成了建设。

水原华城，笔者摄

　　明清鼎革之后，随着时间的流逝以及清朝统治的稳定，原本极度蔑视清朝的朝鲜士大夫们也逐步认识到了"北伐"主张的虚幻以及清朝文化技术的先进。到了李祘执政期间，一部分曾出使过北京的朝鲜士大夫，如朴齐家、朴趾源（1737—1805）等人开始主张"北学中国"，即引进清朝的先进文化技术为朝鲜所用。虽然"北学"为朝鲜的社会发展提供了另一种新的可能，但"北学"思想只在一部分朝鲜燕行使及其周边人物间流传，未能成为朝鲜政界与学界的主流意识形态。大部分的朝鲜士大夫即使明知清朝文化技术的先进，却还是坚持"崇明反清"，认为朝鲜才继承了中华文化的嫡统，并在此基础上发展出所谓的"朝鲜中华主义"。打个比方的话，朝鲜王朝就算通过加入清朝提供的国际秩序，即清秩序这个巨大的水族馆来保障王朝的安宁，但在水族馆的一个鱼缸（即朝鲜半岛）里，却批判蔑视水族馆体制，这就是朝鲜中华主义的本质。这样来看，可以认为"朝鲜中华主义"并不是"事实"，而是建立在"意见"上的意识形态在朝鲜社会发生作用。[①]虽然"北学"的发展一直受到"朝鲜中华主义"的制约，但也不是一事无成，水原华城的修建，正是"北学"思想落到实处的成果之一。

在水原华城的建设中，通过燕行而从清朝传入朝鲜的新技术与新知识发挥了巨大的作用。李祘在统治上标榜"右文政治"，重视学问，注重提拔有真才实学的青年士人。在建设华城之前，包括《古今图书集成》《奇器图说》在内的大量书籍已流入朝鲜。丁若镛（1762—1836）等一批抄启文臣在奎章阁中研读这些书籍，设计出适合华城建设使用的举重器等器械。水原华城在城池的规划上也参考了中国北方城池的样式，长安门的瓮城便是其成果之一。李祘本人亦对华城的建设非常满意，在1797年正月的一次巡城中，他表示："今而后，我国始可曰有城制。"[②]喜悦之情溢于言表。

李祘修建水原华城的目的一是安慰生父李愃的亡灵；二是为了构筑由华城、卄城、江华岛、南汉山城组成的围绕在首都周围的防御体制，因此新设置的国王亲卫军——壮勇营也驻扎在华城；

———————

① [韩]桂胜范：《被停止的时间：朝鲜的大报坛与近代的门槛》，首尔：西江大学出版部，2011年，第35页。

② 《朝鲜正祖实录》卷四十六，正祖二十一年正月二十九日。

三是为了预备退位后奉母退居于此的生活。所以华城的城市规划
也显示出了军事与生活目的兼用的特点。由于李祘本人被过继给
了伯父李绪为子，因而生母惠庆宫洪氏不能算作李祘宗法上的母
亲，亦不能被尊为王大妃。宗法上不被算作母子，但这并不会改
变李祘对生母的孝心。水原华城的建设，既重视建造军事设施，
也注意修建供国王母子居住用的行宫。华城行宫等建筑完工后的
1795 年，李祘便带上母亲前去华城祭祀父亲。这一年正是李愃的
六旬冥寿与惠庆宫洪氏的花甲诞辰。

华城行宫里各宫殿的名称无一不体现出这是一座为了国王及
老母退居生活而修建的行宫。比如正门新丰楼之名，用的是汉高
祖刘邦修建新丰城的典故——刘邦为了缓解其父刘太公的思乡之
情而仿故乡城邑修建了一所新城，即新丰城。李祘修建华城行宫
的动机亦与刘邦有类似之处，即都是为了向父母尽孝。不同的是
刘邦是为了安慰父亲的思乡之情，而李祘是为了安慰母亲对故人
的思念。行宫里又有名为"老来堂"的殿堂，这个名称取自白居
易所作的名为《四十五》的诗歌。诗云："行年四十五，两鬓半
苍苍。清瘦诗成癖，粗豪酒放狂。老来尤委命，安处即为乡。或
拟庐山下，来春结草堂。"陪母亲巡幸华城的李祘当时正四十五
岁左右。

惠庆宫洪氏记录了李祘曾向她讲述"甲子年构想"，即李祘早
打算在 1804 年传位世子李玜（纯祖，1800—1834 年在位）。到那
一年，李玜年满十五，可以独立处理政事。退位后不被政务缠绕
的李祘可以侍奉母亲，长期住在靠近父亲的陵园的水原华城。然
而李祘的"甲子年构想"并未能如愿进行。1800 年六月，李祘的

260

肿气病突然加剧，不久溘然长逝。洪氏在儿子去世后，留下了如下的回忆：

> 　　先王（即李祘）黾勉在位而至痛在心，无南面之乐，或请尊号，则坚辞不受，每有脱屣千乘之志。既诞圣子（即世子李玜），宗国之付托有人。华城规度与京师等，堂号曰老来堂，亭号曰未老闲亭。每语余曰，小子非贪位也，为宗国不获已也。岁在甲子，则元子为十五岁足可传位，当遂初志，陪妈妈往华城。①

　　李祘去世后亦归葬水原的花山下，其健陵与父亲的显隆园相依而建。因为李祘的急逝，无论是"甲子年构想"还是政治上的荡平政局，都很快化为乌有。李祘死后，年幼的世子李玜即位，英祖李昑的继妻贞纯王后金氏以大王大妃的身份垂帘听政，政治实权迅速集中到外戚庆州金氏一族与老论僻派的手中，政治走势也从标榜"无党无偏"的"荡平政治"走向外戚独大的"势道政治"。

三、商业与读书文化的发展

　　进入 18 世纪后，随着政局的逐步稳定与农业生产技术的发展，朝鲜的社会经济比起前代有了长足发展，并在此基础上形成

---

① 惠庆宫洪氏著，[韩]金东旭、李秉歧校注：《恨中录·闲中漫录》，《韩国古典文学大系》第 6 册，首尔：教文社，1984 年，第 518 页。

了商业与文化的繁荣局面。大同法的广泛实施，进一步刺激了商业的发展。原本政府直接收取特定物产，但大同法实施之后，收取的是米、布与部分金钱货币，政府的所需物资由御用商人——贡人从市场上购买。在此过程中，棉布与麻布这样的纺织品，获得了实物货币的地位。

尤为值得关注的是，该时期清鲜之间的贸易获得飞速发展。明初时，朝鲜使团赴南京、北京时携带白银作为盘缠与贸易的资金。15 世纪前期，朝鲜以"金银非国产"，奏请免贡金银，获得了明朝的许可。此后朝鲜使团赴北京买卖时，禁止携带白银，而以人参代为盘缠与贸易资金。到了明朝末年，允许每人携带八十斤人参赴北京，这就是所谓的"八包之制"。后来银禁渐渐放开，到 17 世纪晚期，允许使团中堂上官与上通事们携带三千两、堂下官二千两白银。此后该制度又经过数次调整，到了正祖李祘在位期间，允许白银与人参均可作为贸易资金的"八包"。[①] 然而，实际上朝鲜使团带去北京的资金往往远超政府规定的限额。此外使团还携带大量其他货物，如高丽纸、皮物、绵布、海参、海带等赴清朝交易。

就朝鲜方面来说，义州商人占据了对清贸易的主导地位，他们被称为"湾商"，这是因为义州的旧称是"龙湾"。湾商通过结识常年出使清朝的译官，贿赂边境官员等方式，渐渐掌握了八包贸易的主导权。他们甚至加入使团，以随行人的身份赴北京，全面介入对清贸易。如 1780 年朝鲜派往清朝祝贺乾隆帝八旬生日的

262

---

① 　徐荣辅等编：《万机要览》财用篇卷五。

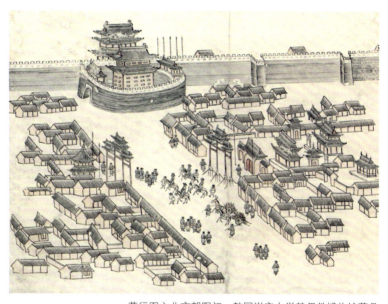

燕行图之北京朝阳门，韩国崇实大学基督教博物馆藏品

使行团，就有湾商林景赞随行。① 湾商们又与朝鲜国内最有实力的大商人——松商，即开城（开城别称"松京"）商人联系在一起。松商们在商业要冲多设置商铺兼物流集散地——"松房"，可以将进口的清朝商品迅速销往朝鲜八道。松商们将人参输往日本，从日本获取大量白银，这些白银又成为松商购入清朝商品，参与对清贸易的本金。② 在李祘统治期间，湾商与松商的势力进一步壮大，并与官员勾结起来，扩大对清贸易。如水獭皮本是朝鲜对清贡品之一，也是深受清朝市场喜爱的朝鲜货物。由于这项贸易的获利十分丰厚，湾商与松商便勾结权势之家偷偷大量收购水獭皮，再买通边境的官员，将此物违禁卖去清朝。③ 松商又勾结生产高丽纸的僧人，在朝鲜官方挑选贡纸之前，抢先一步把质量最好的买走，以卖去清朝，赚取丰厚利润。④

对清贸易的繁荣加快了朝鲜内部崇奢风潮的蔓延。朝鲜使团赴北京时，使团中的"译官辈每每鸠聚数十万银货，悉贸燕市之奇锦美绣，率归于妇女衣裳装饰之需。"⑤ 在英祖李昑的统治期间，朝鲜服饰的国俗化速度进一步加快。极具朝鲜特色，将长发编成麻花辫并添加大量假发卷裹在头上的发式——"加髢"逐渐在女性之间流行开来。朝鲜社会以加髢越大，插在上面的装饰物越华丽为美，于是锦绣、貂皮、珠翠、珍髢等成为朝鲜从北京购入的

---

① 朴趾源：《馹汛随笔》，《热河日记》，《燕岩集》卷十二。

② 《承政院日记》第 601 册，英祖元年九月二十二日。

③ 《日省录》第 189 册，正祖十年正月初六日；《承政院日记》第 1711 册，正祖十六年十一月二十日。

④ 《日省录》第 260 册，正祖十二年正月初八日。

⑤ 《承政院日记》第 599 册，英祖元年八月十六日。

大宗货物。^① 汉阳中的崇奢风气又蔓延到其他地方，造成朝鲜社会对清朝产出的奢侈品的需求日益加大，白银外流加速。英祖李昑非常担忧这样的情况，下令禁奢，并严禁从北京购买带有纹样的锦缎。经常与朝鲜使团进行贸易的北京大商人郑世泰听闻朝鲜禁止纹缎的消息后，向朝鲜使团抱怨："在汝国王，诚德盛事矣。吾曹自此无以聊活，将未免饿死矣。"^② 不过崇尚奢侈的风潮并不会因国王的禁令而消失，李昑在位期间多次下令禁奢，反而证明"禁奢令"的效果极为有限。从清朝购入奢侈品的行为也并没有根绝，而以"密贸易"，也就是走私贸易的形态越演越烈。李祘即位后，"禁奢令"几乎成为一纸空文。朝鲜宫廷对清朝产的绸缎一直保有较大需求。1791 年，朝鲜使团奉李祘之命在北京为贞纯王后与惠庆宫洪氏购买衣裳所需绸缎，一次花费就高达三百六十两白银。^③ 王室女眷都如此奢侈，又如何要求官员与民众杜绝奢侈之风呢？

李祘在统治晚年，推行"通共"政策，稳定城市的商品供给与物价。所谓"通共"，即"通共发卖"，除部分特定商品外，废除所谓"市廛商人"的独卖权，允许商品自由交易与流通。早在 17 世纪上半期，朝鲜在汉阳设置了所谓的"廛案"与"市案"，即只允许承担向朝廷供应物品的"国役"，登记在廛案里的商人来买卖登记在市案里的物品。违反这一规定而私自设置的市廛或贩卖物品的行为，被称为"乱廛"。市廛商人可以向管理市场的市官告发"乱廛"，这一权力也被称为"禁乱廛权"。进入 18 世纪后，

265

《女俗图帖》，申润福绘，韩国国立中央博物馆藏品

汉阳人口增加，从事商业越来越有利可图。各官衙的胥吏、权势家的奴仆与私商等人，为赚取商业利润，不断与原有的市廛商人产生冲突。[①]1741年，英祖李昑下达了调整禁止乱廛行为的法令。按新法令的规定，若是贩卖数量巨大的重要物品，仍然按以前的规定全数严禁，但对出售数量不大的普通物品，则不视为"乱廛"，允许自由买卖。[②]不过此后该政策又被取消。1751年，洪凤汉向李昑建议："如六矣廛等大廛，严其乱廛之法，其他杂廛，并勿禁。则市民小民，似为两便矣。"[③]所谓"六矣廛"，即享有独卖权的六家较大的市廛，在18世纪晚期指的是线廛、绵布廛、绵紬廛、内外鱼物廛、纸廛、苎布廛、布廛这六家。[④]洪凤汉提出的这项建议施行没多久，就因为市廛商人的反弹而取消。之后朝中虽又数次讨论"通共"问题，但直到英祖李昑去世，该问题仍未得到解决。

李祘在位期间，京江商人，也就是掌握汉阳水运权的商人们的势力获得进一步增长。京江商人们承担汉阳内外水路运输与商品流通，又积极参与"舟桥役"，从而获得朝廷赋予的运输税谷的特权。[⑤]当时朝鲜为营建水原华原华城与华城巡幸，征用了民间船只作为"舟桥"。1791年，蔡济恭多次向李祘建议革罢六矣廛之外的"乱廛"，允许其他物品的自由交易，获得许可。[⑥]这就是所谓的

267

① 《承政院日记》第688册，英祖五年七月十二日。

② 《承政院日记》第936册，英祖十七年九月二十日。

③ 《备边司誊录》第122册，英祖二十七年五月二十五日。

④ 徐荣辅等编：《万机要览》财用篇卷五。

⑤ 《承政院日记》第1711册，正祖十六年十一月二十日。

⑥ 《承政院日记》第1687册，正祖十五年二月十二日。

"辛亥通共"。这场改革在相当程度上改变了汉阳的商业组织结构，推动了城市商业的继续发展。不过"辛亥通共"的实施在平抑物价的方面效果平平，并且引发了市廛商人的强烈抗议。[①] 而京江商人通过掌握汉阳内外物品的流通，得以高度介入物价波动，成为这场改革的最大受益者。

在李祘推行的"右文政治"政策影响下，朝鲜官方从清朝采购了包括《古今图书集成》在内的大量书籍。朝鲜原来想购买《四库全书》，但《四库全书》尚未彻底完工，所以负责购书的徐浩修（1736—1799）购买了《古今图书集成》运回朝鲜。[②]《古今图书集成》运抵朝鲜后，受到李祘的喜爱与重视。他让人将书以朝鲜纸张改装，并命奎章阁检书官撰写书目等。[③] 由于朝鲜官方的重视，奎章阁中的清朝书籍藏书量，在李祘统治期间得以稳步增长。

但朝鲜官方并不希望清朝书籍不加分别地进入朝鲜。当时流入朝鲜的大宗清朝书籍并非是儒教相关书籍，而是稗官野史与小说杂记。1786 年大司宪金履素（1735—1798）上疏建议严禁从清朝购入野史小说，认为朝鲜国内"邪说之流行"正是因为这些书籍的流入。李祘赞同这一建议，下令备边司为此单独设置禁条，并知会义州官员加强书籍搜检。[④] 但该禁令收效有限，稗官小说仍不断流入朝鲜，并对朝鲜流行的文风产生了显著影响。李祘对此

---

① 《承政院日记》第 1698 册，正祖十六年正月初二日。

② 《朝鲜正祖实录》卷三，正祖元年二月二十四日。

③ 洪翰周：《智水拈笔》卷一。

④ 《承政院日记》第 1594 册，正祖十年正月二十二日。

极为不满，批评道："近来士趋渐下，文风日卑。虽以功令文字观之，裨官小品之体，人皆仿用，经传菽粟之味，便归弁髦，浮成奇刻，全无古人之体，噍杀轻薄，不似治世之声。"为改变这一现象，李祘下令禁止购买清朝书籍带回朝鲜，且严禁成均馆考试与科举考试出现模仿裨官小品文的文体，违者绝不录用。[1] 李祘希望能扭转当时的文风，恢复推崇唐宋古文的传统。在他的主导下，"文体反正"运动应运而生。曾于 1780 年随使团赴清，按裨官小品的文体写下《热河日记》的朴趾源就遭到李祘的批评。李祘当面斥责他道："以若才华，何必为如是文体乎？"[2] 然而李祘能改变的不过供他御览的文章文体，裨官小品文仍然在朝鲜的知识阶层广泛流行。

　　进入 18 世纪后，小说受到两班与平民阶层的一致热捧。从小受汉文教育的两班可以直接阅读汉文小说，而汉文读解能力不高的城市平民与女性主要阅读的是由谚文写成的小说。这样的谚文小说分两种，一种是把汉文小说转译为谚文，如《水浒传》《西周演义》（即《封神演义》）等，两班家的女性们也参与了将汉文小说翻译成谚文的工作。[3] 另一种是直接以谚文创作的小说，如《兴夫传》《春香传》这类从盘索里（朝鲜半岛的传统说唱艺术，又译为"韩国清唱"）而来的故事。尽管当时版刻汉文或谚文小说在技术上不存在问题，但因版刻成本很高，更普遍的是通过手抄的方式进行小说出版或流通。蔡济恭曾批评女性沉迷抄本小说这一社

---

① 　《承政院日记》第 1710 册，正祖十六年十月十九日。

② 　《承政院日记》第 1778 册，正祖二十一年六月二十七日。

③ 　赵泰亿：《谚书西周演义跋》，《谦斋集》卷四十二。

会现象道：

> 窃观近世闺阁之竞以为能事者，惟稗说是崇。日加月增，
> 千百其种，侩家以是净写，凡有借览，辄收其直以为利。妇
> 女无见识，或卖钗钏，或求债铜，争相贳来，以消永日，不
> 知有酒食之议，组紃之责者往往皆是。[①]

蔡济恭提到当时已经出现专门以誊写、出租小说为生的"侩
家"。书店在朝鲜登场较晚，现代意义上的书店要到 19 世纪才出
现。在这之前的书籍流通，主要是通过名为"贳册房"的店铺进
行，即早期的租书屋，所以"侩家"极有可能就是贳册房里的人
员。同时，在书籍交易中还活跃着名为"书侩"的游走于买家与
卖家之间的书籍中介商。丁若镛曾记录了汉阳城中一位名为"曹
神仙"的书侩。

> 曹神仙者，卖书之牙侩也。紫髯而善谐，目闪闪有神。
> 凡九流百家之书，其门目义例，无不领略，纚纚然谈论，如
> 博雅君子。而性多愍，凡孤儿寡妻之家所藏书帙，辄以轻贾
> 取之，及其卖之也，倍雠焉。故卖书者多短之。[②]

当时朝鲜两班家族多以藏书为荣，不过一旦家道败落，这些
书籍就被作为家产而出售。18 世纪晚期到 19 世纪前期最值得称道

---

① 蔡济恭：《女四书序》，《樊岩集》卷三十三。
② 丁若镛：《曹神仙传》，《与犹堂全书》诗文集卷十七。

的藏书家有沈象奎（1766—1838）、赵秉龟（1801—1845）等人，家藏书籍达到三四万卷。[①] 哪怕是李祘的禁令也阻止不了朝鲜人购买清朝书籍的热情，每年仍有大量清朝书籍通过"密贸易"进入朝鲜。李祘去世后数年，南公辙（1760—1840）向纯祖李玜建议正式恢复从清朝购书的惯例，李玜随即同意从清朝购买除稗官小说以及天主教著作之外的书籍。[②] 在现实的书籍交易中，很难严格一一查处违禁书籍。这条渠道一开，各种各样的清朝书籍得以再次大举涌入朝鲜。

---

① 洪翰周：《智水拈笔》卷一。
② 《承政院日记》第 1935 册，纯祖七年十月二十九日。

韩剧韩影指南：韩国广播公司（KBS）纪录片《仪轨、8天的祝祭》《逆鳞》《李祘》《正祖暗杀之谜》《成均馆绯闻》

朝鲜派去清朝的使节被称为"燕行使"。"燕"即北京旧称。考虑到使节承担的政治外交任务，所谓"燕行"，简单说来就是去北京公干。1637年初"丙子之役"结束后，迫于清朝的军事压力，朝鲜不得不奉清朝为新的册封国。清朝入关后，朝鲜对派去北京的使行称呼也发生了变化。明代的时候，朝鲜用的是"朝天""朝天使"等词，而到了清代，则改称"燕行"与"燕行使"。这种称呼上的变化直观地展现出当时朝鲜对明清易代的看法和情感变化。在崇奉程朱理学、讲究华夷之辨的朝鲜看来，明朝才是中华文化的正统代表，但清朝并不是。"朝天"中的"天"指的是"天朝上国"，即明朝，其中暗含的崇敬之意毋庸赘言。而"燕行"，则不过是普通的陈述名词，已不再含有类似于"朝天"的崇敬之意。朝鲜对清朝口服而心不服的心态，通过这样的用词变化可见一斑。

第十二章　王朝之暮

势道政治的登场与王权的衰落

正祖李祘去世后，"荡平"政局化为泡影。安东金氏、丰壤赵氏、骊兴闵氏等势道家族以外戚身份先后把持朝政，年幼的君主们大权旁落。在势道家族的统治下，朝政日益腐败，加上灾荒与疾病的袭击，民众的生活日益艰难。1910 年，《韩日合并条约》缔结，朝鲜半岛彻底沦为日本的殖民地，延绵 500 余年的朝鲜王朝就此落幕。

一、势道政治的展开与民众的反抗

1800 年六月底，正祖李祘去世，世子李玜即位，是为纯祖。李玜即位后，尊嫡母孝懿王后金氏（1753—1821）为王大妃，曾祖母贞纯王后金氏为大王大妃，并由贞纯王后垂帘听政。贞纯王后主政期间，重用老论僻派沈焕之等人，并大举启用娘家庆州金氏一族。为了削弱时派的力量，贞纯王后下令革罢壮勇营。当时壮勇营由安东金氏的金祖淳（1765—1832）负责，他在政治上属于时派，也是李祘预定的李玜的丈人。李祘去世前，王室已经完

成了金祖淳之女的两次拣择。[①] 按照惯例，完成三拣择后，她即可
与李玜成婚。也就是说，金氏成为新一任朝鲜王妃之事基本已成
定局。

时派中有不少人接触过西教，也就是天主教。早在 1784 年，李
承薰（1756—1801）随担任使团书状官的父亲李东郁（1739—？ ）
赴清，在北京天主堂接受洗礼，正式成为天主教徒。这一年也被
认为是韩国天主教的开教元年。1791 年，爆发了珍山（今属忠
清南道锦山郡）的南人尹持忠（1759—1791）与权尚然（1751—
1791）烧掉祖先牌位，采用天主教仪礼的事件，即"珍山事件"，
老论僻派借此大举打击南人以及南人党领袖蔡济恭。李祘虽然处
死了尹权二人，但并没有将事件扩大化。

但到了贞纯王后主政期间，天主教成了僻派打击时派的重要
借口。1801 年春，贞纯王后下令肃清天主教，大量天主教徒被处
死或流放，这次事件也被称为"辛酉教狱"。不仅李家焕（1742—
1801）、权哲身（1736—1801）、丁若镛等大批官僚学者被处死或
流放，连王室宗亲与外戚也受到波及。如思悼世子李愃的庶子恩
彦君李裀（1755—1801），他因妻子宋氏与儿媳申氏是天主教徒的
缘故被牵连处死，惠庆宫洪氏的亲弟洪乐任（1741—1801）亦被
指为天主教徒而被处决。[②] 早在 1794 年，清朝神父周文谟随归国
的朝鲜使团进入朝鲜，后来一直留在朝鲜传教，此事亦在"辛酉

276

---

① 拣择：为王室成员挑选配偶的仪式，一般由初拣择、再拣择、三拣择这三次组成。
② 但惠庆宫洪氏认为洪乐任根本不是天主教徒，此事纯属庆州金氏对丰山洪氏一门的政
　治迫害。惠庆宫洪氏著，[韩] 郑炳说译：《恨中录》，首尔，文学社区，2010 年，
　第 416—418 页。

教狱"审问过程中被发觉，周文谟被逮捕并遭处决。[①] 朝鲜官方还搜到了黄嗣永（1775—1801）等朝鲜信徒试图通过北京天主堂，捎给罗马天主教廷的信件，这封书信就是"黄嗣永帛书"。黄嗣永在帛书中提出包括请西洋出兵朝鲜，迫使朝鲜朝廷接受天主教等六项建议。这样的建议让朝鲜朝廷大吃一惊，立即派遣使团携带《讨邪逆奏文》上告清廷。不过清朝内阁却满不在乎地把报告打回使团，也不相信朝鲜叛党与北京的西洋人勾结的说法。该事件引发了朝鲜对西洋的紧张与恐惧，这种恐惧把原来朝鲜对西洋传教士的好感一扫而空，朝鲜与西洋的关系也紧张起来。[②]

尽管僻派并不乐见金祖淳的女儿嫁入王室，但又不便公然推翻李祘生前的决定。安东金氏从 17 世纪金尚宪斥和时就开始积蓄的政治能量，也非短时可以清除。1802 年，金祖淳的女儿正式嫁给纯祖李玜，是为纯元王后（1789—1851）。后来她生下孝明世子李（后被追尊为翼宗，1809—1830），正宫之位愈加稳固。1803 年，贞纯王后结束垂帘听政，并于 1805 年年初去世。金祖淳借此机会联合丰壤赵氏的赵得永（1762—1824）弹劾僻派金达淳（1760—1806）等人，将僻派逐出政治舞台，从此揭开了安东金氏六十年的势道（亦写作"世道"）统治的序幕。

何为势道？朴齐炯在 1886 年出版的《近世朝鲜政鉴》中有如下一段精辟概括：

---

① 《朝鲜纯祖实录》卷二，纯祖元年三月十五日。
② 葛兆光：《想象异域：读李朝朝鲜汉文燕行文献札记》，北京：中华书局，2014 年，第 219—221 页。

　　朝鲜俗语，以政权为世道，云某人为世道，某家失世道。
夫自古强宗贵戚，或佞臣嬖宦，能操纵人主，专擅政事者无
代无之……唯朝鲜之谓世道者，其人虽在卑官散职，若王命
以世道之任，则冢宰以下听命于此人。凡军国机务，百官状
奏，皆先咨于世道，而后奏于王，亦先询于世道而后决。威
福在手，与夺唯意，举国奉事世道如神明，一忤其旨，祸患
立至。虽凤德大才，不为世道所知，则淹没草野。[1]

　　简而言之，势道就是政权，势道家就是千万人之上，国王
一人之下的权臣。当时几乎所有的国家权力都集中在势道家手
中，国王不过是个傀儡。有名的势道家族有安东金氏、潘南朴
氏、丰壤赵氏等几家，他们通过与王室的联姻，构建自身的权力
基础。安东金氏出身的王后或嫔媵有纯祖李玜的纯元王后、宪宗
李奂（1834—1849 年在位）的孝显王后（1828—1843）、哲宗李
昪（1849—1863 年在位）的哲仁王后（1837—1878）；潘南朴氏
的有正祖李祘的绥嫔朴氏（1770—1822），她也是纯祖李玜的生
母；丰壤赵氏的有孝明世子李旲的妻子赵氏，后被追尊为神贞王
后（1808—1890）。其中安东金氏掌权最久也最为著名，直到神贞
王后在哲宗李昪去世后将兴宣大院君李昰应（1820—1898）之子
李熙指定为下一任国王，即高宗（1863—1907 年在位），才结束
了安东金氏的势道统治。在纯祖李玜的执政晚期，由孝明世子李
旲代理听政。李旲一方面想压制势道家族的权力，一方面又不得

---

[1] 朴齐炯：《近世朝鲜政鉴》卷上。

不依靠这些家族出身的大臣来处理朝政，而且不可能完全不顾忌王室女性的立场。最终，李昑压制势道家族，重建王权权威的努力并没有取得成功。在他去世后，权力仍然被安东金氏等势道家族把持。这些家族出身的人士占据了朝中的要职，也加剧了统治阶级内部的不满与分裂。

但势道政治并不是 19 世纪突然出现的情况，其苗头早在正祖李祘统治期，甚至之前就已出现。17 世纪晚期以来，金锡胄等外戚持续干政。李祘统治时期的一些政策调整，也为 19 世纪势道政治的展开埋下了伏笔。如壮勇营虽然被贞纯王后革罢，但是后来的势道家们通过直接掌握最精锐部队——训炼都监来建立权力基础，也是对李祘本人亲建亲卫军队壮勇营的行为的模仿与继承；李祘推动的宰相权强化政策，虽然一时提高了政务效率，但改变了原有的高阶官员与低阶官员相互牵制的政治结构，造成权力日益向高官集中；李祘统治期间，堂下官们的公论极难反映到朝堂中，且三司的言官活动陷入低谷，这种现象在势道政治期依然持续。① 于是，势道家族可以通过掌握军权与高阶官职，牢牢把持朝政。

在势道家族的统治下，朝鲜的朝政日益腐败，加上灾荒与疾病的袭击，民众的生活日益艰难。民众反抗活动层出不穷，其中最为出名、影响最大的民众反抗活动当属 1811 年 12 月爆发的"洪景来之乱"。"洪景来之乱"是洪景来（1771—1812）等人利

279

---

① ［韩］吴洙昌：《今日的历史学，正祖年间的荡平政治，以及 19 世纪势道政治的三角对话》，收入《历史批评》编辑委员会编：《正祖与正祖以后》，首尔：历史批评社，2017 年，第 182—183 页。

用"郑真人出世"说，在平安道等地区主导的一场反抗官府的横征暴敛与对关西人歧视的战争，在当代史学界亦被称为"关西农民战争"。朝鲜晚期十分流行《郑鉴录》等一系列谶纬书。按《郑鉴录》的记载，某天郑鉴与李沁（书中虚构的传说性质的人物）在金刚山上进行了一场隐秘的对话，郑鉴说天下即将大乱，发生战争时一定要躲到所谓的"胜地"避难，乱世之后，李氏王朝灭亡，之后会出现一个没有尊卑贵贱没有男女差别的平等的郑氏王朝。[①] 实际上，"郑真人"或"郑道令"出世来拯救民众的传言在朝鲜后期非常盛行，这大概是与朝鲜历史上出现的几位著名"反贼"恰好都姓"郑"有关。比如被太宗李芳远指为"逆贼"而被诛杀的权臣郑道传，壬辰战争爆发前被扑灭的郑汝立一党，以及1623 年癸亥政变后被肃清的郑仁弘。郑汝立散布的"木子亡，奠邑兴"的流言也一直流传到朝鲜晚期。[②] "木子"为"李"，"奠邑"为"鄭"。该传言把李氏将亡，郑氏将兴的意思表达得非常露骨。

　　洪景来等人起事的平安道地区是当时朝鲜商品经济最发达的地区之一。此地因与清朝接壤，通过人参、帽子等商品的贸易，聚集了大量财富，但绝大部分财富流入与势道政权紧密勾结的大商人手中，民众仍生活困苦。此时的朝鲜赋税体制，即以"田政""军政""还政"（政府在荒年时借给农民米粮，丰收时再加上利息一起归还的制度）构成的"三政"体系陷入紊乱状态，加上天灾不断，甚至出现"黄口充丁"（未成年人被算成军丁而征税）、

---

① 著者不详：《郑鉴录》。
② 《承政院日记》第 1029 册，英祖二十四年五月二十三日。

洪景来阵图，首尔大学奎章阁韩国学研究院藏品

"白骨征布"（死人被列在征税名单上被征军布）的荒唐景象。① 此外，朝廷在人才登用上对平安道等西北地区实施差别待遇，西北地区出身的士子即使考中科举，也很难跻身高位官僚行列。《洪景来传》中提及举事原因时就一再强调这样的原因：

> 政权者，自是国家之公器，人民者俱是国家之基本。今戚里专横，国政腐乱，天灾地眹，岁饥民困，朝廷无救济之意。况我西土之人，小人困于唆膏，君子无路登用，此正奋起之时也。②

值得留意的是，洪景来在与官军战斗的过程中不断散布清军将会帮助农民军的消息。参加镇压的军官方禹鼎在日记中留下如下的记录："景来每以胡兵万余骑救援，次四月十八日，自江界出来之说，妖惑人心是白遣。"③ 实际上并没有前来帮助农民军的清军，所谓"清军来援说"不过只是洪景来为稳定军心而散布的传言。考虑到当时朝堂上的主流意识形态依然是"崇明反清"，而农民军竟会散布清军来助的传言，这就非常值得玩味了。

另外，朝鲜民间以"契"为名秘密结社活动亦是屡禁不止，出现了以"剑契""杀班（杀掉两班）契""杀主契""杀掠契"为名的民间结社，参与者多为通过武科科举却没能获得职位的下层武人、逃亡的奴婢、贫民等等。在两班们看来，这些民间结社的

---

① 《朝鲜纯祖实录》卷十六，纯祖十二年六月初一日。
② 著者不详：《洪景来传》。
③ 方禹鼎：《西征日记·阵中日记》壬申四月二十九日。

存在，严重动摇了统治秩序。早在 1803 年，司谏李东堉（1745—1807）上疏国王，要求严惩"剑契"之类的组织。上疏中提道：

> 文武恬嬉，法纲颓弛，以至剑契之名出，而俗败世坏极矣。一种无赖之辈，啸聚成党，带牛佩犊，谓天不怕，击狗屠猪，无日不酿，以生刲为家计，以凌犯为长技。甚至横行朱门，诟辱宰相，突入深闺，殴搏妇女，蔑分乱纪，殆无余地。[①]

也就是说文恬武嬉，败坏的国家政治秩序才是造成剑契的温床。然而朝鲜的两班们就算认识到了问题所在，也无决心或政治能力改变这样的情况。1849 年，宪宗李奂突然死亡，年仅 23 岁，死时无嗣。坊间传说年轻的国王是因为长期沉溺酒色，纵欲过度而亡。在他去世后，流放在江华岛，以砍柴为生的恩彦君李裀之孙李昇被纯元王后金氏指定为下一任国王。李昇原本就缺少必要的政治教育，也无任何政治经验，在他统治期间，极其依赖安东金氏一族处理政务，所以势道政局在李昇统治期间反而进一步得到巩固。在李奂、李昇两朝中，朝鲜已经通过赴清使行获知了两次鸦片战争爆发的消息，但忙于权斗的势道家族并不认为世界潮流即将发生巨变，仿佛朝鲜只要紧锁国门就可以还像过去一样安稳度日。然而事与愿违，西势东渐的大潮已不可逆转，试图紧锁国门的朝鲜最终也被卷入世界大变革的潮流之中。

283

---

① 　《朝鲜纯祖实录》卷五，纯祖三年八月初九日。

二、兴宣大院君李昰应与闵妃的权斗

高宗李熙即位之时不过十二岁，由神贞王后赵氏垂帘听政，实权则被生父兴宣大院君李昰应掌握。当时李昰应被尊称为"大院位"，一切国政处理都被禀于李昰应。[①] 李昰应主政伊始，推进了一系列旨在强化王室地位，削弱安东金氏一族的改革。如重新分配政府机构的职责，削弱安东金氏赖以掌权的机构——备边司，将备边司划为议政府的"朝房"，提高议政府与六曹的地位。[②] 他又大量启用李氏王族的宗亲，以牵制安东金氏。与安东金氏等族的"外戚势道"相对应，李昰应的统治也被称为"内戚势道"。在李昰应的主导下，神贞王后发布撤废书院、乡贤祠的命令。[③] 书院原本是讲学之地，但渐渐成为支持特定学派，特定党派的基地，可以说是党争的温床。李昰应试图撤废书院，暗含其清除党派斗争根源的目的。但这一命令遭到儒生们的极力抵制，成为他后来下野的重要原因之一。另外，为重建王室的威望，李昰应力主重修在壬辰战争时被焚毁的景福宫。[④] 然而由于财力所限，又向民众征收所谓"愿纳钱"，导致民怨沸腾，"愿纳钱"也被讥讽为"怨纳钱"。新修建好的景福宫并未使用几年，就因 1876 年的火灾烧掉八百三十余间房屋。宫中保存的历朝旧物文献，也随之化

---

① 《承政院日记》第 2000 册，高宗三年三月十七日。

② 《朝鲜高宗实录》卷二，高宗二年三月初八日。

③ 《朝鲜高宗实录》卷一，高宗元年七月二十七日。

④ 《朝鲜高宗实录》卷二，高宗二年四月初二日。

李昰应肖像，韩国国立中央博物馆藏品

为灰烬。[1]

李昰应的主政时期，也是西方势力不断向朝鲜渗透的时代。在此期间爆发的两次西方势力入侵朝鲜的"洋扰"，强化了李昰应的"斥和"政策。第一次是"丙寅洋扰"，发生在 1866 年。事件的起因是李昰应下令禁止天主教，处死了法国传教士。同年秋，法国派遣七艘军舰，六百余士兵赴朝鲜报复，并在江华岛一带与朝鲜军队交火。后来法军占领了江华岛，焚毁了位于江华岛的外奎章阁，并掳走大量文献书籍。[2]但法军在鼎足山城一带遭到埋伏于此的梁宪洙（1816—1888）军队的袭击，损失惨重，加之天气逐渐转冷，于是决定撤离朝鲜。[3]李昰应对战果非常满意，手书"洋夷侵犯，非战则和，主和卖国"十二字颁印各处。[4]在 1871 年"辛未洋扰"爆发前后，这十二字已被刻成所谓"斥和碑"大量立于汉阳钟路街上及各都会地。[5]"丙寅洋扰"后，美国以调查 1866 年被朝鲜焚毁的美国商船"谢尔曼将军号"（General Sherman）幸存人员为由，向朝鲜提出交涉，但遭到拒绝。1871 年春，美国派遣五艘军舰，一千二百余名士兵，从长崎赴朝鲜半岛，向朝鲜提出通商立约的要求。遭到朝方拒绝后，美军溯江而上，在江华府的德津镇、广城堡与朝军展开激战。朝鲜中军鱼在渊（1823—1871）、千总金铉暻（1811—1871）等将领率军战死殉国。[6]但美

---

① 《朝鲜高宗实录》卷十三，高宗十三年十一月初四日。

② 《朝鲜高宗实录》卷三，高宗三年十月初七日。

③ 《朝鲜高宗实录》卷三，高宗三年十月初三日。

④ 梁宪洙：《决胜堂重建记》，《荷居集》卷二。

⑤ 《朝鲜高宗实录》卷八，高宗八年四月二十五日。

⑥ 《朝鲜高宗实录》卷八，高宗八年四月二十八日。

军也未能达成令朝鲜开港通商的目标，最终决定撤出朝鲜。在"洋扰"发生前，清朝就明确拒绝介入朝鲜与西方诸国的事务，于是法、美等国决心采取武力手段解决该问题。虽然清朝并不乐意介入他国与朝鲜的争端，但此事件开始促使清朝进一步思考本国与朝鲜的关系，并在接下来的政治争端中采取了积极介入朝鲜事务的政策。

高宗李熙即位之前，曾与安东金氏金炳学（1821—1879）之女有婚约。但李昰应在主政后，推翻了这一决定，另选自己的妻族，即骊兴闵氏一族的孤女——闵致禄（1799—1858）的女儿为王妃，这就是闵妃（大韩帝国成立后被追尊为明成皇后，1851—1895）。李昰应选择闵妃的一大原因是她是孤女，易于控制，但与李昰应的预料相反，1866 年入宫后的闵妃反而成了李昰应最大的政治对手。也是在 1866 年，神贞王后赵氏宣布终止垂帘听政，高宗李熙得以亲政。

李昰应不愿放弃手中的权力，这让他与李熙逐渐产生冲突。1868 年，李熙的庶长子完和君李墡（1868—1880）出生，备受父祖的宠爱，这让闵妃感到威胁。1871 年底，闵妃生下元子，但元子因"大便不通"的病症，在出生两日后夭折。[1]越发感到不安的闵妃察觉到丈夫希望亲政的诉求，便站在李熙一边，极力劝说李熙亲自裁决国政。在此之前，骊兴闵氏的闵升镐（1830—1874）、闵谦镐（1838—1882）等人已进入政界，并联合反感李昰应主政的丰壤赵氏赵宁夏（1845—1884），结成了反李昰应的政治联盟。

---

[1] 《朝鲜高宗实录》卷八，高宗八年十一月初八日。

1873 年十月，同副承旨崔益铉（1823—1906）上疏，批判李昰应的施政失误。李熙极为赞赏该上疏，并特意任命崔益铉为户曹参判。[①] 在崔益铉看来，李昰应不该利用大院君的地位干预国政，朝廷对待大院君应该是"尊其位、重其禄"。李昰应愤怒之下离开汉阳，避居京畿道，朝政大权随即落到闵氏一族的手中。[②] 随后李熙宣布从李昰应手中还收一切庶务的处理权。[③]1874 年初，闵氏生下元子李坧（纯宗，1907—1910 年在位），正宫之位得到巩固。

但闵氏一族接收权力的过程并非一帆风顺。1874 年冬，一个不明箱子被送至闵升镐家。闵升镐开箱时，箱子突然发生爆炸，闵升镐本人与老母、幼子均死于该次爆炸。朝鲜官方最终也未能查清箱子的来路，[④] 而坊间传说这次是事件李昰应所为，理由是李昰应不满权柄尽被闵升镐所夺，所以设计毒害闵升镐。[⑤] 此事之后，闵氏一族更加怨恨李昰应，双方的矛盾已无可调和。

明治维新之后，征服朝鲜半岛，将其作为后日侵略基地的所谓"征韩论"在日本政界蔓延。1875 年八月，日本军舰云扬号从天津回国，故意途径朝鲜半岛，停泊在仁川一带洋面。舰长井上良馨乘小艇溯上汉江，遭到江华岛守军的炮击。后来日军以炮击永宗岛作为报复，并焚烧抢劫永宗岛一带。十二月底，日本出动军舰停泊在釜山等地，以炫耀武力。在日军的武力压迫下，1876 年初，朝鲜与日本签订了《朝日修好条规》（亦称《江华岛条

---

① 《朝鲜高宗实录》卷十，高宗十年十月二十五日。
② 郑乔：《大韩季年史》卷一。
③ 《承政院日记》第 2795 册，高宗十年十一月初五日。
④ 《朝鲜高宗实录》卷十一，高宗十一年十一月二十八日。
⑤ 郑乔：《大韩季年史》卷一。

朝鲜高宗李熙御真，韩国国立古宫博物馆藏品

约》），答应了向日本开放除釜山之外的两处港口，并允许日本在这些港口拥有治外法权等不平等条款。[1] 从此，朝鲜门户渐开，并逐步沦为日本的殖民地。朝鲜国内以守旧儒生为代表的"斥邪卫正"势力与支持开化改革的闵氏一族的矛盾，以该条约的缔结为契机迅速加剧，为接下来朝鲜政局的动荡埋下了伏笔。

1880 年底，为应对对外交涉的新变化，推动新武器的制造等，朝鲜仿照清朝的"总理衙门"设置了所谓"统理机务衙门"的新机构，专门管理对外交涉事务与兵器、舰艇等武器制造事业。[2] 在人员的任用上，闵氏一族大量任命本族人士，以强化自身的统治基盘，但也考虑到实际事务需要，启用了部分开化派人士。闵氏一族的权力独占政策招致了各方的不满，李昰应也在暗中谋划推翻闵氏一族，但他试图推戴自己的庶长子李载先（？—1881），也就是高宗兄弟为王的事情被人告发。李熙下令赐死李载先，但对李昰应本人网开一面。[3] 因为此事，李昰应与高宗及其背后的闵氏一族的矛盾更加激化。

为推进开化政策，闵氏一族对军队体制进行改编，将原有的训炼都监等五卫缩编为武卫营与壮御营，又设置了新式别技军，这造成旧军人大量失业。但武卫营与壮御营的军人也待遇不佳，到 1882 年夏，这些军人已经一年多都未按时拿到军粮。该年六月，全罗道的漕粮到达汉阳，负责收取漕粮并发放军粮的宣惠厅宣布给武卫营的军人发放一个月的军粮。由于胥吏腐败作梗，军

---

① 《朝鲜高宗实录》卷十三，高宗十三年二月初三日。

② 《朝鲜高宗实录》卷十七，高宗十七年十二月二十一日。

③ 郑乔：《大韩季年史》卷一。

人们拿到的只是掺有大量沙子的陈米。愤怒的军人们随即殴杀了管理仓库的胥吏。听闻此事的宣惠厅堂上闵谦镐大怒，抓捕了带头闹事的军人，并准备处死他们。怒不可遏的军人们拿起武器救出了带头的军人，并砸毁了闵谦镐家。军人们顺势攻入昌德宫，杀掉闵谦镐等人。闵妃本人乔装打扮成宫女逃向忠州，惊慌失措的李熙宣布让李昰应接管朝政，以尽快平息事态。[1]朝鲜兵变的消息传到清朝后，直隶总督张树声派人向朝鲜来华领选使金允植（1835—1922）等人询问情况，后在金允植等人的建议下派吴长庆、袁世凯等人率军赴朝鲜平定局势。[2]随后李昰应被诱捕，押送天津软禁，闵妃等人再次掌权。

　　1884年底，在日本公使的支持下，激进开化派中的金玉均（1851—1894）等人发动政变，杀掉闵台镐（1834—1884）等大臣，发布了一系列改革措施，史称"甲申政变"。但亲日的开化党人的改革措施很快因清军的介入而告终。金玉均流亡日本，政权又重归闵氏一派。李鸿章对朝鲜开化党人的亲日倾向非常不满，放李昰应归国以对抗开化党人。此后在袁世凯主导下，清朝势力在朝鲜得到扩张，开化倾向的改革措施一度停止。而执政的闵氏一党借两次朝俄密约与反对清使出席1890年神贞王后赵氏的丧礼，来抵制清朝势力的扩张。动荡的政局加上水旱天灾与贪官污吏的横征暴敛，普通民众的生活愈加困苦。1894年，在东学道宗教旗帜的领导下，东学农民起义爆发。这一场农民起义给日本提供了出兵朝鲜的口实，并直接激化了清朝与日本之间的矛盾，甲

---

[1]　郑乔：《大韩季年史》卷一。

[2]　《清德宗实录》卷一百五十一，光绪八年九月初一日。

午中日战争随即爆发。

归国后的李昰应遭到闵氏一派的严密监视，直到甲午中日战争的末期才短暂执政了百日。李昰应掌权期间，闵氏一族被排挤出政府要职，闵妃本人躲在京畿监司洪纯穆（1816—1884）的家中。日本对李昰应推行的保守政策并不满意，在日本势力的介入下，朝鲜设置了由稳健开化派金弘集（1842—1896）担任总裁官的军国机务处。在金弘集的主导下，朝鲜实施了"第一次甲午改革"，废除了科举制，变革了官吏任用制度，制定了新的度量衡等。此后日本势力进一步渗入朝鲜，在政治、军事、经济等多方面对朝鲜进行干涉。日本势力崛起后，李昰应被软禁在云岘宫，政治生命在事实上宣告终结。闵妃也因与俄国公使接触，试图引入俄国势力来对抗日本，而遭到日本的仇视。朝鲜的掌权者在清、日、俄等各方势力中的不断徘徊也透露，既有的统治阶级已无力应对世界局势变化给朝鲜带来的新挑战。

三、王朝的覆亡

1894 年十二月，高宗李熙颁布《洪范十四条》，正式宣布脱离对清朝的依附，制定王室典范，在朝鲜国内使用大君主的称呼，并表示要推动税制、官制、司法、教育等多方面的改革。[1] 这次改革被称为"第二次甲午改革"。从此朝鲜开始使用阳历纪年，并用"建阳"年号，[2] 以朝鲜开国 504 年十一月十七日为建阳元年一

---

① 《朝鲜高宗实录》卷三十二，高宗三十一年十二月二十日。

② 《朝鲜高宗实录》卷三十三，高宗三十二年十一月十五日。

月一日。后在内阁的主导下，政府又下达了断发令，要求普通朝鲜人剪去传统长发。此时日本对闵妃一族派的亲俄反日倾向越发不满，1895 年八月二十日凌晨，日本浪人冲入景福宫，杀死了闵妃。[①] 朝鲜民众一边悲于闵妃被弑，一边又恨亲日的政府颁布断发令，一时之间，义兵蜂起。此时以金弘集为首的内阁掌握了朝鲜实权，而李熙的亲信尽被逐出。1895 年年底，不安的李熙带上嫡子李坧偷偷从宫中溜出，进入俄国公使馆，在使馆中居住长达一年之久。这次事件即"俄馆播迁"。随后金弘集内阁倒台，金弘集亦被李熙下令处死。[②]

1897 年夏，李熙改年号为"光武"。同年九月初七日，李熙即皇帝位，正式改国号为"大韩"，宣布成立"大韩帝国"。他追封闵氏为皇后，并册封李坧为皇太子。1904 年，日俄战争爆发。随着俄国的战败，俄国势力退出朝鲜半岛，日本势力则不断扩张。在日本的压迫之下，大韩帝国政府不得不与日本缔结了所谓《韩日协商条约》(亦称《乙巳勒约》)，答应将外交权交付日本，同意设置日本统监府等条款。李熙拒绝批准该协议，但学部大臣李完用 (1858—1926)、参政大臣朴齐纯 (1858—1916)、内部大臣李址镕 (1870—1928)、农商工部大臣权重显 (1854—1934)、军部大臣李根泽 (1865—1919) 表示赞同，朝鲜最终缔结了该条约。[③] 这五人也被斥为"乙巳五贼"。此后伊藤博文作为第一任统监驻扎汉阳，全面介入朝鲜内部事务的处理，朝鲜半岛在事实上成为日

293

---

① 《朝鲜高宗实录》卷三十三，高宗三十二年八月二十日。

② 《承政院日记》第 3066 册，高宗三十二年十二月二十八日。

③ 《承政院日记》第 3189 册，高宗四十二年十一月二十日。

本的殖民地。

李熙本人仍试图挽回局面，在 1907 年偷偷派遣李相卨（1870—1917）、李儁（1859—1907）等特使前往荷兰海牙，试图将日本占领朝鲜的真实情况告知在该处召开的和平会议，以求获得国际援助。但日、俄、英等国以大韩帝国非参与国为由，拒绝李儁的发言要求。后来李儁死于海牙，而李相卨等人亦遭到日本的严厉惩处。[①] 伊藤博文因李熙派遣密使之事质责李完用等人。李完用等人召开内阁会议，就逼迫李熙放权达成一致。六月初七日傍晚，李完用等人入宫拜见李熙，在漱玉轩的召见中要求他传位皇太子李坧，但遭到李熙的拒绝。翌日凌晨，李熙不得已同意了退位的要求。次日，李熙正式宣布传位李坧，自己退位为太皇帝。李坧即纯宗，在即位后改元"隆熙"，但他不过只是日本手中的傀儡皇帝罢了。

1910 年，《韩日合并条约》正式缔结，朝鲜半岛彻底沦为日本的殖民地，而李熙与李坧则被分别降封为"李太王"与"李王"。1392 年建立，绵延五个多世纪的朝鲜王朝至此宣告终结。

四、结语

回顾朝鲜王朝五百年，可以说这是一段儒教的思想、制度逐渐在朝鲜半岛生根发芽，并逐步呈现出半岛自身特色的历史时期。今人所称的韩国的"传统"，其实指的往往是这个王朝，尤其是

---

① 《承政院日记》第 3209 册，高宗四十四年六月十一日。

17 世纪后的王朝晚期才固定下来的一些风俗与习惯。如父系为中心的家族关系、至今依然备受重视的儒教式祖先祭祀等。

在朝鲜王朝建国之初，尽管统治阶级标榜"儒教"，将其作为立国理念，但从 15 世纪因王位继承而产生连续不断的血腥杀戮可知，儒教所崇尚的嫡长子继承制并非是朝鲜王位继承的绝对原则。而佛教仍然在朝鲜社会拥有巨大影响力，从国王至普通民众依然热衷于崇佛亦是明证。朝鲜半岛的儒教化并不是一蹴而就，而是要到 15 世纪晚期，成宗李娎重视成均馆教育，鼓励培养儒教人才，以及 16 世纪初赵光祖等"己卯士林"登场后，速度才逐渐加快。此后，儒教思想与王朝内部的政治变动结合在一起，发展出极具半岛特色的士林政治，及其副产品"四色党争"。如同细胞分裂般复杂的党争极大影响了之后的朝鲜政局。讲求身份秩序的儒教也给作为统治阶级的两班提供了维护自身特权地位的思想武器。总体来看，朝鲜社会要比同一时期的明清社会更为强调阶级秩序，也更为讲究嫡庶差异，但这也是阻碍社会阶层流动，造成人才不得其用的重要因素之一。此外，原本创制目的之一是为向底层民众宣传儒教思想的谚文（即韩文）在 20 世纪后渐渐成为半岛的主流书写文字，并给半岛南北两侧的政权构建民族主体性提供了重要的资源。

在某种程度上可以说，朝鲜王朝五百年的历程是一部与中国的明清帝国相始终的历史。地域上与中国的邻近，以及长久而频繁的来往，让朝鲜王朝在经济、文化、制度和思想等各个方面，无不潜移默化地受到相对更为强盛的明清帝国的影响。与此同时，朝鲜王朝的数百年历程，又是朝鲜半岛民族国家和民族意识形成的关键历史阶段。这个半岛上的儒教王国在潜移默化地受容中国思想文化的过程中，不断地发展出诸多独有的制度特点和鲜明的民族文化特征，为今日朝鲜半岛文化的形成奠定了基础。应该说，朝鲜王朝的这些特点，既是半岛自身的历史和文化财富，也是明清与朝鲜交流的见证，所以对今天的中国人来说，也同样是一段跟我们密切相关，值得好好重视的历史。

韩剧韩影指南：《群盗：民乱的时代》《明成皇后》《阳光先生》《德惠翁主》

附　录

朝鲜国王世系表

姓名	庙号／封号	在位时间	主要配偶	主要子嗣
李成桂	太祖	1392—1398	神懿王后韩氏 神德王后康氏	李芳雨、李芳果、李芳毅、李芳幹、李芳远、李芳衍（以上韩氏出）；李芳蕃、李芳硕（以上康氏出）
李芳果	定宗	1398—1400	定安王后金氏	
李芳远	太宗	1400—1418	元敬王后闵氏	李褆、李裪、李禗
李裪	世宗	1418—1450	昭宪王后沈氏 惠嫔杨氏	李珦、李瑈、李瑢、李璆、李瑛、李瑜、李琳、李琰（均为沈氏出）
李珦	文宗	1450　1452	显德王后权氏	李弘暐
李弘暐	端宗	1452—1455	定顺王后宋氏	
李瑈	世祖	1455—1468	贞熹王后尹氏	李暲（德宗）、李晄
李晄	睿宗	1468—1469	章顺王后韩氏 安顺王后韩氏	李琄（安顺王后韩氏出）

姓名	庙号／封号	在位时间	主要配偶	主要子嗣
李娎	成宗	1469—1494	恭惠王后韩氏 废妃尹氏 贞显王后尹氏 淑仪严氏 昭容郑氏	李㦕（废妃尹氏出）； 李怿（贞显王后出）
李㦕	燕山君	1494—1506	慎氏	
李怿	中宗	1506—1544	端敬王后慎氏 章敬王后尹氏 文定王后尹氏	李峼（章敬王后出）； 李峘（文定王后出）； 李岹
李峼	仁宗	1544—1545	仁圣王后朴氏	
李峘	明宗	1545—1567	仁顺王后沈氏	李暊
李昖	宣祖	1567—1608	懿仁王后朴氏 恭嫔金氏 仁嫔金氏 仁穆王后金氏	李珒、李珲（以上恭嫔金氏出）；李珝、李琈（元宗）（以上仁嫔金氏出）；李㼁（仁穆王后出）
李珲	光海君	1608—1623	柳氏	
李倧	仁祖	1623—1649	仁烈王后韩氏 昭容赵氏 庄烈王后赵氏	李溰、李淏、李㴭（以上韩氏出）
李淏	孝宗	1649—1660	仁宣王后张氏	李棩
李棩	显宗	1659—1674	明圣王后金氏	李焞

300

姓名	庙号 /封号	在位时间	主要配偶	主要子嗣
李焞	肃宗	1674—1720	仁敬王后金氏仁显王后闵氏禧嫔张氏仁元王后金氏淑嫔崔氏䄫嫔朴氏	李昀（张氏出）；李昑（崔氏出）；李旵（朴氏出）
李昀	景宗	1720—1724	宣懿王后鱼氏	
李昑	英祖	1724—1776	贞圣王后徐氏昭训李氏暎嫔李氏昭仪文氏贞纯王后金氏	李緈（昭训李氏出）；李愃、和缓翁主（以上暎嫔李氏出）
李祘	正祖	1776—1800	孝懿王后金氏绥嫔朴氏	李玜（朴氏出）
李玜	纯祖	1800—1834	纯元王后金氏	李旲（翼宗）
李奂	宪宗	1834—1849	孝显王后金氏	
李昪	哲宗	1849—1863	哲仁王后金氏	
李熙	高宗	1863　1907	明成皇后闵氏	李坧
李坧	纯宗	1907—1910	纯明孝皇后闵氏纯贞孝皇后尹氏	

301

参　考　文　献

朝鲜文献

《备边司誊录》。

《朝鲜王朝实录》。

《承政院日记》。

《高丽史》。

《高丽史节要》。

《日省录》。

《松都志》。

《松京广考》。

《训民正音》，韩国涧松美术馆藏本。

安璐:《己卯录补遗》。

编者不详:《逐睡篇》。

成倪:《慵斋丛话》。

成三问:《成谨甫集》。

成浑:《牛溪集》。

蔡济恭:《樊岩集》。

丁若镛:《与犹堂全书》。

方禹鼎：《西征日记·阵中日记》。

惠庆宫洪氏著，[韩] 金东旭、李秉歧校注：《恨中录·闲中漫录》，
《韩国古典文学大系》第 6 册，首尔：教文社，1984 年。

惠庆宫洪氏著，[韩] 郑炳说译：《恨中录》，首尔：文学社区，
2010 年。

洪翰周：《智水拈笔》。

闵镇远：《丹岩漫录》。

南孝温：《秋江冷话》。

南孝温：《秋江集》。

南夏正：《桐巢漫录》。

南礏：《丙丁日记》。

梁宪洙：《荷居集》。

李珥：《石潭日记》。

李珥：《栗谷全书》。

李光铉：《壬午日记》。

李圭景：《五洲衍文长笺散稿》。

李晬光：《芝峰类说》。

李廷馨：《知退堂集》。

李衡祥：《瓶窝集》。

李廷龟：《月沙集》。

李建昌：《党议通略》。

李继祜：《燕行录》，收入林基中编：《燕行录全集》第 68 册，首
尔：东国大学校出版部，2001 年。

李济臣：《鳎鲭琐语》。

李肯翊:《燃藜室记述》。

李祘:《弘斋全书》。

李祘著，成均馆大学校东亚学术院编:《正祖御札帖》，首尔：成均馆大学校出版部，2009 年。

李宜显:《陶谷集》。

李昑:《有明朝鲜国孝章世子墓志》，韩国学中央研究院藏品。

李昑:《有明朝鲜国思悼世子墓志》，韩国国立中央博物馆藏品。

李籽:《阴崖日记》。

罗良佐:《明村杂录》。

柳成龙:《西厓集》。

柳赫然:《野堂遗稿》。

列圣御制撰集厅编:《列圣御制》。

金安老:《希乐堂文稿》。

金时习:《梅月堂诗集》。

金时习著，[韩] 权锡焕、陈蒲清校注:《金鳌新话》，长沙：岳麓书社，2009 年。

金时让:《荷潭破寂录》。

金尚宪:《清阴集》。

金正国:《思斋集》。

金指南、金庆门:《通文馆志》。

朴弼成:《淑嫔崔氏神道碑铭》，韩国学中央研究院藏品。

朴东亮:《寄斋史草》。

朴宗谦:《玄驹记》。

朴夏源:《某年记事》。

朴趾源：《燕岩集》。

朴齐炯：《近世朝鲜政鉴》。

沈光世：《休翁集》。

宋时烈：《宋子大全》。

申用溉：《二乐亭集》。

申叔舟：《海东诸国纪》。

申达道：《晚悟集》。

许筠：《海东野言》。

徐居正：《笔苑杂记》。

徐居正等编：《东文选》。

徐宗玉等编：《续大典》。

徐荣辅等编：《万机要览》。

尹光绍：《素谷遗稿》。

权尚夏：《寒水斋集》。

赵光祖：《静菴集》。

赵庆男：《乱中杂录》。

赵泰亿：《谦斋集》。

郑梦周：《圃隐集》。

郑道传：《三峰集》。

郑载仑：《闲居漫录》。

郑澈：《松江集》。

郑乔：《大韩季年史》。

著者不详：《通塞撮要》。

著者不详：《郑鉴录》。

著者不详:《洪景来传》。

明清文献

《元史》。

《明实录》。

《清实录》。

《万历邸抄》。

《万历疏钞》。

《清代起居注册·康熙朝》。

《清代起居注册·雍正朝》。

毕自严:《石隐园藏稿》。

博明:《凤城琐录·附朝鲜轶事》。

陈子龙等编:《皇明经世文编》。

戴冠:《濯缨亭笔记》。

谷应泰:《明史纪事本末》。

胡忻:《欲焚草》。

侯继高:《全浙兵制考》。

龚用卿:《使朝鲜录》。

刘康祉:《识匡斋全集》。

李东阳:《怀麓堂集》。

倪谦:《朝鲜纪事》。

孙慎行:《玄晏斋集》。

谈迁:《国榷》。

吴昆田：《漱六山房全集》，上海：上海古籍出版社，2010年。

严从简：《殊域周咨录》。

杨天民：《杨全甫谏草》。

叶盛：《泾东小稿》。

朱元璋：《皇明祖训》。

张宁：《方洲集》。

赵辅：《平夷录》。

昭梿：《啸亭杂录》。

中研院史语所编：《明清史料》，南京：商务印书馆，1936年。

中国第一历史档案馆编：《内阁藏本满文老档》，沈阳：辽宁出版社，2010年。

近人论著

韩文论著

安大会：《正祖的秘密信件：国王的苦恼与统治的技术》，首尔：文学社区，2014年。

白玉敬：《丽末鲜初偰长寿的政治活动与现实认识》，《朝鲜时代史学报》2008年第46期。

车惠媛：《明朝与琉球间册封朝贡外交的实体：以万历年间（1573—1620）明朝的琉球政策为中心》，《中国史研究》（首尔）2008年第54期。

车惠媛：《16世纪国际秩序的变化与韩中关系》，《东洋史学研究》2017年第140期。

桂胜范:《朝鲜时代海外派兵与韩中关系：朝鲜支配层的中国认
识》，首尔：蓝色历史，2009 年。

桂胜范:《被停止的时间：朝鲜的大报坛与近代的门槛》，首尔：
西江大学校出版部，2011 年。

桂胜范:《中宗的时代：朝鲜的儒教化与士林运动》，首尔：历史
批评社，2014 年。

韩明基:《丁卯·丙子胡乱与东亚》，首尔：蓝色历史，2009 年。

韩文钟:《朝鲜前期倭馆的设置与机能》，《人文科学研究》2013 年
第 3 期。

韩嬉淑:《医女：八方美人的朝鲜女医师》，首尔：文学社区，
2012 年。

姜明官:《朝鲜时代书与知识的历史》，首尔：千年的想象，
2012 年。

姜明官:《烈女的诞生：家父长制与朝鲜女性的残酷历史》，首尔：
石枕头，2009 年。

金范:《士祸与反正的时代》，首尔：历史之晨，2015 年。

李能和:《朝鲜解语花史》，汉城：东洋书院，1927 年。

李在喆:《备边司的政治位相与机能》，《史学研究》2008 年第
91 期。

全淳东:《明初宦官外交活动的实态及其特性》，《中国史研究》
（首尔）2002 年第 77 期。

沈载祐:《朝鲜时代刑律的运用与〈大明律〉》，《历史与现实》2007
年第 65 期。

《历史批评》编辑委员会编:《正祖与正祖以后》，首尔：历史批评

社，2017 年。

郑炳说：《朝鲜时代对中国历史辩诬的意味》，《历史批评》（首尔）2016 年第 116 期。

郑炳说：《权力与人：思悼世子之死与朝鲜王室》，首尔：文学社区，2012 年。

中文论著

陈志刚：《明朝在朝鲜之役前后的军事情报活动论析》，《学习与探索》2011 年第 4 期。

刁书仁：《中朝疆界与民族：以十四世纪中叶到十五世纪末为中心》，台北：秀威出版，2018 年。

葛兆光：《想象异域：读李朝朝鲜汉文燕行文献札记》，北京：中华书局，2014 年。

黄修志：《明代嘉靖"大礼议"与朝鲜王朝之回应》，《古代文明》2018 年第 2 期。

黄修志：《万历朝鲜之役后期的中朝党争与外交》，《韩国研究论丛》2013 年第 1 期。

李孟衡：《从朝鲜、满洲间的逃人刷还问题看十七世纪东北亚国际秩序变迁》，台湾大学硕士学位论文，2015 年。

孙卫国：《从"尊明"到"奉清"：朝鲜王朝对清意识之嬗变，1627—1910》，台北：台大出版中心，2018 年。

孙卫国、解祥伟：《明抗倭援朝战争初期中朝宗藩间之"信任危机"及其根源》，《古代文明》2017 年第 1 期。

孙卫国：《万历援朝战争初期明经略宋应昌之东征及其对东征历史

的书写》,《史学月刊》2016 年第 2 期。

孙成旭:《清鲜关系中清朝礼制的张力——以康熙年间清朝册封朝鲜王世弟为中心》,《文史哲》2018 年第 5 期。

万明:《万历援朝之战与明后期政治态势》,《中国史研究》2001 年第 2 期。

叶群英:《永乐、宣德朝的朝鲜籍"皇亲"与明鲜关系研究》,《故宫博物院院刊》2014 年第 4 期。

张濒:《洪武年朝鲜表笺事件与辽东疆域危机》,《外国问题研究》2017 年第 1 期。

英文论著

JaHyun Kim Haboush, *The Confucian Kingship in Korea*, Columbia University Press, 2001.

JaHyun Kim Haboush, *The Great East Asian War and the Birth of the Korean Nation,* Columbia University Press, 2016.

Seung B. Kye, Huddling under the Imperial Umbrella: A Korean Approach to Ming China in the Early 1500s, *Journal of Korean Studies,* vol.15, 2010.

日文论著

夫马进:《朝鲜燕行使と朝鲜通信使》,名古屋:名古屋大学出版会,2015 年。

图书在版编目（CIP）数据

海东五百年：朝鲜王朝（1392—1910）兴衰史 / 丁
晨楠著. -- 桂林 ：漓江出版社，2021.5
ISBN 978-7-5407-9035-6

Ⅰ.①海… Ⅱ.①丁… Ⅲ.①朝鲜-历史-1392-
1910 Ⅳ.①K312.0

中国版本图书馆CIP数据核字(2021)第 037088 号

海东五百年：朝鲜王朝（1392—1910）兴衰史

HAIDONG WUBAI NIAN

CHAOXIAN WANGCHAO（1392—1910）XINGSHUAI SHI

作　　者：丁晨楠

出 版 人：刘迪才
品牌监制：彭毅文
责任编辑：彭毅文
特约编辑：肖　月
装帧设计：一本好书
责任监印：陈娅妮

出版发行：漓江出版社有限公司
社　　址：广西桂林市南环路22号
邮　　码：541002
发行电话：010-65699511　0773-2583322
传　　真：010-85891290　0773-2582200
邮购热线：0773-2583322
网　　址：www.lijiangbooks.com
微信公众号：lijiangpress

印　　制：三河市中晟雅豪印务有限公司
开　　本：880mm×1230mm　1/32
印　　张：10.125　字　数：202千字
版　　次：2021年5月第1版
印　　次：2021年5月第1次印刷
书　　号：978-7-5407-9035-6
定　　价：58.00元

胭+砚
project

胭砚计划（按出版时间顺序）：